天橋立、伊根町
P.154~P.155

日本

關西

京都

大阪

和歌山

東京

關西與日本相對位置圖

兵庫縣

神戶市

明石市

P.210~P.253

大阪灣

關西空港 →

京阪神奈相對位置圖

京都府

京都市

P.156~P.165

滋賀縣

P.30~P.155

• 宇治市

N

P.166~P.209

大阪市

奈良市

P.254~P.289

奈良縣

大阪府

個人旅行主張

有人在旅行中享受人生，
有人在進修中順便旅行。
有人隻身前往去認識更多的朋友，
有人跟團出國然後脫隊尋找個人的路線。
有人堅持不重複去玩過的地點，
有人每次出國都去同一個地方。
有人出發前計畫周詳，
有人是去了再說。
這就是面貌多樣的個人旅行。

不論你的選擇是什麼，
一本豐富而實用的旅遊隨身書，
可以讓你的夢想實現，
讓你的度假或出走留下飽滿的回憶。

有行動力的旅行，從太雅出版社開始。

太雅

個人旅行

105

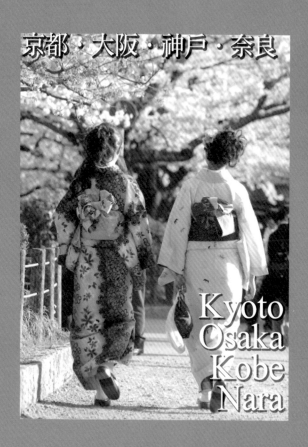

京都・大阪・神戸・奈良

Kyoto
Osaka
Kobe
Nara

作者 ◎ 三小a

太雅

個人旅行 *105*

京都・大阪・神戶・奈良

目錄

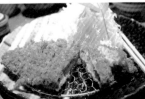

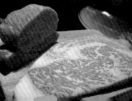

來自編輯室

作 者 序

「我以為這本書無法順利完成！」

從日本取材回來後，發現記憶卡毀損，所以有三天照片無法順利將檔案讀取出來，那時原本已經放棄完成這本書的想法，後來在幾位好朋友的熱心協助下，終於將毀損的景點及美食照順利補足，也算是有驚無險。

3 小 a 的 隨 手 拍 寫 !

多年前開始接觸日本旅遊，平均每年1～2次的旅行是工作的動力及期待，而關西是我到達次數最多的地區，無論讓人流連忘返的春櫻秋楓，或是熱鬧非常的夏日祭典，都相當令人難忘。

喜歡用照片寫日記的我，從沒想過有機會能透過出版社跟大家分享這些美麗風景及誘人美食，更沒想過要將當下的感受化為文字表達出來，對我而言，這是個相當大的挑戰及難得的經驗。寫這本書除了記錄自己的足跡，跟大家分享不藏私的當地美食，最重要是希望能引起大家對日本關西的興趣，誠心希望讀者能從這本書得到有用資訊並安排一次屬於自己的自助旅行，不要再猶豫不決，直接刷了機票就走吧！

在撰寫過程中得到店家及朋友許許多多的幫助，也讓我知道原來要完成一本書是件非常不容易的事。特別要感謝在書裡書外拋頭露面兼什麼都做的雜工Miko、常幫忙我日文翻譯及考證的抹茶糰子、撰寫過程中提供不少建議的小氣少年、兩片葉、Morris、林氏璧及適時提供景點照片的sthouse及喀紫里，還有最早引領我認識京都風貌的顏小霖，最後不免俗一定要感謝一下三a娘及遠在曼谷的Tina姐，如果沒有這些親友就不會有三小a及這本書的存在，誠心感謝大家。

關 於 作 者

三小a

喜歡日本，所以一年最少去一次日本；
喜歡攝影，因此用相機寫日記是常態；
喜歡美食，即使變成胖子也無怨無悔。

隨著年紀增長，到日本自助旅遊的次數也越來越多，
無論是美食景點及可愛小物總是一再的吸引人前往，
荷包就算再怎麼瘦，也要想辦法縮減預算去玩耍，
因此發生不少讓人匪夷所思的趣事。

累積到現在近60次日本自助旅行的經驗，
目前正往征服日本全國47個道都府縣努力著。

推 薦 序

日本自助旅遊中毒者 林氏璧

我認識PTT的日本旅遊版三小a版主很久了，如果沒有過人的對日本旅遊的熱情，是絕對不可能管理吃力不討好的版務這麼久的。同是熱愛日本旅遊的同好，很高興看到他出書了，且是關西的旅遊景點和美食介紹為主這樣的大書。由於三小a長期跑關西，還有管理版務之中就持續不斷更新的資訊，更有一群熱愛關西的部落客同好們（京都在地人抹茶糰子、兩片葉、小氣少年等）的互通有無，整理出來的資訊自然是很有參考價值。配合他累積多年在關西各地攝影的美好畫面，讀來真是賞心悅目。看完之後，不是很愛關西的我也會有再去一趟關西的衝動呢！

還等什麼？就讓我們和三小a一起出發吧！

如何使用本書

　　本書以京都、大阪、神戶、奈良這四個關西重要城市進行介紹。分別有：風情掠影、各城市之熱門景點、特色餐飲、逛街購物、住宿情報，每個城市更有專屬特集，以豐富旅遊的深度。全書最後的旅遊黃頁簿更是不可少的行前功課。嚮往關西的美景與美食嗎？現在就拿著本書開始規畫吧！

風情掠影

各城市單元開版　　索引小目錄

城市分區地圖　　旅行小抄　熱門景點　各城市專題特集

知識充電站　　特色餐飲　逛街購物　　　玩家交流

※全書幣值以日幣(¥)為單位。

※由於關西地區幅員廣大，且景點分散，本書無法將書中介紹所有景點及店家位置標入地圖中，請多利用書中提供的地址及網址查詢相關地點。

※日本境內各種票價及開放時間每年均會略有異動，本書已盡力更新最新資訊，但是要提醒讀者，購票前請先留意當地最新公布訊息，再行購買。

本書使用圖例

內文資訊符號

$ 價格·費用

http 網址

MAP 地圖位置

✉ 地址

🔑 Check in / Check out

➡ 前往方法

☎ 電話

預 預約

ℹ 注意事項

🕐 營業 開放時間

休 休息·公休日

地圖資訊符號

🍴 餐廳

Ⓜ 地鐵站

🛏 旅館住宿

Ⓣ 鐵路站

🏬 購物商店 百貨公司

📷 旅遊景點

編輯室提醒

出發前，請記得利用書上提供的Data再一次確認

每個城市都是有生命的，會隨著時間不斷成長，「改變」成為不可避免的常態，雖然本書作者與編輯已盡力呈現最新最完整的資訊，但我們仍要提醒讀者，必要時請多利用書中電話，再次確認相關訊息。

資訊不代表對服務品質的背書

本書作者所提供的飯店、餐廳、商店等等資訊，是作者個人經歷或採訪獲得的資訊，本書作者盡力介紹有特色與價值的旅遊資訊，但是過去有讀者因為店家或機構服務態度不佳，而產生對作者的誤解。敝社申明，「服務」是一種「人為」，作者無法為所有服務生或機構職員背書他們的品行，甚或是費用與服務內容也會隨時間調動，所以因時因地因人，可能會與作者的體會不同，這也是旅行的特質。

新版與舊版

太雅銷售穩定的書籍會不斷再版，並於再版時做修訂。通常修訂時，還會新增餐廳、店家，重製專題，所以舊版的經典之作，可能縮小版面或以情報簡短附錄。不論我們作何改變，一定考量讀者的利益。

票價震盪現象

越受歡迎的觀光城市，參觀門票和交通票券的價格越容易調漲，但是調幅不大(如倫敦)，若價格與書中有微小差距，請以平常心接受。

謝謝眾多讀者的來信

過去太雅旅遊書，透過非常多讀者的來信得知更多資訊，甚至幫忙修訂，非常感謝你們幫忙的熱心與愛好旅遊的熱情。歡迎將你知道的變動後訊息，善用我們的「線上讀者情報上傳表單」或是直接來信 taiya@morningstar.com.tw，讓華文旅遊者在世界成為彼此的幫助。

太雅旅行作家俱樂部

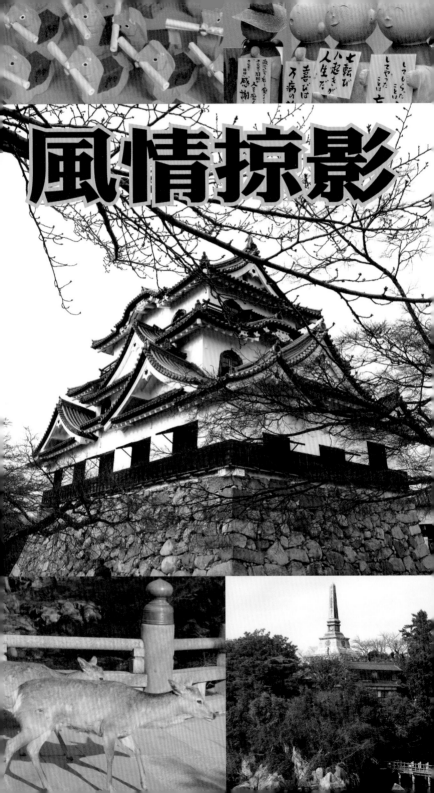

風情掠影

走進關西的時光隧道

昨日才在城堡古蹟與町家街道出沒，
今天卻在洋式建築及高樓群裡散策，
快來體驗這種穿越時間和空間的感覺吧！

悠閒漫步
的情懷

無論是穿著輕鬆在宇治川旁賞櫻，
或是穿著和服在古刹間來去參訪，
請放慢腳步及保持悠閒心情去享受這段時光。

美食探索的享受

從大阪燒到章魚燒，從和菓子到麵包蛋糕，
這裡有許許多多的美食，絕對要緊緊抓住你的胃。

淘寶購物
　　的快感

不管是買藥妝、飾品、衣物，這裡通通有，
不管是買御守、繪馬、隨行杯，這裡不怕買不到，
只怕荷包消瘦的速度比不上買東西的速度。

三小a的行程建議

　　若你詢問身邊曾經去過日本關西地區的朋友，一定會發現大家的口徑會有志一同地告訴你，關西「絕對」不是一次就能玩透透，不管優雅京都、熱情大阪、時尚神戶或淳樸奈良，風格可說是變化萬千，讓人想一玩再玩，那該怎麼玩才能享樂透透，讓三小a來告訴你吧！

京阪初體驗 5日遊

適合對象：第一次自助旅行、完全對關西沒有概念者。

Day 1 大阪	台灣桃園機場→日本關西機場→南海電鐵特急Rapit前往大阪→心斎橋逛街→道頓堀→本家大たこ章魚燒→神座拉麵→夫婦善哉
Day 2 大阪	大阪城→豐國神社→天保山大摩天輪→自由軒咖哩飯→搭乘聖瑪麗亞號→大阪府咲洲庁舎展望台→北濱→ Le Bois漢堡排→ GOKAN五感
Day 3 京都	和服體驗→清水寺→地主神社→二年坂、三年坂、石塀小路→親子丼ひさご→鍵善良房→八坂神社→祇園→茶寮都路里→四条河原町→六傳屋擔擔麵
Day 4 京都	錦市場→六角堂→二条城→晴明神社→鳥岩樓或めん馬鹿一代→澤屋→北野天滿宮→金閣寺→丸亀製麵→Quil Fait Bon水果塔
Day 5 京都	伏見稲荷大社→祢ざめ家→三鳩亭→ crepe ojisan可麗餅→前往關西機場→返回台灣

京阪神奈美食搜索團 **7**日遊

適合對象：第二次前往關西、想要探索美食店家者。

Day 1 大阪	台灣桃園機場→日本關西機場→南海電鐵特急Rapit前往大阪→通天閣夜景→北極冰棒→りくろーおじさんの店→わなか章魚燒→一蘭拉麵
Day 2 大阪	大阪生活今昔館→北濱Le Bois漢堡排→GOKAN五感北浜→心斎橋血拼→本福壽司→クリスピー・クリーム・ドーナツ→現炸金炸雞→Jill Stuart café
Day 3 奈良	麵鬪庵→中谷堂→五重塔興福寺→塔之茶屋→奈良公園→東大寺→春日荷茶屋→春日大社→夫婦大國神社→浮見堂→志津香→天極堂→まほろば大仏プリン本舗
Day 4 京都	嵐山→野宮神社→竹林小路→三忠豆腐→廣川鰻魚飯→中村屋可樂餅→ARINCO蛋糕捲→渡月橋→鶴屋壽→京豆庵→よ-じや café→銀閣寺→哲學之道→永觀堂→真如堂→南禪寺→奧丹湯豆腐
Day 5 京都	貴船神社→鞍馬寺→宇治→平等院→常照園抹茶冰淇淋→中村藤吉→山川→京都車站→名代かつくら豬排→Malebranche京都車站店
Day 6 神戶	北野工房→カファレル→北野異人館→萊茵館→北野天滿神社→風見雞館→風見雞本舗→南京町→老祥記包子→吉祥吉→椿茶藝館→Red Star→神戶ハーバーランド
Day 7 神戶	明石跨海大橋→鐵人28號→モーリヤ→Patisserie ToothTooth→搭船或利木津巴士前往關西機場→返回台灣

京阪神奈重度愛好 *9*日遊

適合對象：前往關西超過兩次以上、無法滿足於一般旅遊書的基本行程，想要深度旅遊者。

Day 1 大阪	台灣桃園機場→日本關西機場→南海電鐵特急Rapit前往大阪→道頓堀→北極星蛋包飯→鶴橋風月大阪燒
Day 2 大阪	天保山大摩天輪→自由軒咖哩飯→海遊館→搭乘聖瑪麗亞號→大阪府咲洲庁舍展望台→通天閣→平民美食ジャンジャン横丁→大世界溫泉Spa World→道頓堀→くくる章魚燒→8b Dolce→薩摩子拉麵
Day 3 奈良	猿沢池→酒肆春鹿→御靈神社→喫茶去庵→佐久良→なかにし和菓子→奈良町格子之家→庚申堂→奈良町資料館→大佛聖代和かふぇ「あをがき」→平宗柿葉壽司→WAKAKUSA可麗餅
Day 4 京都	嵐山→嵯峨野小火車→頂上展望台瞭望保津川→常寂光寺→二尊院→祇王寺→化野念佛寺→鯛匠HANANA→老松→eX café→天龍寺→渡月橋→琴きき茶屋→京都嵐山サガパ-→仁和寺→御室いっぷく茶屋→龍安寺→金閣寺→Restaurant NINJA KYOTO→京はやしや

Day 5 京都	上賀茂神社→進進堂→ Malebranche京都北山→下鴨神社→詩仙堂 →圓光寺→曼殊院→むしやしない→一乗寺中谷
Day 6 京都	比叡山→大原→呂川茶屋→三千院→寶泉院→志ば久→芹生茶屋
Day 7 神戸	Cafe FREUNDLIEB→有馬温泉→金銀温泉→漫歩温泉街→玩具博 物館→六甲枝垂れ展望台→六甲ガーデンテラス→摩耶山百萬夜景 →返回飯店
Day 8 神戸	生田神社→モーリヤ本店→ a la compagne→美侑→北野異人館→ 魚鱗之家→丹麥奧地利館→荷蘭香之館→末松→神戸塔→神戸ハ- バ-ランド→神戸港區夜景
Day 9 神戸	カフェ・バール こうべっこ→明石跨海大橋→鐵人28號→ Patisserie ToothTooth →前往關西機場→返回台灣

京都

哲學之道是來京都賞櫻必訪景點

讓愛上它的人無可自拔

日本從平安時代(西元794年)一直到明治維新(西元1868年),這一千多年來日本一直定都在這。相對地,京都在日本人心中也占有相當重要的地位。

「為什麼會知道京都?」曾問周遭朋友,但大家的答案不盡相同。有人是透過漫畫及小說,有人是透過日劇及日本史的學習,更多人是透過電視節目知道這個城市,至於我則是被動畫《名偵探柯南 — 迷宮的十字路》(名探偵コナン迷宮の十字路)中櫻花滿開的京都所吸引,在2006年第一次日本關西賞櫻後就愛上了京都,所以每年會特地到這個城市留下足跡。

京都有許多受到完善保護的文化遺產,是不少傳統工藝品的產地,而它也相當受到老饕們的喜愛,因為這裡有許多的百年老店跟新式料理,能夠一一滿足老饕們的胃。喜歡體驗異國風情的女性也可以在不同季節裡換穿浴衣或和服去漫遊京都街道及景點,或選擇舞妓變身體驗,不過,得做好心理準備接受路人的注目禮。

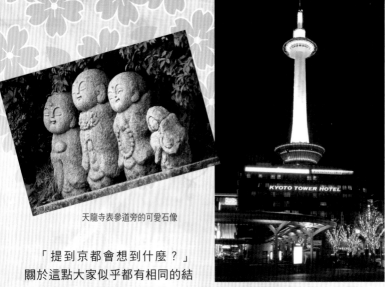

天龍寺表參道旁的可愛石像

「提到京都會想到什麼？」關於這點大家似乎都有相同的結論，那就是「櫻花、紅葉、古蹟、祭典、藝妓」，當然京都有的東西不止這些，事實上這個城市無論什麼季節都適合到訪，部分季節加上櫻花及紅葉的襯托，讓京都變得更美更迷人。漫步在這個城市中，會有一種古今交錯感，因為可以同時看到它古老與現代兩種不同面貌，讓你更深深愛上這個地方，無可自拔。

你準備好了嗎？趕快收拾行囊準備出發吧！

京都車站前的京都塔

嵐山的竹林小路

嵐山渡月橋的夜景

交通情報

大阪關西機場 ⟷ 京都

1. 關西空港線 (関空特急はるか)

單程時間：需65分鐘
單程費用：¥2,980
班次：每30分鐘一班
JR西日本官網：www.westjr.co.jp

　　這是從關西空港前往京都車站最直接也是最快的方式，請攜帶在台灣購買JR West Rail Pass兌換券或帶著列印出來的電子機票，到JR綠色窗口(みどりの窗口)兌換或購買JR West Rail Pass，記得要出示護照(幾個人購買就需準備幾本)，因為上面會署名。使用JR west Rail Pass一日券僅需¥2,000。

註1：JR West Rail Pass購買條件及使用方式，請見JR西日本官網。

註2：使用JR West Rail Pass僅能搭乘はるか的自由席，如果要改指定席則需另加¥710，請勿持JR West Rail Pass搭乘Green車廂或指定席，以免發生爭議。

註3：日本東北311強震後，時刻表有進行調整，詳細班次時間請參閱JR西日本官網。

2. 利木津巴士 (リムジンバス)

單程時間：需90分鐘
單程費用：¥2,500
班次：每20～30分鐘一班
官網：www.kate.co.jp/pc/time_table/time.html

　　雖然多數到京都的自助旅行者都會選擇搭乘関空特急はるか，不過在許多複雜因素影響下，はるか出車班次已經沒有之前頻繁，因此多知道一種往來京都的方式是必要的。利木津搭乘方式跟関空特急はるか一樣方便，優點是一定會有位子坐、行李可放置車底的行李廂；缺點是易受到交通狀況影響、行駛時間較長。另外，利木津到京都車站上下車地點就在八条口，方便性也很高，相關資訊請參閱官網。

註：少部分班次增停四条大宮、二条駅、三条京阪、出町柳前，班次時間及停靠站請參閱官網。

京都交通

　　京都有東西線及南北線兩條地鐵及其他私鐵在營運，加上市營巴士(市バス)、京都巴士(京都バス)、京阪巴士(京阪バス)及其他公司的巴士可搭乘，交通便利性其實不輸給其他城市。而在市區

內便利性最高的是市營巴士，因為搭著它可抵達市區多數景點，如果是在均一區間內活動，建議可購買¥500的一日乘車卡，以均一區間內搭乘一次要¥220的市營巴士而言，一天只要搭三次公車就能回本。

但部分市營巴士是採多區間制，計費方式與均一區間不同，雖然市營巴士的一日乘車卡可共用，但超過均一區間範圍部分仍需補差價的喔！如果搭的是市營巴士，而又確定會超過均一區間範圍，請在上車時就將你的一日乘車卡插入後門的讀卡機，這樣下車時就會知道要補多少差價。至於京都巴士及京阪巴士都是採上車抽取整理券，下車時再按指示牌上的金額付款。

註：京都的詳細交通資訊，請參閱下列網頁。

旅行小抄

特別推薦——
超方便網路分享器

網址：www.horizon-wifi.com

對手機平板不離身的現代人而言，出國最擔心上網的問題，不過現在這個問題已經不需要擔心了，因為現在台灣已經有業者提供上網分享器的租借，不管是速度或收訊的穩定度都相當高，操作起來也相當方便，只要打開手機或平板的Wi-Fi功能，設定好熱點及帳號密碼就能開始上網。

上網登錄租借赫徠森日本上網分享器，在經銷商代碼的欄位中輸入「aaabook」就能無條件扣抵一天的租借費用，真是非常划算。(以上資訊僅供參考，若優惠內容有所異動，作者不負任何責任。)

交通資訊相關網站

- 🌐 小氣少年：nicklee.tw
- 🌐 京福電鐵：www.keifuku.co.jp
- 🌐 京阪電車：www.keihan.co.jp
- 🌐 南海電鐵：www.nankai.co.jp
- 🌐 阪神電車：rail.hanshin.co.jp
- 🌐 阪急電鐵：rail.hankyu.co.jp

- 🌐 JR西日本：www.westjr.co.jp
- 🌐 利木津巴士：www.okkbus.co.jp
- 🌐 京都市交通局：www.city.kyoto.lg.jp/kotsu
- 🌐 嵯峨野觀光鐵道：www.sagano-kanko.co.jp

京都 交通常用票券

(S) 票券價格
(M) 販賣地點
(★) 推薦理由
(🛒) 發售時間

京都市巴士與京都巴士
一日券(正面)

京都市巴士與京都巴士
一日券(反面)

京都市巴士與京都巴士一日券

http www.city.kyoto.lg.jp/kotsu/page/0000028337.html

(S) 大人¥500；小孩¥250

(M) 市巴士車上向司機、綜合觀光案內所(可以索取免費地圖)、定期券發售所買。

(★) ❶ 在京都市區內移動最方便的方式，搭三趟公車就回本，路線眾多，各大景點均有公車到達。

❷ 從2016.03.19起均一區間範圍變大，把國際會館、修學院離宮、赤山禪院、一乘寺地區都包含在內，但嵐山、大原及高雄等郊區仍不適用，超出範圍部分亦需補差額。

❸ 對於想漫漫京都的你，是十分省錢的票券。

京都觀光一日乘車券

http www.city.kyoto.lg.jp/kotsu/page/0000028378.html

(S) 一日乘車券：大人¥1,200；小孩¥600
二日乘車券：大人¥2,000；小孩¥1,000

(M) 地下鐵車站的票券販售機、市巴士營業所、市巴士·地下鐵案內所、定期券發售所。

(★) ❶ 在櫻花及楓葉季節的觀光旺季，搭乘公車的人數十分驚人，上下車花費時間過長，等待隊伍也長，重點是不一定上的了公車，建議搭前電車前往較鄰近的車站再轉搭公車抵達目的地，以金錢換取寶貴的遊玩時間。

❷ 嵐山大覺寺、高雄、苔寺、大原等京都巴士路線可以使用此票券。

京都地鐵票卡

いい古都チケット

http www.hankyu.co.jp/ticket/otoku/10/

(S) 阪急阪神版：¥1,600
能勢版：¥1,900
其他版本請查閱「京都市交通局」的官網

(M) 阪急電鐵、阪神電車各站、大阪市營地下鐵駅構內定期券發売所。

(★) 推薦想從其他關西地區(大阪、神戶)前往京都遊玩並於當天來回者，包含所有京都市內交通皆可使用，地下鐵、市巴士、部分京都巴士以及所搭配不同版本的電車路線，交通費用可以省下不少錢，比Kaisan Thur Pass的單日費用便宜。

(⊞) 每年春3月中～6月初，
每年秋10月初～12月底

比叡山橫斷券

http www.keihan.co.jp/traffic/valueticket/ticket

(S) 大人¥3,300；小孩 ¥1,600

(M) 京阪電車本線及支線各站 (大津線除外) 的站務室或剪票口(改札口)旁的站務員室購買。
註1：該票券僅有每年3～12月才有販售，並不是常態性優惠票券。

(★) 想到比叡山上賞櫻賞楓不再是遙不可及的夢想了，本票券囊括彙整所有比叡山上的交通方式，一票到底，可搭乘叡山登山車、纜車、shuttle bus，並含免費延曆寺門票，再從坂本登山車下山，欣賞琵琶湖美景，想來一點不一樣嗎？這就是了！

(⊞) 每年3月底～12月初

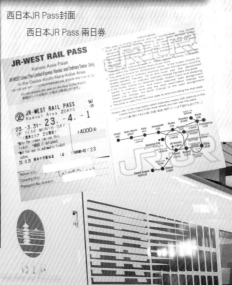

西日本JR Pass封面

西日本JR Pass 兩日券

関空特急はるか

37

洛東

概況
導覽

京都市分區位置圖

洛東是京都觀光景點最多的地區，也是觀光客來京都必遊的地區，北從銀閣寺及哲學之道起，中間包括了南禪寺、平安神宮、知恩院、八坂神社、高台寺及清水寺等重要寺院，祇園周邊、二年坂及三年坂不僅有美食可吃，還有不少具有風格的特色小店可以逛，有空閒時請記得來走走，或許會有意外的收穫。春天有櫻花、夏天有祭典、秋天有紅葉、冬天可能還會下起靄靄白雪，還在等什麼？趕快跟我們一起到洛東遊玩吧！

洛東(上)地圖

洛東(下)地圖

M 京阪　三条通　地下鐵東西線　**M** 東山　三条通

エコアンドテック京都

一澤信三郎

喫茶 六花　青蓮院

白川　華頂道

東大路通

ぎをん小森

巽橋　知恩院道　知恩院

天周

ハナビラヒトツ

鍵善良房　志津屋　なか卯

四条通

八ツ橋茶屋　茶寮都路里　八坂神社　円山公園

祇園まるん　よーじや　餃子の王将

かね正

京洋菓子司　ジュヴァンセル

東大路通　ひさご　寧寧之道　高台寺 洛匠

高台寺都路里　高台寺

祇園　石塀小路

鍵善良房　京都霊山護國神社

安井金比羅宮　着物 染匠　靈山歴史館

お地蔵さんの小路　二年坂　二年坂

八坂の塔　二年坂まるん

庚申堂

奥丹

カラス堂

松原通　松原通　八ツ橋茶屋　産寧坂　松榮堂

東大路通　産寧坂まるん　三年坂(産寧坂)

天 TEN

七味家本舗　八ツ橋

着物岡本　清水寺

五条坂　着物岡本　地主神社

五条通

40

熱門景點

清水寺

千年古寺，四季總有不同風貌

✉ 京都市東山区清水1丁目294

📞 075-551-1234

🕐 06:00～18:00

💲 大人¥300，中小學生¥300；特別夜觀：大人¥400，中小學生¥200

➡ 搭乘市巴在「清水道」或「五条坂」下車徒步10分鐘

http www.kiyomizudera.or.jp

MAP P.40

放置兩尊京都最大級仁王像的仁王門

　　無論什麼季節來到京都，列為世界遺產的清水寺是必排行程之一，它不僅是上千年歷史的古寺，加上氣勢宏偉的清水舞台更是讓人嘆為觀止，尤其是春櫻與秋楓時節，只要站在清水舞台上就能一睹全寺美麗的景色，絕對不能錯過。

　　清水寺是寬永10年(西元1633年)再度整修成為現在的規模，所有寺堂都依勢著音羽山建造。足足有4層樓高且面積達190平方公尺的清水舞台，是使用大量欅木以懸造方式所建造出來，從開始到完工都沒有使用任何一根釘子，而舞台在特定節日時就會成為重要法會及表演的場地。

　　清水舞台下方有讓人飲用泉水的地方，它所流出的三道清泉源自音羽山，故取名為「音羽の瀧」，三道清泉都有各自代表的意義，面對音羽の瀧左邊起分別代表「學問」、「戀愛」、「長壽」，可別太貪心想一次喝足三道清泉，無論是誰都只能挑選一種來飲用，否則會造成反效果。

從奧の院的角度欣賞本堂

地主神社

時髦的戀愛御守，讓你愛情久久

✉ 京都市東山区清水一丁目317
📞 075-541-2097
🕐 09:00～17:00
💲 免費，不過得先付清水寺的拜觀費
➡ 搭乘市巴士在「清水道」或「五条坂」下車徒步15分鐘
🌐 www.jishujinja.or.jp
🗺 P.40

一看就知道地主神社是在祈求戀愛運的地方

在清水寺境內的地主神社，應該是來到京都必遊景點之一，由於這裡是負責掌管姻緣的神社，所以不少女性遊客都會特地前來參拜，雖然這裡也有一般傳統樣式的御守，但跟戀愛及良緣有關的御守卻相當時髦及具有特色，特別推薦戀愛方面及十二生肖的御守，無論是送朋友或情人都很適合。

神社內還有兩顆戀愛占卜石(恋占いの石)，據說只要從任何一方為起點，閉著眼睛順利走到另外一方，一邊走一邊要唸著愛慕者的名字，一旦完成就能讓戀愛順利發展，是否靈驗就有待大家來證實。

據說摸鎚子能保佑良緣、開運、除厄 (MD：Miko)

旅行小抄

神社基本參拜步驟

1. 走到拜殿前，放下手上物品，微微鞠躬。
2. 往賽錢箱投入香油錢，拉一兩下綁著鈴鐺的繩索，這兩個動作是告知神明你來參拜了。
3. 深深地鞠兩次躬。
4. 將手舉至胸前，張開雙手與兩肩同寬後拍手兩下，低頭感謝並祈求庇佑。
5. 最後再深深一鞠躬，完成參拜，請倒退出拜殿後再轉身離開。

抽完籤請記得把它綁在這喔

御守：日式祈福的最佳表徵

　　到京都遊玩，最令人印象深刻的就是寺廟的密集度，可說是「三步一寺、五步一廟」的狀態，也許上述誇張了點，但寺廟的數量之多確實為日本少見，而參觀寺廟當然少不了紀念品的購買，分兩大部分——「御守」(お守り)及「御朱印」(ごしゅいん)。

　　御守(お守り)是各國觀光客到日本必買的伴手禮，種類樣式繁多，除了傳統的樣式之外，也製作成各式可愛的外形，例如：平安神宮的「開運厄除桃守」及「長壽橘守」、仁和寺的「開運櫻守」，都是頗受遊客青睞，御守本身所具備的涵義也可表達對未來的期望與對他人的祝福，可說是送禮自用兩相宜。御守的功能廣泛，大致可以分為愛情、健康、交通、學業、平安、夢想、事業、運氣等等，價格也各自有異，大約從¥300～¥1,000不等。每個寺廟幾乎都有販賣，但當然也有其特別的御守，若是希望買到合適的御守，不妨收集資料比較看看，才能讓自己的願望得到適當神祇祝福，也別忘了心誠則靈才是不二法門。(御朱印請見P.107)

高台寺

賞櫻、賞楓、夜觀的好地點

- ✉ 京都市東山区高台寺下河原町526番地
- ☎ 075-561-9966
- 🕐 09:00～17:00
- 💴 大人¥600，中高生¥250
- ➡ 搭乘市巴在東山安井站下車徒步5分鐘
- http www.kodaiji.com
- MAP P.40

　　豐臣秀吉逝世後，他的夫人寧寧(ねね)為了替秀吉祈福而建造，它也是臨濟宗建仁寺派的寺院，境內的開山堂、供奉秀吉及寧寧的靈屋、千利休的傘亭、觀月台

高台寺境內一景

都列為國家重要文化財產予以保存。而高台寺也是欣賞櫻花及楓葉的名所之一，在特定日子裡所開放的夜觀，更是讓人充滿期待，利用燈光效果投射在櫻花、楓葉及枯山水庭園裡，值得大家一起來欣賞。

京都靈山護國神社

追尋坂本龍馬腳步,必到之處

✉ 京都市東山区清閑寺霊山町1
📞 075-561-7124
🕐 08:00～17:00
💲 神社境內參觀免費。靈山墳墓參觀才需收費,大人¥300,中小學生¥200
➡ 搭市營巴士到東山安井站下車走路10分鐘
http www.gokoku.or.jp
MAP P.40

從鳥居往上走就可以到達靈山護國神社

坂本龍馬遭難之地在四条河原町街道上

它是於明治元年創建的神社,相較於京都市內其他歷史悠久的神社或寺廟,它當然有其特別之處,這裡最主要供奉的是在明治維新期間所死亡的維新志士,喜歡近代日本史的朋友絕不能錯過這個地方,在這裡長眠的還有寫

坂本龍馬及中岡慎太郎
的銅像(sthouse/攝)

出《船中八策》,對幕府後期時代的日本造成極大影響的人──坂本龍馬。

1867年11月15日是坂本龍馬的忌日,而京都靈山護國神社在這段時間會舉辦「龍馬祭」,而龍馬よさこい(龍馬YOSAKOI)則是活動最高潮,看著許多年輕團體穿著花俏,搭配著輕快的音樂在跳舞,將這個特別的日子當成是祭典來熱鬧舉辦,此時就連觀賞表演的遊客身體也會不自覺地隨音樂擺動。

二年坂、三年坂、石塀小路

餐飲及購物，這裡通通有

MAP P.40

二年坂及三年坂

二年坂及三年坂在東山的觀光地區很有名，所以被列為是京都必遊景點，沿路兩旁的建築充滿著濃濃古都味，除料理店外，還有販賣清水燒、紀念品、甜點的店家可以閒逛，而這裡有個「在三年坂跌倒會活不過三年」的傳說，當時的人或許只是想提醒大家上下階梯時能小心些，會衍生出這種傳說，應該是始料未及的事。而前往清水寺祈求安產及子嗣的人必須經由三年坂通往清水坂，加上「三年」跟「產寧(生產平安)」發音相近，因此三年坂又有人稱做「產寧坂」。

石塀小路

位於寧寧之道(ねねの道)旁的石塀小路也是必遊景點，為了怕遊客與它擦身而過，還在路口設立了石塀小路的燈飾，而漫步其中會讓人有種時光倒流的錯覺，這裡也是個非常適合拍照的地方，

石塀小路是條充滿特色的路

但請勿因拍照阻礙通行或大聲喧嘩，造成其他遊客及店家的困擾，在春天的晚上小路兩側都會擺放小燈籠形成一條花燈路。

產寧坂隨時都有往來的觀光客

旅行小抄

來個藝妓變身，遊走街頭

在這裡隨處可見進行和服或藝妓體驗的女性遊客，因為二年坂、三年坂及寧寧之道將清水寺、高台寺、八坂神社及祇園等景點串連起來，如有意想體驗和服或藝妓變身，可預先安排在這天的行程中。

45

傳說能斬壞緣求好緣的「緣切り緣結び碑」

安井金比羅宮

試試求姻緣、斬桃花是否靈驗

✉ 京都市東山区東大路松原上ル下弁天町70
📞 075-561-5127
🕐 24小時；繪馬館及玻璃館10:00～16:00，週一休館
💲 境內免費。付¥500可同時參觀繪馬館跟玻璃館
➡ 搭市巴在「東山安井」下車後徒步1分鐘
🌐 www.yasui-konpiragu.or.jp
🗺 P.40

讓祈願者寫
祈願內容的
「形代」

熱鬧的寧寧之道及高台寺附近不遠處有個寺院，來這裡參拜的多數是女性，境內那貼滿祈願紙(形代)的緣切り緣結び碑，是吸引她們遠道而來的原因，因為這裡不僅能祈求結良緣，還能祈求切

除惡緣，所以想斬斷爛桃花的，可以來這試試效果如何。這裡是一個很特殊的地方，因此日劇《Anego》也曾特別來此取景。桌上型的緣切り緣結び碑(桌上御神礼)跟保佑擺脫爛桃花的「惡緣切守」是不少參拜者來此到訪的必買小物。

> ### 旅行小抄
>
> #### 緣切り緣結び碑參拜方式
> 祈求者誠心將名字及祈願內容寫在「形代」上，然後帶著剛寫好的「形代」從碑下的洞口由外往內爬，這代表「切惡緣」，再從洞口從內往外爬，這是在「結善緣」，爬出洞口後再將剛剛手中的「形代」綁在碑上就完成儀式。請記得別爬錯方向以免鬧出笑話。

安井金比羅宮的鳥居

円山公園

適合賞櫻的古老公園

✉ 京都市東山区円山町
🗺 MAP P.40

　　它是京都最古老也是最有名的公園，每當春季櫻花盛開時，總是會湧入大批賞櫻的人潮，晚上

已經有70年歷史的枝垂櫻

每當賞櫻時節總有不少人在樹下賞櫻

可以在櫻花樹下一邊喝酒作樂一邊欣賞夜櫻，讓人不由得沉溺在這種歡樂的氣氛裡。園內除了有千株的櫻花外，還有株擁有70年歷史的祇園枝垂櫻，當夜晚將燈光打向樹上時，總可以聽到身旁遊客此起彼落的讚嘆聲。

八坂神社

每年7月祇園舉辦重要祭典

✉ 京都市東山区祇園町北側625番地
📞 075-561-6155
🕙 10:00～18:00
💲 免費
➡ 從京阪祇園四条駅徒步5分鐘
🌐 web.kyoto-inet.or.jp/org/yasaka
🗺 MAP P.40

　　本殿及樓門都被列為日本重要文化財產的八坂神社，每天總會

吸引不少信徒來參拜，而每年7月在這裡舉辦的祇園祭更是京都三大祭典之一，其重要程度可見一斑。位於東大通與四条通交界的西樓門，鮮豔的朱紅色也讓它成為了祇園地區的地標，而南樓門還有京都最大的石鳥居。境內也有專給女性及美容業參拜的美御前社、可免除疫病災難的疫神社、祭祀金屬鍛治守護神的刃物神社，總數超過20個以上各具特色的神社可供人參拜。

安井金比羅宮、円山公園、八坂神社

八坂神社的西樓門

知恩院

除夕夜看17位僧侶敲響大鐘

✉ 京都市東山区林下町400

☎ 075-531-2111

🕘 09:00～16:00

💲 境内參觀免費；方丈庭園¥400，友禪苑¥300，共通券¥500

➡ 搭乘市巴在「知恩院前」下車；從祇園出發徒步10分鐘

http www.chion-in.or.jp

MAP P.40

列為日本國寶的三門

　　這裡是日本淨土宗的總本山，也是法然上人講經傳道的地點，境內有日本最大的三門、列為國寶的御影堂、重要文化財產的集會堂、指定名勝的方丈庭園、除夕夜晚需要17個僧侶才能撞響的大鐘以及古老的七大不思議，而每年11月中下旬的紅葉夜間特別拜觀更是不能錯過。

境內被列為國寶的御影堂

知 識 充 電 站

什麼是知恩院七大不思議

知恩院七大不思議：大杓子、瓜生石、白木棺(白木の棺)、鶯聲迴廊(鶯張りの廊下)、忘記傘(忘れ傘)、飛走雀(抜け雀)、三面貓(三方正面真向の猫)。

知恩院除了充滿歷史的建物外，從以前所流傳迄今的七大不思議也十分有名，至於出處多已不可考，而七大不思議內容分別如下：

大杓子：行走在大方丈走廊上，可以在屋梁上看到一支重達30公斤、長約2.5公尺的杓子。

瓜生石：傳說位於中黑門附近的這顆石頭會開花長瓜，故得其名。

白木棺：三門的二樓中有當初參與三門興建工程工頭夫婦的木像及納棺。

鶯聲迴廊：大殿往大小方丈的那條走廊，當走過它的時候，地板會傳來類似黃鶯啼叫的聲響。

忘記傘：當時建築名匠左甚五郎在建造時，為了要驅魔才遺留在那的雨傘。

飛走雀：大方丈房內的紙門上所畫的麻雀因為太逼真而飛走，在紙門上只留下當時的畫痕。

三面貓：位於大方丈走廊上有一幅由狩野信政所繪的貓畫像，無論從任何角度看都能感受到跟畫像裡的貓正面相對。

青蓮院

夜觀景色別有一番風情

✉ 京都市東山区粟田口三条坊町

☎ 075-561-2345

🕒 09:00～17:00

💲 大人¥500，中高生¥400，小學生¥200；夜觀：大人¥800，中高生¥400

➡ 搭地鐵東西線在東山駅下車後徒步5分鐘；從円山公園徒步10分鐘

http www.shorenin.com

MAP P.40

這裡是天台宗的寺院，也是比叡山延曆寺三門跡之一，與其他寺院相比有個很特殊的差異是在於歷代住持都是出家的皇室貴族。境內有國寶「青不動明王」及許多重要文化財產可供參觀，遊客也可以在此欣賞春櫻及秋楓，春秋兩季還開放夜間觀賞，進入青蓮院前必須先脫鞋並隨身攜帶，建議別攜帶過多個人物品造成行動不便，地上閃閃發亮的燈泡搭配音樂及輔助燈光所製造出來的效果讓人讚嘆不已，請注意部分地區禁止攝影及使用腳架。

青蓮院夜觀非常值得來欣賞

夜觀時坐在宸殿可以同時欣賞到音樂及燈光變化

49

銀閣寺

別具意義的「平安符」門票

✉ 京都市左京区銀閣寺町2
☎ 075-771-5725
🕐 3月1日～11月30日08:30～17:00，12月1日～
2月底 09:00～16:30
💲 大人¥500，中小學生¥300
➡ 搭乘巴士在銀閣寺道站下車後徒步5分鐘
http www.shokoku-ji.jp
MAP P.39

從不同角度拍攝的銀閣寺有不同風貌

比起京都其他寺院而言，正式名稱為慈照寺的銀閣寺占地並不算大，但境內的銀閣寺(觀音殿)及東求堂是日本國寶，參觀重點在東山文化建築風格的建物、銀閣寺旁的枯山水銀沙灘、用白沙堆積成的向月台、以錦鏡池為中心的回遊式庭園等，而銀閣寺也是世界文化遺產之一，更是值得到此一遊。其販售的門票很有特色，因為是一張平安符。建議喜愛攝影的朋友將參訪行程訂在早上，有較佳的攝影效果。

銀閣寺的入場券是平安符

哲學之道

因哲學教授來此冥想而得名

MAP P.39

哲學之道是條介於銀閣寺與熊野若王子神社的小徑，長度大約是2公里，據說因為京都大學哲學教授西田幾多郎每日來此散步及冥想而得其名，小徑旁有條琵琶湖疏水的分支水渠，沿著哲學之道還有銀閣寺、法然院、南禪寺、大豐神社等寺院可參訪。

疏水渠旁店家還放了兩隻可愛的熊娃娃供遊客拍照

水渠兩邊種植為數不少的染井吉野櫻，每當春天櫻花綻放，哲學之道搖身一變就成了美麗的櫻花隧道，無論是漫步其中或是攝影留念，絕對會留下美好的回憶，這裡是必訪的賞櫻名所。

看到如此美景會讓你心動想來此探訪嗎

真如堂

深秋火紅染滿整座寺院

✉ 京都市左京区浄土寺真如町82
☎ 075-771-0915
🕐 09:00～16:00
💲 免費，如要進入本堂及庭園要收費¥500
➡ 搭乘公車在「錦林車庫前」或「真如堂前」下車徒步8分鐘
http shin-nyo-do.jp
MAP P.39

這裡是秋天欣賞紅葉必來的地點

真如堂的正式名稱為「真正極樂寺」，它是屬於天台宗的寺院，本堂是國家重要文化財產，這裡保存許多列為國寶的經文及書卷，還有一尊108公分平安時代的木造阿彌陀如來像被列為重要文化財產予以收藏。而借景大文字山、東山、比叡山的枯山水庭園——「涅槃之庭」也是京都的名庭之一，真如堂更是京都高人氣賞楓名所，古老木造建物搭配火紅楓葉所營造出來的氣氛令人著迷，如果到京都賞楓絕不能錯過真如堂。

永觀堂

3000棵楓樹的楓紅景象

✉ 京都市左京区永観堂町48
☎ 075-061-0007
🕐 09:00～17:00
💲 平日：大人¥600，高中生以下¥400；夜觀：中學生以上¥600
➡ 搭乘公車在「南禪寺永觀堂道」下車後徒步3分鐘
http www.eikando.or.jp
MAP P.39

美麗的紅葉總是叫人陶醉不已

原名為禪林寺的永觀堂是以秋天欣賞楓葉聞名的寺院，境內有近3,000株楓樹林立，所以也有「紅葉(もみじ)的永觀堂」的稱號，這裡也有一尊很有名的佛像，因為祂的臉是回頭往後看，又稱「回首阿彌陀如來」。每年11～12月初夜間會開放參觀，使用燈光效果讓人欣賞夜幕下的永觀堂，堂內重要文物是禁止攝影的，而境內夜觀時也不能使用腳架。

從總門進來的參道兩旁種滿了楓樹

南禪寺

三門、水路閣、方丈庭園為必看三景

✉ 京都市左京区南禅寺福地町
☎ 075-771-0365
🕐 08:40～16:30
💲 境內參觀免費；方丈庭園、三門：大人各收¥500，高中生¥500，中小學生¥300；南禪院：大人¥300，高中生¥250，中小學生¥150
➡ 搭乘地鐵東西線在「蹴上駅」下車後徒步10分鐘；搭乘市巴在「南禪寺・永観堂道」下車後徒步10分鐘
🌐 www.nanzen.net
🗺 P.39

南禪寺的中門

南禪寺在日本寺院中有極高的地位，因為當年龜山天皇在此出家，後來南禪寺的地位更在京都五山之上，不過境內建築物數次遭受毀損，現存有的建物大多都是桃山時代所改建的，列為京都三大門的三門、琵琶湖疏水道的水路閣跟方丈庭園裡枯山水景色，是來到南禪寺必定參觀的景點，最適合參觀季節為秋天來此欣賞紅葉，由於南禪寺占地範圍不小，因此在時間安排上更需要注意。

知識充電站

京都三大門、京都五山是指哪裡

京都三大門指的是洛東知恩院的三門、南禪寺的三門及洛西仁和寺的二王門，而京都五山指的是天龍寺、相國寺、建仁寺、東福寺及萬壽寺等五大禪寺。

列為京都三大門之一的知恩院三門

蹴上鐵道

櫻花鐵道讓人如癡如夢

➡ 搭乘京都地鐵東西線到蹴上站下車後徒步5分鐘
🗺 P.39

蹴上鐵道在賞櫻時節是絕對要來的地方

在南禪寺旁有條當初為了載運船隻所建造的蹴上鐵道，它最主要的功用是連接高低有落差的琵琶湖疏水道，雖然現在已經停止使用，但現場軌道、台車都保存下來，旁邊還設有紀念碑，建議可連同旁邊的琵琶湖疏水紀念館一起參觀，就能更瞭解這段鐵道的歷史。在櫻花盛開時絕對要將這裡排入行程裡，沿著鐵道兩旁開滿櫻花像是走入櫻花隧道，凋謝時所灑落的櫻花雨美麗到讓人有種在夢境的錯覺。

體驗很不一樣的神苑紅枝垂櫻音樂會

 玩家交流

　　京都不少寺院都有夜間賞櫻，但神苑夜間賞櫻方式很特殊，因為是採用音樂會方式舉行，每年3月初開始販賣預售票，活動當天也能在平安神宮前買到入場券，內容除了南神苑美麗的櫻花外，還有在東神苑栖鳳池旁的演奏會，最佳觀賞地點在泰平閣中間的位置，有很不錯的視野，雖然一個人要付¥2,000的參觀費，卻會讓人有難忘的回憶。

平安神宮

顯眼的朱紅色大鳥居映入眼簾

✉ 京都市左京区岡崎西天王町97
📞 075-761-0221
🕐 境內06:00～17:00，神苑08:30～17:00
💲 境內免費；神苑拜觀費：大人¥600，小孩¥300
➡ 搭巴士在京都会館美術館前下車後徒步5分鐘
http www.heianjingu.or.jp
MAP P.39

　　來到平安神宮的第一印象，應該是參道上那顯眼的朱紅色大鳥居，由於大鳥居高度超過24公尺，所以不少遊客會在此拍照留念。而西元1895年為了紀念遷都平安京(京都)1100年而建立的平安神宮，建物是仿效平安時代皇居建造而成，從正面的應天門到內部的朝堂院都採用紅柱綠瓦的色調，大小雖然只有原建物的三分之二，仍不難讓人想像到昔日壯觀。每年10月22日在此舉行的「時代祭」也是觀光重點之一，看著街道上不同時代的人物與道

朱紅色建物外觀經過燈光照射變得更美

南神苑夜櫻是絕不能錯過的賞櫻行程

具所編成的遊行隊伍，彷彿像走入時光隧道。占地6,000坪的神苑也是不錯的參觀景點，境內依景觀不同而分為中、東、西、南等4區，春天紅枝垂櫻(紅しだれ桜)盛開的南神苑更是賞櫻名所，但這段時間在苑內攝影禁止使用腳架，以免阻礙遊客通行。

南禪寺、蹴上鐵道、平安神宮

特色餐飲

ひさご

令老饕讚不絕口的滑嫩親子丼

- 💲 ¥980
- ✉ 京都市東山区下河原通八坂鳥居前下ル下河原町484
- 📞 075-561-2109
- 🕐 11:30～19:30
- 休 週一，如遇假日則延休
- MAP P.40

位於高台寺附近的ひさご是家有70年以上歷史的老店，雖然位處在小巷中且外表看起來很不起眼，但卻是一家親子丼人氣名店，相當受到老饕們喜歡，無論平日或假日總是吸引不少觀光客前來。

店家利用高湯燉煮雞肉，再加入新鮮的雞蛋後馬上起鍋，所以上桌時，還能看到整碗親子丼正冒著熱煙，看著半熟軟溜的滑蛋加上Q嫩的雞肉鋪在鬆軟的白米飯上時，令人食指大動，如果再酌量灑點店家放在桌上的調味粉，搭配著店家附贈的醃菜來食用，真的很好吃。由於美味的高湯會隨著米飯的縫隙流到碗底，就算吃到最後一口都還是有它的香味。

點丼飯會附上醃菜搭配食用

ひさご的店家外觀

喫茶 六花

家庭式可愛咖啡店

$ ¥850
✉ 京都市東山區稻荷町南組577-4
☎ 075-541-3631
◷ 10:00～18:00
休 每週三及每月第二、四個週二
MAP P.40

使用自家種植蔬菜做的蛋吐司

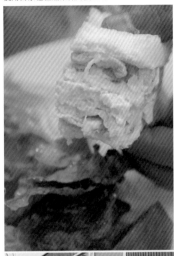

一家很「可愛」的咖啡店，這是我替「喫茶 六花」所下的結論，它提供給客人的是洋式輕食，走的是家庭餐廳風格，老闆把店內的裝潢弄得很高雅溫馨，所以進到店裡的客人都可以感受到一股很悠閒的氛圍，加上這裡並不是旅遊書上大力推薦的咖啡店，會來這邊用餐的客人多數是住在附近的鄰居，也少了觀光客的吵雜。

在店家準備的食材中，不管是茄子、番茄、生菜都是老闆自家耕種的有機蔬菜，所以也不用擔心農藥問題。特別推薦店內的3種招牌餐點：由鬆軟吐司、八分熟炒蛋再加上特製沙拉醬組合而成的蛋吐司(たまごサンド)；也是用

位於東大路通旁的六花外觀

自家野菜熬煮，讓我很想念的咖哩飯(カレーライス)，不過裡面加的是牛肉，如果不吃牛記得別點咖哩飯；最後就是這家店的夢幻菜色：青番茄醬吐司(トマトサンド)，青番茄的酸加上蜂蜜的甜在經過混合後塗抹在吐司上，但這是季節限定菜色，只有9～11月才會販賣。

店內的氣氛讓人覺得很輕鬆

55

鍵善良房

清爽葛切沾上黑糖蜜，讓你透心涼

$ ¥900
✉ 京都市東山区下河原通高台寺表門前上る
☎ 075-525-0011
🕐 09:00～18:00
休 週三
http www.kagizen.co.jp
MAP P.40

沾了黑糖蜜的葛切相當美味

創業將近300年的鍵善良房是祇園地區一家以製作干菓子及生菓子出名的老店，每個來光臨的客人都能享用到店家精心準備的茶品及干菓子菊壽糖，而裝在漂亮漆器裡呈半透明的葛切(くずきり)是最受歡迎的，為了讓顧客享受最棒的美味，因此都是採現點現做，泡在冰水中

每個客人都能享用的菊壽糖

的葛切是由吉野葛製作而成，再沾著來自沖繩的黑糖蜜食用，滑順清爽的口感真是令人印象深刻。而裹著黃豆粉的蕨餅(わらびもち)也是店家的人氣甜點。

奧丹

京都最古老的豆腐料理店

$ ¥3,000
✉ 京都市東山区清水3丁目340番地
☎ 075-525-2051
🕐 平日11:00～16:30，假日11:00～17:30
休 週四
http www.tofuokutan.info
MAP P.39、P.40

在京都有不少湯豆腐料理店，擁有近400年歷史的奧丹可算是京都最古老的店家，使用無農藥栽培的大豆加上純淨地下水，再依古法製作出一塊美味且讓人讚不絕口的豆腐。建議點選綿豆腐套餐(おきまり一通り)來嘗試，分量充足的套餐內有湯豆腐、串烤豆腐、胡

麻豆腐、炸蔬菜、山藥泥及白飯，豆腐吃起來口感滑嫩並帶有濃濃豆香，難怪深受老饕喜愛。在古老的建築物裡有著庭園造景，無論什麼季節前來都有不同風貌，同時滿足了視覺及味覺。

由豆腐製成的各式料理很受喜愛

有著濃濃豆香味的湯豆腐

天 TEN

抹茶與起司的絕佳口感令人幸福

- 💲 ¥1,500
- ✉ 京都市東山区清水2-208-10
- 📞 075-533-6252
- 🕐 10:00～17:30
- 休 不定休
- http ten.higoyomi.com
- MAP P.40

在清水寺前的松原通及五条坂交界處，有家外表不太起眼的店家，表面上像是在賣小東西，不過實際上店內賣的抹茶起士蛋糕(抹茶レアチーズケーキ)非常有名，因為它有著《黃金傳說》節目裡京都甜點第五名的光環，所以吸引不少喜愛甜食的觀光客前來一嘗。

店內也有提供鹹食餐點，有時間的朋友就來試試，但這次重點放在抹茶起士蛋糕及抹茶歐蕾(抹茶オーレ)，來體驗看看為何它會成為榜內第五名的原因吧！外表看起來很誘人，從側面看的出來很扎實，切一小塊放到嘴裡，濃郁的抹茶跟起司兩種味道混在一起是那麼剛好，吃起來很爽口且不會過甜，一邊吃蛋糕一邊喝著熱抹茶歐蕾，杯內還有一支弄奶泡的可愛小玩意，將熱飲入口時把剛剛口中的蛋糕味沖刷了一次，真的很好吃！那種幸福的感覺是無所比擬的，真不愧是占有京都甜點第五名的好吃店家。

❶天冷時來杯抹茶歐蕾也不錯
❷起司蛋糕是相當受到歡迎的甜點

京洋菓子司
ジュヴァンセル

酸甜水果沾上濃郁抹茶巧克力醬

$ ¥1,300
✉ 京都市東山区八坂鳥居前南入清井町482 京ばんビル2F
☎ 075-551-1511
⏰ 11:00～19:00
休 無
MAP P.40

　日本電視《黃金傳說》中有個京都甜點排行榜，這家店同時有兩樣甜點榜上有名，分別是第25名的祇園抹茶巧克力鍋(祇園フォンデュ)及第29名的さがの路，既然都來了，當然不能錯過這兩樣好吃的甜點。

　祇園店位於從高台寺前往八坂神社的小路上，它位在2樓也並無明顯招牌，一不留意很容易錯過，店員會先送上冰水及好吃的抹茶生巧克力，略苦且濃郁的口感，讓人不禁地小口淺嘗。

店家入口設在一個很不起眼的地方

　祇園抹茶巧克力鍋使用有質感的容器裝著新鮮水果、蛋糕及糰子，分別將這些食材沾著溫熱的抹茶巧克力醬來食用，吃完後讓人意猶未盡，而吃完後店員會再倒入熱牛奶到沾醬的容器中，就成了一杯抹茶巧克力歐蕾，替這道甜點畫下完美的句點。用著竹葉包著且外皮有麻糬口感的さがの路，吃起來很有層次感，淡淡的抹茶跟起司香味並不會因為下肚而消散，反而會一直在口中迴繞著，也難怪會成為大家推薦的甜點之一。

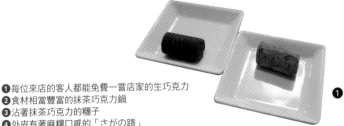

❶ 每位來店的客人都能免費一嘗店家的生巧克力
❷ 食材相當豐富的抹茶巧克力鍋
❸ 沾著抹茶巧克力的糰子
❹ 外皮有著麻糬口感的「さがの路」

知識充電站

店名「ジュヴァンセル」的由來

「ジュヴァンセル」，源自法文單字「jouvencelle」，意思是指「年輕少女」。在官方網頁上的企業理念中，店家特別解釋，希望自家的產品從構思、製作、販賣等流程，都能使用年輕女性較柔軟及細膩的角度來看待，所以無論是口味及擺飾都像是個優雅的女子。

店內人氣甜點：祇園抹茶巧克力鍋(祇園フォンデュ)的「フォンデュ」，源自法文單字「fondue」，意思是指「融化」，而它也是源自瑞士的一種菜餚，這個單字也可以跟「起司火鍋」畫上等號，在寒冷的冬天，大家圍著上面放著起司鍋的爐子，拿著叉子插著麵包蘸上起司食用，真的很美味，之後除了起司火鍋外，還出現了以巧克力為原料的巧克力鍋。

日の出うどん

咖哩烏龍麵，美味大滿足

- $ ¥950
- ✉ 京都市左京区南禅寺北ノ坊町36
- ☎ 075-751-9251
- 🕐 平日11:00～18:00，假日11:00～17:00
- 休 週日
- MAP P.39

位於永觀堂附近的「日の出うどん」並不是一家台灣旅遊書上的熱門店家，但在日本美食網站中卻有著不錯的評價，不少人到永觀堂參觀後就會來這裡用餐，所以店家前面常有人在排隊，建議避開用餐時段來，可以減少等待時間。

牆上掛著店家推薦菜單讓客人參考點選，店家在麵食部分提供了蕎麥麵、中華麵條、烏龍麵可以選擇，在咖哩湯汁部分也可以自由選擇辣度，而在配料部分則可以選擇牛肉(肉入)、雞肉(鳥入)、甜豆皮(甘あげ)，但這邊並沒有提供豬肉咖哩。店家會幫客人準備紙製的圍兜，以免吃咖哩烏龍麵時弄髒衣服。

建議可點選有碎豆皮、蔥、牛肉的特別咖哩(特カレー)，或是來碗牛肉咖哩烏龍麵(肉入カレー)，

美味的咖哩烏龍麵是必吃餐點

店家將牛肉切成片狀讓客人每一口都能搭著麵吃，無論是Q軟不彈牙的烏龍麵或用昆布熬煮的濃厚咖哩湯汁，都讓人難忘，食量大的可以再多點一碗白飯倒在咖哩湯汁裡吃掉，真是大滿足！

位於永觀堂附近的店家外觀

店內座位少，請避免用餐時間來訪

かね正

沒預約就吃不到的鰻魚飯

- 💲 ¥2,000
- ✉ 京都市東山区大和大路通四条上ル2丁目常盤町155-2
- 📞 075-532-5830
- 🕐 11:30～14:00、17:30～22:00
- 休 週四、日
- http www.wakkoqu.co
- MAP P.40

如果可以接受用有一點點高的價格，在京都祇園小巷裡享受鰻魚飯，「かね正」就會是三小a推薦的店家；它是在小巷中的小巷，所以要尋找門口得花一點時間，強烈建議要先預約再前往。店內最主要是販賣各式各樣的鰻

魚飯料理，從飯糰(おにぎり)、基本的「うな丼」、加料較豐盛的「うな重」都有，不過最推薦的還是蛋絲鰻魚丼(きんし丼)，現點現烤的鰻魚咬起來口感微脆，搭配蛋絲食用的經驗還是第一次，這樣吃起來感覺比較不膩，如果覺得口味不夠重的話，還有放一小壺醬汁給客人使用，建議有興趣的可以來吃吃看。

一碗碗鰻魚丼看起來真是誘人

高台寺 洛匠

隱身小巷的美味抹茶蕨餅

- 💲 ¥500
- ✉ 京都市東山区高台寺北門前通下河原東入ル鷲尾町516
- 📞 075-561-6892
- 🕐 09:30～18:00
- 休 不定休
- http www.rakusyou.co.jp
- MAP P.40

有時穿梭在小巷中也能找到不錯的店家，位於高台寺旁的洛匠就是其中之一。看著不起眼的

門口，進入後才發現裡面別有洞天，無論是榻榻米或桌椅的座位，都能享受到美麗的日式庭園，看著小橋流水有著相當悠閒的氛圍；洛匠最著名的是蕨餅(わらび餅)，最主要有抹茶跟黑糖兩種口味，推薦可選擇抹茶蕨餅(草わらび餅)，將撒上大量黃豆粉的抹茶蕨餅放入口中，能享受到淡淡茶香，搭配抹茶飲品的話效果更好。

店內有美麗的日式庭園可欣賞

撒上黃豆粉的蕨餅很好吃

六盛茶庭

現點現做的好滋味舒芙蕾

- 💲 ¥800
- ✉ 京都市左京区岡崎西天王町71
- 📞 075-751-6171
- 🕐 14:00～17:00
- 休 週一
- http www.rokusei.co.jp
- MAP P.39

看起來超誘人的舒芙蕾

　　如果有人問三小a在京都哪裡有好吃的舒芙蕾(スフレ)？絕對會強力推薦在平安神宮附近的六盛茶庭，這是一家外表看起來不起眼的店，不過進門後就可以看到很多人在排隊候位，由於舒芙蕾是現點現做，所以需要20～25分的等待時間，加上這麼多人在排隊，建議請平日前往。

　　坐下後店員會遞上菜單，基本上店內只供應舒芙蕾，有6～7種口味可選擇，再加點杯飲料後就可以慢慢等待美食上桌，從店

家處理食物的方式可知他們有多用心，一個大烤爐裡一次只有放2～4個舒芙蕾在裡面烤，為的是讓食物能均勻受熱，在品質部分能有效的進行控管。淋上奶油的舒芙蕾，口感介於布丁及海綿蛋糕間，吃起來濕潤綿密、甜度適中，嘴巴裡滿滿是幸福感，半個小時的等待絕對值得。

　　特別提醒各位，店內是禁止攝影，但如果只拍食物不會有問題，但請勿因為好奇而四處拍照，避免造成店家困擾。

六盛茶庭現在移入六盛料亭內繼續營業中

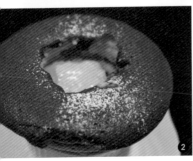

❶吃舒芙蕾時可以搭配一杯冰紅茶
❷❸將攪拌均勻的奶油或卡士達醬倒入舒芙蕾

旅行小抄

舒芙蕾怎麼吃才好吃

「スフレ」這個詞來自於法語的「Soufflé」，它是18世紀從法國傳出來的甜點，主要將打發過的蛋白霜在經過烘烤膨脹後，再淋上用奶油蛋黃所調製的醬汁來食用，所以請一定要在出爐後馬上享用完畢，否則蛋白霜幾分鐘內就會塌陷。

在六盛茶庭將熱呼呼的舒芙蕾送上桌前會先送上來一塊小牌子，上面除了用文字表示舒芙蕾的食用步驟，還會有圖示，步驟如下：

一、請先把香草跟奶油混在一起攪拌均勻。

二、用湯匙在舒芙蕾上方挖一個洞。

三、將剛剛攪拌好的奶油倒入舒芙蕾。

完成上面三個步驟後請快點把它吃完，要不然店員可是會很緊張的提醒你快點吃掉，三小a強力推薦一定要來嘗嘗！

京うどん 岡北
（おかきた）

看起來特殊的雞肉雞蛋蔥烏龍麵很美味

━━━ ❀ ━━━

道地烏龍麵抓住在地人的胃

- **S** ¥1,000
- **✉** 京都市左京区岡崎南御所町34
- **☎** 075-771-4831
- **◷** 11:00～20:00(20:00為最後點餐)
- **休** 週二
- **http** www.kyoto-okakita.com
- **MAP** P.39

　　想嘗嘗道地京都口味烏龍麵嗎？那就不能錯過「京うどん 岡北(おかきた)」，這是由京都當地人所推薦的美食，要不是有老饕帶路，否則一般遊客不太會走到這個地區，因為真的有點偏僻。

　　從店家的外觀跟菜單上老舊黑白照片看的出來是一家老店，菜單上面註明是昭和15年(西元1940年)創業，簡單不花俏的裝潢及布置是給客人的第一印象，這家店只有提供日文及英文菜單讓客人選擇。京都烏龍麵有別於讚岐烏龍那彈牙的口感，不過可以吃到

麵皮酥脆的炸蝦

小麥香，而重點是那用昆布熬煮的湯頭，在官網也寫著「湯頭是京都烏龍的命」(出汁は京うどんの命)。

　　推薦可點食炸蝦烏龍麵(海老天ぷらうどん)，試試那美味的昆布湯頭；或是選擇雞肉雞蛋蔥烏龍麵(親子なんばうどん)，嘗試一下高湯版的親子丼，除了不錯的麵條及湯頭外，加上蛋花跟蔥花後讓整碗麵看起來更加美味。

夜晚的店家外觀別有一番風味

Kyoto

餃子の王将

便宜好吃的中華料理

$ ¥800

✉ 京都市東山区四条通東大路東入祇園町南側540-3

☎ 075-551-2811

🕐 週一到六11:00～隔日10:00，週日11:00～22:00

休 無

http www.ohsho.co.jp

MAP P.40

「餃子の王将」是一家日本全國連鎖的中華料理店，它跟其他的連鎖速食店一樣，使用便宜的價格提供中華料理來吸引客人上門消費，店內有餃子、炒飯、炒麵、湯及一些熱炒類的食物供客人點選，單品平均¥400真的滿便

位於八坂神社旁的祇園店外觀

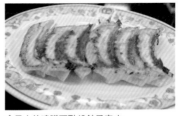

食量大的建議可點份餃子來吃

宜，如果吃膩牛丼或咖哩飯想換口味，建議可以來這試試。

在日本，餃子是當菜來配飯吃，不是像在台灣一樣單吃，而外皮因為用煎的，所以咬起來香香脆脆，且內餡有薑末、絞肉及適當鹹度，吃的時候可以不用沾醬油，桌上有醬油、醋等調味料可自由取用；炒飯(焼めし)看起來粒粒分明，口感吃起來比較乾，看起來跟肉絲蛋炒飯很類似，但肉絲部分是用叉燒肉代替；推薦可以點炸雞塊(鶏の唐揚)來吃，炸得酥脆的外皮加上軟嫩的肉，咬下去時還會有肉汁流出來，請小心別燙到舌頭了！想在日本嘗試中華料理的，可別錯過「餃子の王将」。

外皮酥脆的炸雞塊是三小a的最愛

洛中

概況導覽

京都市分區位置圖

鴨川

高野川

洛中P.67

洛中P.69

洛中P.68

桂川

鴨川

以棋盤式街道著名的洛中地區,其中夾雜著文化衝突,不時可看到新舊文化同時並存的痕跡,舉凡二条城、晴明神社、東寺、東本願寺及西本願寺等歷史悠久的建物,還有京都車站、京都塔、錦市場、河原町周邊能夠讓人發揮血拼功力的百貨公司及店家,形成一種相當鮮明的對照,沿著鴨川所開的店家也成為一種特殊現象,每當賞櫻及炎熱夏季常常一位難求,想同時滿足追求日本近代歷史及血拼樂趣的,洛中絕對是首選地區。

北野天滿宮地圖

天神川

北山通

今宮神社

大德寺

大宮通

堀川通

千本通

北大路　　　　北大路

📷 金閣寺

🏠 よーじや
ちりめん細工館

水火天滿宮

堀川通

千本通

茶道資料館

西大路通

📷 平野神社

📷 北野天滿宮

🍴 老松

🍴 鳥岩樓

今出川通

西陣織會館

京福電鐵
北野線

M

北野白梅町

今出川通

🍴 澤屋

大宮通

千本通

晴明神社 📷

一条通

中立売通

中立売通

大宮通

西大路通

千本通

堀川通

円町

M

丸太町通

JR山陰本線

めん馬鹿一代 🍴

丸太町通

67

河原町(左)地圖

御池通
← Le Petit Mec 御池

Ⓜ 烏丸御池

Ⓜ 烏丸御池

地鐵東西線

御池通

🍴 紫野和久傳

姉小路通

姉小路通

地鐵烏丸線

東洞院通

京都文化博物館

高倉通

堺町通

柳馬場通

富小路通

三条通

三条通

三条通

🍴 伊右衛門サロン

烏丸通

🍴 なか卯

🍴 Midi Apres-midi

六角堂 📷

🍴 INODA COFFEE

🍴 INODA COFFEE

六角通

六角通

高倉通

堺町通

柳馬場通

富小路通

🍴 和カフェちゃらん

蛸藥師通

蛸藥師通

東洞院通

國民生活金融公庫

ちりめん細工館

三木雞卵

鮮魚木村

麩嘉

錦まるん

🍴 INODA COFFEE

こんなもんじゃ 🍴🍴🍴📷

🍴🍴 📷 錦市場

錦小路通

錦小路通

錦小路通

中央米穀

カリカリ博士

烏丸通

東横INN

大丸京都店

京都中央信金本店

三井住友

阪急京都線

三菱UFJ信託

京都信金本店

Ⓜ 烏丸

四条通

🍴 すき家

🍴 志津屋

東洞院通

四条通

堺町通

柳馬場通

富小路通

Ⓜ 四条

地鐵烏丸線

高倉通

綾小路通

綾小路通

綾小路通

↓ 往京都駅

N

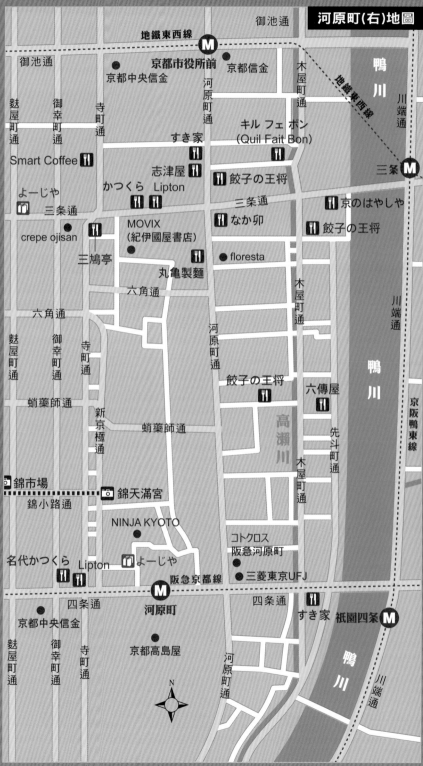

河原町(右)地圖

御池通
地鐵東西線 Ⓜ 御池通
鴨川

京都市役所前
御池通 京都信金
京都中央信金 木屋町通
川端通
麩屋町通 御幸町通 寺町通 河原町通
地鐵東西線
Smart Coffee 🍴 キル フェ ボン
(Quil Fait Bon)
三条 Ⓜ
すき家 🍴

志津屋 🍴 🍴 餃子の王将
よーじや 📷 三条通
かつくら Lipton
crepe ojisan 🍴 🍴 三条通 🍴 京のはやしや
🍴 なか卯 🍴 餃子の王将
三鳩亭 🍴 MOVIX
(紀伊國屋書店)
floresta
🍴 丸亀製麺
六角通 木屋町通
六角通 河原町通
麩屋町通 御幸町通 寺町通 餃子の王将
蛸薬師通 新京極通 🍴 六傳屋 🍴
蛸薬師通 高瀬川 先斗町通
木屋町通
📷 錦市場
錦小路通 📷 錦天満宮
川端通 鴨川 京阪鴨東線
NINJA KYOTO
名代かつくら Lipton コトクロス
🍴 🍴 よーじや 📷 阪急河原町
阪急京都線 三菱東京UFJ
Ⓜ 四条通 四条通
京都中央信金 河原町 すき家 🍴 祇園四条 Ⓜ
麩屋町通 御幸町通 寺町通 京都高島屋
河原町通 鴨川
N 川端通

69

熱門景點

下鴨神社

7月御手洗祭總吸引人潮參拜

✉ 京都市左京区下鴨泉川町59
☎ 075-781-0010
🕐 06:30～17:00
💲 免費，如要參觀「大炊殿」則要付¥500
➡ 搭市巴在「下鴨神社前」下車；搭京阪電車在
「出町柳駅」下車後徒步10分鐘
🌐 www.shimogamo-jinja.or.jp
🗺 P.135

每當舉辦御手洗祭就會吸引不少人來參拜

正式名稱為「賀茂御祖神社」的下鴨神社，與上賀茂神社同為京都最古老的神社，而境內依平安時代樣式所建造的朱紅色殿宇，除了是國寶外，同時也是世界遺產。

每年5月在這裡舉行的「葵祭」是京都三大祭典之一，身著豔麗服裝做古代貴族扮相的遊行隊伍在京都街道上穿梭，因為隊伍中隨處可見葵葉裝飾，所以又稱「葵祭」；7月的御手洗祭也是年度祭典，無論男女老幼都手持蠟燭踩著冰冷的池水走向燭台，將蠟燭拔下後插在燭台上祈求無病息災，而在御手洗祭期間晚上會有不少攤販(屋台)在這，來這裡體會一下夏日祭典的氣氛吧！

下鴨神社位於糺の森內，這片在市內廣達36,000坪的森林也列為國家歷史遺跡而受到保護，每年秋天也會吸引不少人來到這邊欣賞紅葉，記得將它列入賞楓必排行程吧！

赤腳踏入冰涼的御手洗池是祭典的重頭戲

晴明神社

記得憑護照索取五芒星紀念貼紙

✉ 京都市上京区堀川通一条上ル806
☎ 075-441-6460
🕐 09:00～18:00
💲 免費
➡ 搭市巴士到「一条戻橋・晴明神社前」或「堀川今出川」下車
http www.seimeijinja.jp
MAP P.67

許多參拜者藉由撫摸厄除桃來消災

　　「為什麼很多公車會貼著五芒星？」畢竟每個神社及寺院都有賣交通御守，為何特別張貼有別於御守的貼紙？來京都搭過公車的朋友應該會有這樣的疑問，這是只有在晴明神社才能買到的除魔貼(魔除ステッカー)。

　　五芒星是晴明神社的神紋又稱「晴明桔梗」，代表金木水火土的天地五行，是一種祈禱咒符，所以在晴明神社內所販賣護符上都會有五芒星的圖案存在，而期間限定(每年7～9月)的桔梗御守、土鈴及七夕御守更值得作為來訪紀念，來到這請記得向工作人員秀出你的護照，就可以得到一張神社紀念貼紙。

　　晴明神社是祭祀平安時代的陰陽師「安倍晴明」，近年來因為小說、漫畫、電影的一再改編，讓這個原本不被注意的人物開始在台灣打開了知名度，連帶由故居改建而成的晴明神社也變成來京都旅行必訪的景點之一。

參拜之前請記得到手水舍洗手(MD：Miko)

從晴明井流出的泉水是名泉之一

傳說安倍晴明將式神封藏在一条戾橋下

六角堂

供奉的小地藏都討喜又可愛

✉ 京都市中京区六角東洞院西入堂之前町248
☎ 075-221-2686
🕐 06:00～17:00
💲 免費
➡ 搭地鐵到「烏丸御池」從5號出口徒步5分鐘；搭乘市巴到「烏丸三条」下車徒步2分鐘；搭乘市巴到「烏丸御池」下車徒步4分鐘；自錦市場徒步5分鐘
http www.ikenobo.jp/rokkakudo
MAP P.68

非常可愛的幸福鴿子御神籤
(鳩みくじ)

本堂前的「臍石」(へそ石)(抹茶糰子／攝)

本堂建築物為六角形，因此得名六角堂，但它的本名是頂法寺，當初是神靈託夢聖德太子要蓋安置觀音像所以才建造的佛堂，在京都算是屬於歷史悠久的寺院之一。傳說本堂前那塊六角形的石頭是平安京的正中央，也因此有「臍石」(へそ石)的稱呼，而本堂左邊供奉了不少地藏(お地藏さん)，幾乎每尊地藏像都戴著毛線帽及圍巾，看起來真的很可愛逗趣，因此吸引不少遊客來此一探究竟。而在寺內小賣店中所販售的幸福鴿子御神籤(鳩みくじ)有著可愛的外表，難怪成為年輕女性來此必買的人氣小物，有著清脆鈴聲的野々花土鈴也是讓人想收藏的紀念品之一，如果有時間的話，也可以在小賣店裡喝杯熱茶歇息一下。

戴著毛帽及圍巾的地藏像看起來很可愛(抹茶糰子／攝)

二条城

見證德川家族的興衰

✉ 京都市中京区二条通堀川西入二条城町541
☎ 075-841-0096
🕐 08:45～16:00,休城日為每年12月26日到隔年1月4日及1、7、8、12月每週二(如遇假日則仍開放改隔日休)
💲 ¥600
🚃 搭市巴士在「二条城前」下車；搭京都地下鐵東西線到「二条城前」下車
http www.city.kyoto.jp/bunshi/nijojo
MAP P.103

「二条城」是京都的世界文化遺產之一,境內占地廣大,即使是走馬看花逛一圈也需要近2小時,可將觀光重點放在有不少華麗狩野畫派障壁畫及鶯廊(鶯張り廊下)的國寶二の丸御殿、回遊式庭園的二の丸庭園及能一覽城內景色的天守閣遺跡;春天櫻花綻放時節更是要來此賞櫻,這裡是京都賞櫻名所之一,但此處櫻花種類繁多,故花期不一致,所以

請事先評估來訪及停留時間,建議秋天也可來此欣賞紅葉。請注意二条城全境禁用腳架,而二の丸御殿內完全禁止攝影及錄影。

興建於慶長8年(西元1603年)的二条城,在日本歷史上占有非常重要的地位,因為它見證了德川家族兩百多年的興衰,當年十五代將軍德川慶喜在這舉行「大政奉還」儀式,將政權歸還天皇,也正式宣告結束德川幕府治理日本的歲月,在二の丸御殿內還有模型重現當時情景,對日本歷史有興趣的一定要來二条城參觀。

❶二の丸御殿入口處上方的壁雕
❷列為日本國寶的二の丸御殿
❸擁有數百年歷史的本丸御殿

知 識 充 電 站

為何「鶯廊」吱吱作響

當走在二の丸御殿內某條寬闊走廊時,腳踩在木板上就開始有摩擦的吱吱聲出現,在日本古老的建築物為了避免敵人潛入進行破壞暗殺或是防止小偷進來偷東西,會針對所有人進出必經的走廊做這種特別設計,如果外部侵入者私闖進來,踩在上面時就會發出聲音提醒人注意,而聲音聽起來像是鶯的啼聲,所以這條走廊又有「鶯廊」(鶯張り廊下)的別稱。在京都以二の丸御殿跟知恩院的鶯廊最為有名,知恩院的七大不思議就有一項是鶯廊(鶯張り廊下)。

市場

錦市場

找吃的,來這裡就對了

✉ 從京都駅搭市巴5號在「四条高倉」下車後徒步2分鐘

http www.kyoto-nishiki.or.jp

MAP P.68、69

近400年歷史的錦市場是遊客來訪京都的必遊之地,長度約400公尺的距離有上百家商店進行買賣,從魚獲、野菜、漬物、乾物都買的到,京都不少料亭及旅館都會來此採購食材,販賣物品種類繁多讓人目不暇給,營業時間內都能聽到兩邊商家不絕於耳的叫賣聲,無論想找京都特有美食或購買土產,都能在這裡得到滿

街道上方的彩色頂棚是錦市場特色

足。街道上方弧形的彩色頂棚是特色之一,除了充滿現代藝術感外,還可免去日曬雨淋的困擾。

麩嘉

別忘了來一顆麩饅頭

✉ 京都市中京区錦小路通堺町角

☎ 075-221-4533

🕐 09:30～17:30

休 週一、2～8月最後一個週日

MAP P.68

「麩」在京料理及精進料理中是不能缺少的食材之一,而位於錦市場裡的「麩嘉」是京都老店,販

吃起來有彈牙口感的麩饅頭

賣多達數十種的麩產品讓人不由得佩服店家的巧思,麩饅頭(麩まんじゅう)是店內人氣商品,將海苔及紅豆餡包在生麩裡,再使用葉子包裹起來後蒸熟食用,聞起來有淡淡的葉香,而吃起來清淡彈牙的口感滿特別的,另外還有不同口味可以挑選,喜歡和菓子的不妨來嘗試看看。

麩嘉的店家外觀

鮮魚木村

來400年老店吃一串鮮魚串

✉ 京都市中京区錦小路通柳馬場西入ル中魚屋町486
☎ 075-221-1639
🕐 08:30～18:00
休 週日、假日
MAP P.68

標示牌上有中英日3種語言，明顯易懂

這裡是錦市場最古老的鮮魚商，開業時間長達400年，每天都提供最新鮮的魚貨給飯店、料理店及居酒屋。在這個充滿觀光客的錦市場，老店成功的進行轉型，讓店前那些美味的鮮魚串吸引客人上門消費，店家還很貼心使用中英文標示魚類及價錢，不僅方便旅人們挑選，一串串的處理方式也方便讓人邊走邊吃。無論是新鮮的鮪魚串或鮭魚串都能留下深刻印象，一口一塊的吃法也不怕弄髒手，很有特色的一家店。

看起來相當美味的鮮魚串

三木雞卵

現做可口蛋卷正向你招手

✉ 京都市中京区富小路錦西入ル東魚屋町182
☎ 075-221-1585
🕐 09:00～18:00
休 無
MAP P.68

真材實料有層次的蛋卷剖面圖

三木雞卵是一家雞蛋專賣店，除了賣新鮮雞蛋外，還提供現場製作的蛋料理，櫥櫃裡讓人看到眼花撩亂的蛋卷正冒著熱氣在等客人來挑選，推薦嘗試高湯(だし)卷，使用新鮮雞蛋加上昆布及柴魚所熬出來的高湯，一條條黃澄澄的蛋卷就在店員純熟手藝下誕生了，厚實有層次的口感及濃郁的高湯味讓人留下深刻印象，而加入鰻魚的鰻(う)卷更是加分，雖然價錢稍貴但仍建議嘗鮮。

こんなもんじゃ
招牌商品豆乳霜淇淋、甜甜圈

✉ 京都市中京区堺町通錦小路上ル中魚屋494
📞 075-255-3231
🕐 10:00〜18:00
休 無
MAP P.68

店家使用全自動機器來炸豆乳甜甜圈

店外立牌上畫著豆乳霜淇淋(ソフトクリーム)及豆乳甜甜圈(ドーナツ)，提醒往來行人這家店的名物就是這兩樣，這是豆腐老店「京とうふ藤野」在錦市場的分店，一掃大家對豆腐的傳統印象及料理方式，豆乳霜淇淋是推薦商品，吃起來有香醇豆香，濃郁的口感讓人很喜愛，而炸得外酥內軟的甜甜圈限定在這家店才買的到，沾著鮮奶油(ホイップ)入口真的很不賴，建議趁熱享用為最佳時刻，不過請小心食用，以免燙傷。

香濃好吃的豆乳霜淇淋

カリカリ博士
口感軟嫩濃稠的章魚燒

✉ 京都市中京区錦小路柳馬場東入東魚家町185-6
📞 075-212-0481
🕐 11:00〜19:00
休 無
MAP P.68

使用章魚戴著博士帽圖案為Logo的カリカリ博士在錦市場有著不小的人氣，超便宜的大章魚燒(ジャンボ たこ燒)則是推薦商品，在表面塗抹醬汁後灑上海苔粉跟柴魚粉就上桌，相較於口感已經很軟的大阪章魚燒，カリカリ博士的內餡吃起來更軟更濃稠，而店家貼心地在門口放著幾張椅子，這樣客人就不會因為邊走邊吃而沾得滿手都是。想吃甜點的也可以試試這裡鯛魚燒(たい燒)及車輪餅(大判燒)。

隨時都有不少客人來享用章魚燒

中央米穀
讓人一口接一口的有機米飯團

✉ 京都市中京区錦小路通柳馬場角中魚屋町
📞 075-221-2026
🕐 09:30～18:00
休 無
MAP P.68

店內販售的都是優良品種的稻米

日本的稻米口感其實不錯，位於錦市場內的中央米穀標榜只賣優良無農藥有機米。除了直接販賣稻米外，還製成十幾種不同口味的手握飯團(お結び)擺放在店鋪前面來賣，紅豆飯團(赤飯)、梅子飯團、穴子魚飯團(しそ穴子)等都是熱門商品，米飯看起來粒粒分明且充滿光澤，吃起來散發著淡淡香氣，對喜歡吃飯的人而言這裡可以算是寶山，不過請量力而為，以免把有容量限制的胃給塞滿了。

中央米穀的店家外觀

十幾種口味的手握飯團任你選擇

京都駅
（京都車站）

老京都裡的現代車站

✉ 京都市下京区烏丸通塩小路下ル東塩小路町901
📞 075-361-4401
🕐 24小時
http www.kyoto-station-building.co.jp

每年12月都能在車站裡見到漂亮的聖誕樹

　京都這個古都有京都駅這個充滿現代化的門面，從以前到現在總能引起不小的討論，這裡不僅僅是京都市內交通的重要樞紐，車站本身就有不少體貼遊客的設施存在，左右分別可以前往伊勢丹百貨及京都劇場，而地下街也有不少美食及血拼的店家可選擇，還有地下通道可以前往地鐵站、京都塔及阪急百貨，增加了不少轉乘及購物的方便性，以京都駅為中心四周還有不少百貨公司及飯店，更讓這裡成為京都的新地標，如果寺院逛累了想滿足一下血拼的欲望，京都駅的地下街絕對是最佳的選擇，只是把京都駅當成是一般車站，可就是你最大的損失。

京都駅代表著京都的門面

玩家交流

每月25日的「緣日」，天滿宮變市集

　　每個月25日是北野天滿宮的「緣日」，每當這一天在天滿宮境內會有很多攤商聚在一起變成市集，由於販賣東西種類繁多，從和服、浴衣、古董、玩具及美食通通都有，吸引不少當地人及遊客來，每年1月25日（初天神）及12月25日（終天神）則是市集人氣最旺的日子，多達千家以上的攤販讓北野天滿宮人聲鼎沸，也成為一種特殊現象。從日落開始到晚上9點前還會開放夜觀，在這邊可以耗上一整天也不厭倦。

北野天滿宮

冬天賞梅首選地

✉ 京都市上京区馬喰町
☎ 075-461-0005
🕘 09:00～17:00
💲 境內免費。2月初～3月中進入梅苑需收費
¥600
➡ 搭京福電車(嵐電)在北野白梅町駅下車後徒步
6分鐘
http kitanotenmangu.or.jp
MAP P.67、P.103

被撫摸到亮晶晶的銅牛

　　想祈求學業進步嗎？北野天滿宮是最佳的選擇，因為這邊供奉的是學問之神菅原道真，也是日本全國天滿宮的總本社，所以香火非常鼎盛。每當冬天來到，境內兩千多株梅樹的北野天滿宮是遊客賞梅的首選，每年2月25日會盛大舉辦梅花祭，而這天有機會喝到由藝妓泡的茶，雖然一個人費用要¥1,500，不過由於每年人數都控制在3,000人以下，所以須提早一個月購買野點拜服券。而天滿宮的銅牛也是必看重點，傳說摸摸牛頭可以長智慧的，不過整隻牛怎麼會被摸到亮晶晶的呢？

列為重要文化財的三光門

平野神社

櫻花種類最多的賞櫻勝地

✉ 京都市北区平野宮本町1番地
📞 075-461-4450
🕐 06:00～17:00
💲 免費
➡ 搭乘市巴在「衣笠校前」下車徒步1分鐘
http www.asahi-net.or.jp/~cr8y-httr/hirano
MAP P.67

平野神社是熱門賞櫻景點

　　這裡是京都知名的賞櫻場所，境內櫻花數量雖然只有500株，但種類之多在京都排名第一，連神社神紋也是櫻花，所以有「櫻之平野神社」的稱呼。每年3月底起櫻花陸續綻放，吸引不少賞花人潮來此停留，在這段期間內神社外會有不少攤販來此設攤，將這個平時較無遊客來訪的景點變身成熱鬧非凡的名勝，尤其是平野神社流傳許久的夜間賞櫻活動及每年4月10日舉辦的櫻花祭，更是不能錯過的年度重要活動。

妹背櫻是平野神社特有品種，因此還有妹背櫻御守

神社外隨處可見美麗的櫻花

賞櫻時節會有很多屋台來此擺攤

洛中——熱門景點

平野神社、京都塔

買一個平野神社的祈福小物吧

　　平野神社是一座以櫻花著名的神社，就連神社的神紋也使用櫻花圖案，也因此所販賣的祈福小物許多都和櫻花有關，請容三小a替大家推薦幾個特殊的小物吧！

櫻籤(桜みくじ)：

　　籤打開後為櫻花形狀，五片花瓣分別寫著願望、戀愛、健康、商賣及旅行，中間會寫著運勢如何，看完後請記得將籤綁在指定的地方。

妹背櫻御守(妹背桜守り)：

　　這是平野神社特有種類的櫻花，象徵感情很好的夫妻、戀人、兄妹，有著幸福、祈求良緣的意思。

松鼠御神籤(リスのお告げ)：

　　平野神社的神使是松鼠，神社御神籤就是一隻可愛的松鼠抱著櫻花，而尾巴上捲著一支籤，怎麼能錯過這個可愛的動物籤呢？

櫻花繪馬(桜咲く絵馬)：

　　這裡的繪馬是櫻花圖案，是神社的御神紋，每年春天大學將畢業進入社會的女性，會來這裡掛上寫著心願的繪馬，誠心祈求實現願望。

京都塔

展望台眺望市區全貌

✉ 京都市下京区烏丸通七条下ル
☎ 075-361-3215
🕐 09:00～21:00
💲 大人￥770，高中生￥620，中小學生￥520
➡ 走出京都車站即到
http www.kyoto-tower.co.jp/kyototower

　　一走出京都車站就可以看到高度有100公尺的京都塔，它是京都的地標之一，除了最上方的展望台，還有飯店、商店街、美食街及地下3樓的大浴場，屬於一棟多功能的建築物。

　　展望台是屬於密閉空間，提供17部免費望遠鏡可供遊客使用，加上京都市中心有限制建築物最高為31公尺(10層樓高)，因此在展望台上幾乎能一覽京都市區的全貌，加上詳細的景觀指引，無論是白天或晚上都是值得一來的景點。

　　地下3樓的大浴場可提供簡單的沐浴泡澡，營業時間從07:00～

京都車站外就能拍到京都塔全景

20:30，大人收費￥750、小學生以下收費￥450，如果持展望台票根可享折扣價(不限當日)。

旅行小抄

出門前別忘了列印折扣券

無論是京都塔展望台或是地下3樓的大浴場，都可以直接從官網下載折扣券，展望台無論大人小孩依原票價可減免￥120，大浴場大人可減免￥150、小孩可減免￥100，對背包客而言不無小補，但大浴場折扣只能在展望台票根與折扣券擇一。

錦天滿宮

祈求學業進步、事業順利

京都市中京区新京極通四条上ル中之町537

075-231-5732

08:00～21:00

免費

搭乘阪急京都線在「河原町」駅下車徒步2分鐘

MAP P.69

錦天滿宮的鳥居在很不顯眼的地方

在吵雜的錦市場東端有個安靜的角落，這裡就是錦天滿宮，它與北野天滿宮一樣供奉著學問之神，通常在規畫行程時都會跟錦市場安排在一起。由於位在人來人往的商店街旁，無論祈求學業進步或買賣順利的人都不少，因此香火非常鼎盛。偶爾看到有人會帶著瓶罐來這裡盛裝湧出來的地下水，附近的人都叫它「錦の水」，這可是京都名水之一。而這裡跟其他天滿宮一樣也有一隻銅牛，在參拜遊客長時間撫摸下變得非常光滑。

這裡也有銅牛可以撫摸

位於錦市場盡頭的錦天滿宮

六傳屋

和你想的台灣擔擔麵不一樣喔

- 💲 ¥900
- ✉ 京都市中京区下樵木町199
- 📞 075-212-9224
- 🕐 11:30～15:00 (最後點餐14:30)，17:00～23:00 (最後點餐22:00)
- 休 無
- http www.kiwa-group.co.jp
- MAP P.69

「擔擔麵」在台灣吃就好了，為什麼要來京都吃呢？請別像我一樣把它跟台灣的擔擔麵搞混了，這可是完全不一樣的食物呢！六傳屋位在京都夜生活重心——木屋町旁，這附近的小路不

滷得很不錯的土手燒

整碗紅通通的日本一辛い擔擔麵

少，所以請仔細找找看，以免錯過了它，而在這個區域裡只要運氣好，還可以看到藝妓在小巷裡穿梭其中，不過請不要接近或打擾對方。

站在店外就可以聞到櫃台上土手燒的香味，喜歡吃辣的可以點日本一辛い担々麵，它的辣從喉嚨深處往上竄，除了開始直冒汗、味覺也開始麻痺，而這樣的辣感一下子就消失了，有別於台灣麻辣鍋那種入口就會辣的感覺，而麵條比較粗一點吃起來口感不錯、滿Q的；另外土手燒也不錯，店家是用4種味噌下去處理食材，不管是單吃或是搭配酒來食用都很棒也不會過鹹，推薦可以點滷得很爛的牛筋(牛すじ滷)、先炸後滷的豬五花肉(豚ばら)都是首選，如果晚上天氣冷，來碗暖暖身子該有多好。

六傳屋的店家外觀

伊右衛門サロン

記得點限量蛋糕捲煎茶套餐

💲 ¥900
✉ 京都市中京区三条通烏丸西入る御倉町80
📞 075-222-1500
🕐 08:00～24:00
休 不定休
http iyemonsalon.jp
MAP P.68

每日限量供應的蛋糕捲套餐

架上販賣的商品都跟茶有關

充滿現代感的外觀跟內部裝潢讓人很難把它跟傳統茶道放在一起相提並論，在三条烏丸附近的「伊右衛門サロン」就是一家這樣的店，它的母公司是日本相當大名氣的茶飲品牌「伊右衛門」。由於營業時間長，所以店內除了賣茶飲跟茶點外，還有提供三餐及特調酒品。建議來份限量供應的蛋糕捲煎茶套餐(ひとくちフロール)，吃起來柔軟的海綿蛋糕裹著滑嫩奶油內餡，搭配微苦但回甘性強的煎茶，悠閒徜徉在美妙的音符裡。

Smart Coffee

熱鬧商店街中的寧靜咖啡館

💲 ¥1,000
✉ 京都市中京区寺町通三条上ル天性寺前町537
📞 075-231-6547
🕐 08:00～19:00(午餐11:00～14:30)
休 每週二的午餐時段休息
http www.smartcoffee.jp
MAP P.69

法式吐司是推薦餐點

能在京都開立80年的咖啡店有什麼特別呢？親自來一趟瞧瞧如何？當打開門時就能聞到濃厚咖啡味撲鼻而來，不少人帶著報紙或書本坐在這邊打發時間，空氣中雖然混雜著咖啡味及煙味卻沒有任何違和，店內也有販賣咖啡產品及杯具可帶回使用，熱鬆餅(ホットケーキ)跟法式吐司(フレンチトースト)都是Smart Coffee裡建議的餐點選擇，或是以較優惠的價格直接選擇套餐也相當不錯，而中午在2樓也有提供不少洋食，不妨來試試！

站在門口就能聞到濃濃咖啡香

拳ラーメン

顛覆你對拉麵的刻板印象

- 💲 ¥800
- ✉ 京都市下京区朱雀正会町1-16
- 📞 075-351-3608
- 🕐 11:30〜14:30、18:00〜22:00
- 休 週三
- http sakananoatama.blog69.fc2.com

看起來相當特殊的麵吃起來也很特別

　　有別於傳統拉麵的刻板印象，「拳ラーメン」給人的感覺比較像是創新型態的拉麵店，無論是餐點內容及店家內部裝潢都是不同的感受。主推鹽味系及醬油系口味的麵食，麵條屬於比較扁平樣式，第一次吃到這種口感的烏龍麵，如果看的懂日文，還可以先確認官方部落格，看當天有沒有推出限定數量、口味的湯頭；除湯麵外也推出沾麵可選擇，帶辣味的麻辣沾麵(汁なし担々麵)相當受到歡迎。

吟醸らーめん 久保田

讓人難忘的美味沾麵

- 💲 ¥800
- ✉ 京都市下京区西松屋町563
- 📞 075-351-3805
- 🕐 11:00〜15:00(最後點餐14:30)、18:00〜23:00(最後點餐22:30)
- 休 不定休，請參閱官網公告
- http ameblo.jp/ginjora-menkubota

用餐時間常座無虛席

　　在日本美食網站上有著好評價的「吟醸らーめん 久保田」，隱身在住宅區中，但仍無法隱藏它

味噌沾麵是人氣最高餐點

的美味，店內位置並不多且只有吧台座位，因此請盡量避開用餐時間前往。店內是先購買食券後再找位子坐，雖然有拉麵可供選擇，但人氣最高的還是味噌沾麵(吟醸つけ麵 味噌)，店家是採現點現煮的方式，所以會有些許等待時間；味噌醬汁中添加辣椒等辛香料，吃起來相當過癮，麵條吃完的醬汁可加入高湯後飲用，也相當美味。

85

なか卯

平價、分量足，CP值高

$ ¥500
✉ 京都市南區東九條上殿田町53番1
📞 無
🕐 全年24小時無休
休 無
http www.nakau.co.jp
MAP P.69、P.103

「なか卯」是以丼飯跟烏龍麵搭配為主的連鎖速食店，點餐時是使用食券販賣機，取得食券後再到櫃台去領餐回座食用。由於

無論是飯或麵都有著高CP值

白底紅字的招牌是特色

想吃分量十足的早餐可以到なか卯

是24小時全年無休加上便宜，對預算有限且夜歸的背包客而言，自然也是一種不錯的選擇，不過拿來當早餐吃粗飽也不錯啦！

點一個大碗(大盛)的和風牛丼只要¥490，再加點一個¥60的生雞蛋(こだわり卵)來補充營養，這樣的搭配既可以讓自己飽食，也不會讓荷包很受傷。

跟其他連鎖速食店比較起來，なか卯的牛丼吃起來味道比較甜，加點的生雞蛋去殼放在牛丼裡閃閃發亮，而將蛋打散塗抹在肉上就可以開始食用，牛肉沾著蛋汁看起來真是美味，入口時濃厚的蛋味充滿整個口腔，如果不敢吃生雞蛋則可以改點半熟蛋(こだわり溫たま)，吃起來一樣很美味。如果沒有點豬肉湯(とん汁)或味噌湯(みそ汁)來喝，則可以自行取用店家所提供的茶來解渴。

旅行小抄

食券機的使用步驟
現在日本有不少連鎖店家使用食券機讓客人自由選擇想吃的餐點，這樣不僅免去旅人語言不通的煩惱，對店家而言也很方便。
1.請先確定要點什麼，有的店家是用文字，有的是圖文對照，如果沒先決定要點什麼就站在機器前，會影響後面排隊的人。
2.投入紙鈔或硬幣，通常紙鈔會有限額大小，因此建議身上準備零錢較佳。
3.開始選擇想要的餐點及小菜。
4.點餐完畢後，請取出食券及找的錢。
5.將食券拿到櫃台後就能領取餐點，有的店家是就坐後，店員會來收食券並將餐點送來。

すき家

夜歸族、背包客的最愛

$ ¥500
✉ 京都府京都市下京区七条通烏丸東入真苧屋町197ブーケガルニ1F
🕐 全年24小時無休
休 無
http www.sukiya.jp
MAP P.69

　　「すき家」是全日本連鎖的速食餐飲店，因為分量足、價錢便宜、營業時間長，而深受不少學生及夜歸上班族喜愛，當然也「體貼」了不少自助旅行者的荷包，不用花很多錢就能填飽肚子，所以當三小a在日本遊玩夜歸肚子餓時，像這樣的快餐店就是我的好朋友。

　　通常在すき家會點咖哩飯(カレーライス)來吃，日式咖哩一般比較濃稠，搭配紅色帶甜味的福神漬還不錯，不過口味部分偏鹹，如果不喜歡重口味的，建議可點牛丼雙吃(牛まぶし)，除了可以吃到牛丼外，還可以將茶倒入碗中做成茶泡飯來吃，再加上芥末及山椒粒調味，而熱湯也可以讓肚子保持暖呼呼。

選擇性多的餐點是優勢

　　此外，每種菜色都有好幾種分量的搭配方式，能依照每個人的需求來調整，且以すき家而言，菜單的變化多也頻繁，每隔一段時間就會增加新菜色，用新鮮感來吸引廣大的客群。

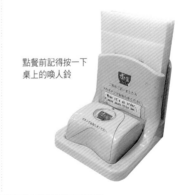

點餐前記得按一下桌上的喚人鈴

有著紅底白字招牌的店家外觀

丸亀製麺

便宜大滿足的烏龍麵

💲 ¥600
✉ 京都市中京区河原町三条下る大黑町54-1
📞 075-231-0700
🕐 11:00~22:00 (最後點餐21:30)
休 無
http www.toridoll.com
MAP P.69

一碗烏龍麵能得到小小的滿足

如果在京都想找便宜又好吃的烏龍麵，應該非「丸亀製麵」莫屬。點餐時會先給一碗烏龍麵，接下來放在檯面上的配菜(炸蛋、炸穴子魚、可樂餅等)是自行取用，最後再看挑了哪些配菜來結帳，基本上烏龍麵加配菜大概¥600就能吃得很滿足。烏龍麵吃起來很彈牙，而在配菜區會有炸過的麵衣可以免費添加，建議可以多放些在碗裡，讓它吸些湯汁再吃味道更佳。

名代かつくら

令人難忘的外酥內軟炸豬排

💲 ¥890
✉ 京都駅ビルThe Cube11F
📞 075-365-8666
🕐 11:00~22:00
休 隨百貨公司店休
MAP P.69

酥脆的豬排是美味的餐點

網路上很多食記將這家店的店名誤寫成「名代」，但「名代」的意思是「有名的」，實際上這家店的店名是「かつくら」，三小a要在這邊替它正名。

炸豬排是一種很有代表性的日本食物，所以不得不提かつくら這家店，因為這裡的炸豬排真的很美味，它在關東、關西、九州也有不少分店，而本店就在京都的三条，但在京都車站就可以享受它的美味。

肉的部分原則上分成帶點肥肉的里肌肉(ロースかつ膳)及不帶肥肉的腰內肉(ヒレかつ膳)，個人比較推薦點腰內肉。店家在桌上準備了特製豬排醬、柚子醬、辣豬排醬，把醬汁淋在剛磨好的芝麻上，將有著酥脆外皮的豬排沾一下醬汁後入口，咬下去的口感很軟嫩，而且口中充滿著肉香及肉汁，即使是吃油脂較多的里肌肉也不會感到油膩，只能說真的美味極了！而新鮮的高麗菜絲、白飯、湯也都是無限量供應，絕對可以吃到飽。快點來體會一下回味無窮的感覺吧！

三鳩亭

荷包瘦身也值得的高級壽喜燒

沾著蛋汁的肉片真是美味

💲 ¥5,000
✉ 京都府京都市中京区寺町通三条下る桜之町405
📞 075-221-0003
🕐 11:30～22:00
休 週三(不定期)
MAP P.69

「三鳩亭」，一家創業在明治6年(西元1873年)的壽喜燒(すき焼き)老店，店內所使用的牛肉都是日本國內等級最高的霜降牛肉，如果想要一嘗三鳩亭的高級壽喜燒，一個人大概得付¥9,000的代價，可別被這樣的價錢給嚇到了，這只是最便宜套餐價格！不過有新的選擇，那就是午餐組合(お昼のコース)，只要花費不到¥5,000就能享用高級壽喜燒，強烈建議請會日文的朋友先幫你電話預約，如果要取消也請別忘了告知店家，以免留給人家壞印象。

就算是午餐組合，店家還是會把你當成是上賓對待，除了有包廂可坐，還有專人幫你弄壽喜鍋，店員拿筷子熟練的在八角鍋內處理著食材，處理後的壽喜燒會讓人覺得是件藝術品而捨不得動筷，沾著蛋汁的美味牛肉搭著Q軟的白飯就這麼下肚，那種感覺真是難以言論，如果在台灣吃的是壽喜燒，那在三鳩亭吃到的又是什麼呢？等你來試試看吧！

店家把每次料理都當成在製作藝術品

肉片上那漂亮的油花讓這餐充滿期待

INODA COFFEE

京都的早晨從這裡開始

💲 ¥1,700
✉️ 京都市中京区堺町通三条下ル道祐町140
📞 075-221-0507
🕐 07:00~20:00
休 無
http www.inoda-coffee.co.jp
MAP P.68

來份「京都早餐」體驗京都的早晨吧

　　「京都早晨從哪開始？」老京都人應該會回你一句：「京都早晨從INODA咖啡香開始」(京都の朝は、イノダコーヒの香りから)。在京都要吃西式早餐其實不難，不過要找從早上7點就開始營業的，那就真的不多了。

　　INODA擁有70年以上的歷史，從一大清早店外就停滿了腳踏車來看，代表真的有不少人的早晨從

店內保持著歐風式的裝潢

INODA咖啡香開始。店面外表看起來並不特別，不過一走入店內卻發現別有洞天，迎面而來的咖啡香更讓人沉醉其中，INODA本店有分吸菸及禁菸兩個區域，所以在帶位時就得先提醒店員。

　　「町家風外觀、歐風式裝潢、昭和風餐飲」是這家店給人的感覺，如果想感受早期的咖啡店，體會老京都人口中的名店，這裡倒是一個不錯的選擇。

　　餐飲部分建議可以點份「京都早餐」(京の朝食)，內容其實滿豐富的，火腿肉、洋芋泥、沙拉、炒蛋再加上可頌跟一杯柳橙汁，在這樣的環境下享用美味早餐是種享受，讓我們一起用INODA的咖啡香來揭開在京都的一天吧！

建物保留著古老外觀的三条本店

Lipton

在英式建築下喝杯立頓紅茶

💲 ¥1,000
✉️ 京都市中京区寺町通三条東入ル
📞 075-221-3691
🕐 10:00～21:30
🈺 無
🌐 www.fukunaga-tf.com/lipton
🗺️ P.69

使用品牌茶具喝茶是種享受

有著英式建築外觀及裝潢的Lipton(リプトン)三条本店在商店街中十分顯眼，這裡就是知名茶包品牌「立頓」的餐飲門市，店內不僅提供茶品跟甜點，還有牛排及義大利麵等餐點可供選擇。甜點價位其實不高，以點蛋糕加紅茶的套餐為例，都是千円有找，建議可以點份水果派及熱紅茶來享用，味道還挺不賴的，而有著Lipton圖案的茶壺更讓人愛不釋手想把它帶回家。

位於商店街中的三条本店

紫野和久傳

來份冰涼甜點為你的旅行充電

💲 ¥1,500
✉️ 京都市中京区堺町通御池下ル丸木材木町679-20
📞 075-221-3691
🕐 10:00～19:30，茶菓席11:30～18:30(最後點餐18:00)
🈺 無
🌐 www.wakuden.jp
🗺️ P.68

甜甜的果凍吃起來很爽口，這是從11月到隔年1月才有的季節限定品；而使用藕粉製作並用竹葉所包裝的甜點「西湖」，冰涼且Q彈的口感讓它成為熱賣商品。

使用藕粉製作的甜點「西湖」

價格不便宜的柚子凍

在京都，和久傳是一家有名的料亭，而它也在和菓子方面有所著墨，位於堺町的分店外觀充滿古早味，夾雜在現代都市裡相當顯眼，1樓是挑選伴手禮的外帶服務，2樓則是讓客人能歇腳的「茶菓席」，也就是內用區。建議可點份冰涼的柚子凍(柚子こごり)來吃，酸酸

1樓是挑選伴手禮的外帶區

Le Petit Mec 御池

隱身在小巷中的人氣麵包店

- 💲 ¥500
- ✉ 京都市中京区衣棚通御池上ル下妙覚寺186
- 📞 075-212-7735
- 🕐 09:30～20:00
- 休 12/31、1/1
- http lepetitmec.com
- MAP P.68

琳瑯滿目的麵包種類讓人目不暇給

「Le Petit Mec」在京都麵包界中有著響亮的名氣，尤其是一週只營業三天的今出川本店更有不少女性前來光顧，而在烏丸御池也有分店，但如果想找到它的話可得做些功課，建議不要太早來，要不然架上沒擺滿的話，選擇性也相對會變少；推薦要來份人氣可頌(クロワッサン)，略焦的外皮聞起來很香，咬下去的口感相當酥脆，能感受到餐點有著一定水準，喜歡麵包的朋友可別錯過。店內無座位區，只有店前有桌椅可使用，但天冷時會提供毯子給顧客使用。

志津屋

好吃炸牛排三明治帶著走

- 💲 ¥500
- ✉ 京都市下京区東塩小路町8-3(JR京都駅八条西口)
- 📞 075-692-2452
- 🕐 07:00～21:00
- 休 無
- http www.sizuya.co.jp
- MAP P.69

店內還有販賣蛋糕跟麵包

炸牛排三明治是熱賣人氣餐點

哪裡有便宜好吃又攜帶方便的炸牛排三明治(ビーフカツサンド)？位於京都駅八条西口的志津屋是個好選擇。由於在京都擁有超過20家分店的志津屋很早就開門營業，所以對上班族或旅人而言，無論是當早餐或是帶去郊外野餐都適合。炸牛排三明治吃起來口感厚實，就算放冷食用也不會感到油膩，另外炸牛排雞蛋三明治(カツミックスサンド)味道也不錯，不吃牛肉的也可以挑選炸豬排三明治(とんカツサンド)及其他麵包。

キル フェ ボン
(Quil Fait Bon)

酸甜水果塔是午後絕佳享受

💲 ¥2,000
✉ 京都市中京区木屋町通三条上ル恵比須橋角
📞 075-254-8580
🕐 11:00～20:00
休 無
MAP P.69

　　想在京都學貴婦一樣悠閒來個
下午茶嗎？喜歡吃美味水果塔的
朋友絕對不能錯過キル フェ ボン
(Quil Fait Bon)，它在網路上有著
超人氣的歡迎度。白色的外牆加
上Tiffany藍的窗戶是它的特色，
而京都店的位置剛好就在鬧中取
靜的高瀨川旁，雖然說外帶不需
候位，但仍建議坐在店內吃水果
塔、搭配充滿香氣的紅茶，可以
感覺到四周的溫暖氛圍。

　　由草莓、藍莓、桑葚等6種莓
類所製成的紅色水果塔(赤いフル

ーツのタル)，新鮮的派皮吃起來
有著酥脆口感，搭上水果底下的
卡士達，在口中酸酸甜甜的味道
感覺很爽口；有吃過白色的草莓
嗎？每年3～5月季節限定商品白
草莓水果塔(白イチゴのタルト)則
是超受歡迎的商品，如果來晚了
可是會讓人扼腕不已，想嘗鮮的
請盡早光臨。

　　キル フェ ボン的消費其實
不低，一片紅色水果塔就要近
¥600，季節限定商品上架時，價
格大概是一般水果塔的兩倍，不
過有時來一個寵愛自己的奢華下
午茶又何妨？

❶季節限定的白色
草莓水果塔
❷位於高瀨川旁的
店家外觀
❸有6種莓類組成的
紅色水果塔

めん馬鹿一代

冒著危險也要吃的蔥拉麵

💲 ¥1,000

✉ 京都市上京区丸太町通智恵光院東入南側 佐佐木ビル

📞 075-812-5818

🕐 平日11:30～14:30，18:00～24:00；假日 11:30～14:30，18:00～01:00

🈺 週二，如遇假日照常營業，但隔日休假

http menbaka.kyo2.jp/c2610.html

MAP P.67

被熱油燙得滋滋作響的蔥花

一家外表平凡無奇的拉麵店，為什麼會讓人寧願冒著可能會受傷的危險也要來吃？如果你是個喜歡刺激的人，那就更應該來「めん馬鹿一代」嘗嘗店家的蔥拉麵(ねぎらーめん)，享受一下美食跟刺激共存的感覺。

不知道怎麼說蔥拉麵的日文？沒關係！只要直接往吧台上一

坐，老板就知道你要吃什麼，因為吧台是蔥拉麵的專用座位，當你坐定位後會遞上一張寫得密密麻麻的注意事項，可別當上面寫的是開玩笑啊！當你違反規定除了有受傷的可能性外，還會被嚴肅的老板趕出去，看不懂日文的，店裡還有準備中、英文版的說明讓你參考。

被大火油炸過的蔥花在碗裡滋滋作響，也飄出了陣陣香味，老板此時會催促客人快點吃，原本以為很油膩的湯卻異常爽口，麵條吃起來也很有嚼勁，熱心的老板也幫你拍紀念照，而老板的指定表情也讓人覺得很「囧」。

無論是湯頭或麵條都有著特殊風味

めん馬鹿一代的店家外觀

「危險」拉麵，請遵守以下原則

「当店の店主は頑固親父です」，這是給客人的注意事項最前面所寫的一句話，意思是店長非常頑固，再看一下店長一臉嚴肅及明顯的燙傷，會讓人不寒而慄，但在注意事項下方還寫了一行小字，意思大概是「店長可怕的臉是與生俱來的，絕對不是因為在生氣才這樣，請諒解」，其實店長是一個面惡心善的人。

注意事項有以下4點：

一、「往碗裡倒入熱油時不可以拍照」。當店長準備要將油倒進拉麵時請勿拍照，因為當倒油時會出現有大火，拿出相機容易造成危險，雖不能拍自己跟旁邊人的碗，但可以拍距離遠一點的，不過當你用完餐時如果客人較少，店長還會招呼你站在旁邊拍。

二、「不可以逃跑」。如果因為驚慌而逃離位置，容易造成其他客人驚慌，有可能被四濺的熱油給燙傷。所以當你坐定位時，老板會要求你把兩隻腳往後纏著椅桿，還會要求一定要正坐，不可以前傾。

三、「不可以觸碰麵碗」。因為熱油倒下來時溫度會很高，為避免燙傷請勿觸碰麵碗。

四、「用餐結束前不可以取下紙圍兜」。除了怕客人被濺出的熱油燙到，也怕弄髒客人的衣服。

與刺激共存的美味蔥拉麵

鳥岩樓

中午來，就吃親子丼吧

$ ¥800
✉ 京都市上京区五辻通智恵光院西入南側
☎ 075-441-4004
🕐 12:00～21:00，午餐12:00～14:00只有賣親子丼
休 週四
MAP P.67

「鳥岩樓」，並不是一家親子丼專賣店，美味的親子丼只限定在午餐時段才吃的到；店家位於西陣地區的小巷子裡，加上交通也不是很方便，很容易迷路，所以建議出門前先找好地圖，以免因為找位置而浪費時間。

從外觀可以看的出來是家有歷史的店，門口掛著一塊木牌，上面寫著親子丼的供應時間，進店內後可以看到古早味的裝潢，在服務人員帶領下繞過中庭走到2樓，這邊是

❶鳥岩樓的店家外觀
❷2樓是中午唯一開放用餐的區域

親子丼專用區。

午餐時段不需點菜，因為客人除了親子丼外沒有其他選擇，所以坐定位後沒多久，店員就會送上醬菜、雞湯、親子丼。杯子裡裝著香濃的湯頭，熱呼呼的湯頭喝起來爽口不油膩，而且還灑了少許的胡椒來調味，建議請趁熱喝完。打開親子丼的碗蓋，鮮滑的蛋汁加上軟嫩的雞肉讓人不禁開始流口水，搭配香Q且粒粒分明的白米飯，無論是視覺或是味覺，都是一種很大的享受！

飄散著香味的親子丼

澤屋

來北野必吃的百年栗餅

S ¥550
✉ 京都市上京区今小路通御前西入紙屋川町838-7
☎ 075-461-4517
⏰ 09:00~17:00
休 週四及每月26日，如遇假日隔日休
MAP P.67

澤屋的店家外觀

在京都有不少百年老店，不過要像澤屋有三百多年歷史還真是不多，自西元1682年創立到現在，已經傳了12代仍屹立不搖，很多人來北野天滿宮參拜後都會到這邊帶點伴手禮，畢竟澤屋栗餅已經是北野名物，有機會該來嘗嘗看。

店外招牌及門口燈籠上都有明顯的「北野名物」4個字，加上它就位於北野天滿宮對面，所以相當好認，而店外的展示櫃內也放著栗餅樣品。打開門進到店內除了店員一聲聲的「歡迎光臨」，手中還一直不停搓揉著栗餅，店內只有兩種選擇，一種是單點栗餅，另一種是栗餅加抹茶，不管是哪一種選擇，店家都會提供煎茶一杯。每盤有3顆紅豆沙栗餅及2個黃豆粉栗餅，因為是現做，所以吃起來還是溫熱的，紅豆沙栗餅吃起來帶點鹹味，不會過於甜膩，而黃豆粉栗餅感覺Q軟充滿香氣，雖然可以打包，不過栗餅最佳賞味期是當天，所以建議點一份吃完就好。

喜歡甜食的人絕不能不來嘗試一次

無論男女老少都在包裝著栗餅

やきとり オSai

大口吃肉喝酒的居酒屋

💲 ¥1,500(含飲料)
✉ 京都市右京区西院高山寺町15
📞 075-316-0708
🕐 17:00～24:00
休 週日

這家店位於西院的「折鶴會館」，對觀光客來說是個很陌生的地方，但這個地區卻是京都酒鬼們的聖地，即使經過幾十年的時空轉換，仍無法動搖它的地位，如果怕找不到地方，可直接詢問地鐵站務員「折鶴會館」在哪即可。

還沒走進這家店就可以聞到從店內飄出來烤雞串的香味，一打開門就可以聽到店員熱絡的打招呼聲，即使是不懂日文的人也可以感受到店內那種熱鬧的氣氛，這是一家站著吃的「立吞」居酒屋。

一串串的食物正散發著油光

店員正努力準備著客人的餐點

免費取用的高麗菜葉

旅 行 小 抄

桌上的高麗菜請勿重複沾醬

在日本很多居酒屋桌上會有放高麗菜跟沾醬(通常是醬油)，那是提供給客人沾著吃，就像是在台灣邊喝酒邊會吃花生或下酒零嘴一樣，不過請特別注意，高麗菜只能沾一次醬汁，畢竟醬汁是大家共用，如果咬了之後再回沾是件很不衛生的事，這是絕對禁止的行為，為了避免造成自己跟店家困擾，請絕對不要這麼做。

沾高麗菜葉的醬汁

每支平均¥150的串烤加每杯¥350的啤酒，讓人跟人間的距離感消失，也難怪日本上班族喜歡在下班後到居酒屋喝兩杯，不喜歡喝啤酒的可以點店內的特調「酎ハイ(チューハイ)」，有葡萄、紅茶、梅子、青蘋果等口味，而串烤部分當然得試試店家的烤雞串(鳥ねぎ)、紫蘇梅雞肉串(ささめ梅しそ串)，還有店家極度推薦的辣雞肉丸(辛つくね)，一整天的勞累在美味的烤串跟飲料中畫下句點，真是種極致享受。

從門外就能看到店內一雙雙客人的腳

小小店家充滿著歡樂的氣氛

知識充電站

什麼是酎ハイ

燒「酎」+「high」ball是「酎ハイ(チューハイ)」的語源，這是一種使用蒸餾酒跟碳酸水調和的飲料，店家有時會加入糖水或果汁做成特調，而這些帶有甜味的淡酒精飲料則深受女性朋友的喜愛，在台灣便利商店的冰櫃中也可以買到它。

Juicer Bar

出門在外也要來杯新鮮果汁

💲 ¥350
✉ 京都市下京区二帖半敷町地先 (市營地下鉄四条駅站內)
📞 075-352-3555
🕐 07:30～21:00
休 無
http www.juicerbar.com

現打的果汁聞起來有果香

在京都如果想喝杯果汁來補充營養跟解渴時該怎麼辦？在這裡建議大家「Juicer Bar」是個不

錯的選擇，雖然價錢並不是很便宜，但能夠享受到新鮮冰涼的果汁也相當值得，有不同口味的果汁及不同容量的杯子可選擇，季節性水果則是銷量最佳的，每天來一杯純正自然的果汁取得均衡營養，對在外的旅人們而言可是相當重要的一件事呢！一台台的果汁機在櫃台上排成一列，還真是引人注目呢！

Juicer Bar的果汁可都是很新鮮的

Midi Apres-midi

小巷內也有極誘人的甜點

💲 ¥550
✉ 京都市中京区東洞院三条下る
📞 075-221-1213
🕐 10:00～18:00 咖啡店12:00營業
休 週二
http www.midi-am.com
MAP P.68

在美食網站上有不錯評價的「Midi Apres-midi」是深藏在小巷

很不起眼的店家外觀

裡的美味甜點店，店內西式甜點口味都相當重及濃厚，而在老饕口耳相傳下也讓它成為京都地區頂尖的店家，最推薦的莫過於有十種口味所組合起來的十色塔(タルト十色)及蛋糕捲(フロール)，這兩種都相當受到客人們喜愛，若不早點來很快就會賣完。如果是坐在店內享受美味，須特別注意店內是禁止攝影的，請遵守店家規定，以免造成彼此困擾。

美味核桃塔讓人忍不住想快點吃掉它

本家 第一旭

京都車站就可吃到的豚骨拉麵

💲 ¥800
✉ 京都市下京区東塩小路向畑町845
📞 075-351-6321
🕐 05:00〜02:00
休 週四
http www.honke-daiichiasahi.com

別擔心人家會看到你的吃相，大口吃吧

油膩的湯喝起來意外清爽

想在京都吃拉麵的話該怎麼辦？在京都車站附近的第一旭是個不錯的選擇，每當深夜總能看到剛加完班還穿著西裝就來排隊、準備大快朵頤的上班族，使用醬油豚骨湯底、京都九条蔥、叉燒及細麵搭配出來的組合令人食指大動。由於店內位置不多，所以常會有併桌狀況產生，別擔心會有人注意你的吃相，因為大家都低頭品嘗自己那一碗呢！當麵端上桌後陣陣香氣撲鼻而來，表面油亮的麵湯喝起來卻意外清爽，難怪能在京都開業50年仍屹立不搖。

拉麵小路

聚集多家特色拉麵店供你選擇

💲 ¥800
✉ 京都駅ビル10階
📞 075-361-4401
🕐 11:00〜22:00
休 無
http www.kyoto-ramen-koji.com

將各地代表性拉麵集合在這的拉麵小路
（抹茶糰子／攝）

位於京都車站10樓的拉麵小路是拉麵激戰區，這裡聚集了札幌「すみれ」、博多「一幸舍」、橫浜「くじら軒」、富山「麵家いろは」、大阪「上方ざんまい屋」、東京「大勝軒」、德島「ラーメン東大」及京都「ますたに」等8家具有當地特色的拉麵店，等於到達京都就可以馬上享用到各地美味。推薦嘗試

すみれ的味噌ラーメン，湯頭味道濃厚到讓人意猶未盡，而ラーメン東大則是以桌上生雞蛋隨你用來當噱頭，也相當受到歡迎。餓了嗎？來碗熱騰騰的拉麵吧！

走在裡面就像是到了專賣拉麵的美食街
（抹茶糰子／攝）

概況
導覽

洛西 P.104
高野川
鴨川
N
洛西 P.103
鴨川
桂川

京都市分區位置圖

相較於洛東及洛中的繁華熱鬧，洛西比較偏向於世界遺產及自然景觀的發展，境內除了有金閣寺、龍安寺及仁和寺等世界遺產外，有著嵐電、觀光小火車、保津川峽景、天龍寺，嵯峨野及嵐山地區也是京都重點觀光地區，尤其是春櫻秋楓時節，更是從各地湧入許多遊客到此參觀，來訪京都更是不能錯過洛西。

洛西地圖

金閣寺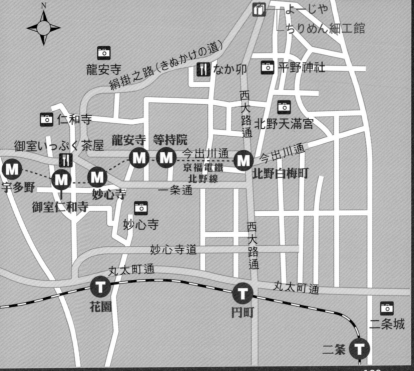

よーじや
ちりめん細工館

龍安寺
絹掛之路（きぬかけの道）　なか卯　平野神社

西大路通

仁和寺　　　　　　　　北野天満宮

御室いっぷく茶屋　龍安寺　等持院
　　　　　　　　　Ⓜ Ⓜ 今出川通　Ⓜ 今出川通
　　　　　　　　　　　　京福電鐵　　北野白梅町
Ⓜ　　　　　　Ⓜ　　　北野線
宇多野　Ⓜ　　妙心寺　一条通
御室仁和寺

妙心寺

妙心寺道

西大路通

丸太町通
Ⓣ　　　　　　　　　　　　　丸太町通
花園　　　　　　　Ⓣ
　　　　　　　　　円町　　　　　　　二条城

　　　　　　　　　　　　　　二条 Ⓣ

103

嵐山地圖

大覺寺

鳥居本

化野念佛寺

鳥居本八幡宮

北嵯峨高

祇王寺

清涼寺

二尊院

厭離庵

寶受寺

常寂光寺

よーじやCafe

嵯峨野
トロッコ列車

豆腐茶屋 三忠

鯛匠HANANA

JR嵯峨嵐山

京豆庵

山陰本線
(嵯峨野線)

トロッコ
嵐山

野宮神社

ものがたり

トロッコ
嵯峨

嵯峨野觀光鐵道

竹林之道

廣川

老松

京福電鐵(嵐電
嵐山本線)

天龍寺

ARINCO

頂上展望台

京福電鐵嵐山駅

京福電鐵嵐山駅

駅の足湯

eX Café

JJ

京都嵐山
サガパー

嵐山まるん

中村屋

渡月橋

琴きき茶屋

N

嵐山
阪急
嵐山線

熱門景點

金閣寺無論從哪個角度看都是金碧輝煌

金閣寺

金碧輝煌的世界文化遺產

✉ 京都市北区金閣寺町1
☎ 075-461-0013
🕐 09:00～17:00
💲 大人¥400，中小學生¥300
➡ 搭乘市巴士到「金閣寺道」下車徒步2分鐘
http www.shokoku-ji.jp
MAP P.103

提到京都應該不少人會聯想到金碧輝煌的金閣寺吧？它不僅僅是日本特殊建物代表之一，也被列為世界文化遺產。它的正式名稱為鹿苑寺，當初是幕府三代將軍足利義滿居住的別墅，在他死後依照遺願改為寺院，但西元1950年因故焚毀，西元1955年修復完成重建，並將金箔貼覆在建物外觀，完工後的金閣寺在陽光照耀下顯得更加耀眼，境內還有列為特別名勝的庭園建築、可在黃昏時刻眺望金閣的夕佳亭，都是值得參觀的景點。

境內的鯉魚石看起來也是充滿禪意

旅 行 小 抄

金閣寺的最佳取景地點

如果想拍金閣倒映在鏡湖池的畫面，鏡湖池南側是最佳取景地點，建議早上來訪可避開人群取得較佳構圖，冬天如果運氣好，還可以拍到難得一見的金閣雪景。

金
閣
寺

105

仁和寺

有櫻種特別的御室櫻

✉ 京都市右京区御室大内33
📞 075-461-1155
🕐 09:00～16:30
💲 御殿¥500，御室櫻開花期間會再加特別入山費¥500
➡ 搭京福電車(嵐電)在御室仁和寺駅下車後徒步2分鐘
http www.ninnaji.or.jp
MAP P.103

並列京都三大門的二王門

交通及長壽的御守是用烏龜外觀

　因為有數十位皇族親王在此出家的這層關係，所以仁和寺又稱「御室御所」，如果想欣賞春櫻與秋楓，列為世界文化遺產的仁和寺也是不錯的選擇，尤其有200株花期較晚的御室櫻，如果錯過京都市內盛開的櫻花，不妨來此碰碰運氣。與知恩院、南禪寺並列為「京都三大門」的二王門也是參訪重點。開運御室櫻御守、櫻鈴守及烏龜外觀的健康長壽(交通安全)御守都是可愛的必買小物。

仁和寺庭園有著美麗的景色

知 識 充 電 站

什麼是御室櫻

相較一般生長於枝頭上的枝垂櫻而言，御室櫻是很特別的櫻種，除了花期較晚及從上到下都開滿櫻花外，高度僅3公尺也是特徵之一，能近距離欣賞它的美麗。

用御朱印記錄你的旅行足跡

若是覺得收集御守會是個所費不貲的興趣，但又想留下到此一遊的旅遊回憶，御朱印就是你最好的選擇。御朱印是日本民眾在參拜完神社或寺廟之後，由廟方人員以墨水書寫上該社寺名稱與參拜日期，再蓋上紅色的社寺印章，費用約為￥300～￥500不等，需要購買「朱印帳」(御朱印專用本子，價格大約￥1,000)，才可書寫。收集御朱印的樂趣在於除了記錄旅行足跡之外，各社寺人員的書法字跡也是各異其趣，印章則是突顯出各社寺的特色，標註日期也是記錄旅行的方式之一，重點是日後收藏也較不占空間。雖然說價格較御守便宜，但同一寺廟可能就具備3個以上的御朱印，建議挑自己喜歡的一個就好，要不然累積起來的花費，很有可能會影響到其他的旅遊預算。

晴明神社的御朱印帳

金閣寺的御朱印帳

左邊是金閣寺的御朱印
右邊是金閣寺的紀念戳

龍安寺

英國女王也愛的日式庭園

- ✉ 京都市右京區龍安寺御陵之下町13
- ☎ 075-463-2216
- ⏰ 3～11月08:00～17:00，12～2月08:30～16:30
- 💰 高中生以上￥500，中小學生￥300
- ➡ 搭乘京福電車在龍安寺道駅下車後徒步8分鐘
- http www.ryoanji.jp
- MAP P.103

以石庭枯山水聞名的龍安寺已經有六百多年的歷史，在75坪的空間內有一面梳紋的白砂，而上面擺放了15顆大小不一的石頭，簡單石頭擺設位置呈現出極有深度的表現，而1975年英國女王訪問日本時，還特別表示希望來參觀這個庭園，因此讓龍安寺更加聲名大噪。外表看似古錢的「蹲踞」也很有名，上面刻有「吾唯知足」(另一說是「唯吾知足」)4個字，跟石庭一樣都是龍安寺的代表物。

外觀看似古錢的「蹲踞」

嵐電

―― 遊玩洛西區間的復古電車 ――

📞 075-801-5315
🕐 06:00～24:00
💲 ¥200
http randen.keifuku.co.jp
MAP P.104

準備出發到四条大宮的嵐山本線

奔馳在洛西地區民宅之間的復古電車相當引人注目，這就是京福電鐵(嵐電)，行駛時發出轟隆聲響，充滿懷舊氣氛。目前嵐電分成兩條路線，一條是四条大宮跟嵐山間的「嵐山本線」；一條是帷子ノ辻跟北野白梅町間的「北野線」。由於嵐電將嵐山、仁和寺、龍安寺等熱門景點連接起來，所以常為旅人們利用搭乘，不過要前往北野白梅町方向的朋友要記得在帷子ノ辻轉車。由於搭乘一次就要¥200，建議可購買¥500的一日券，目前只有四条大宮、帷子ノ辻、嵐山、北野白梅町這四個車站能買到。

駅の足湯

―― 泡個腳舒緩旅途的疲憊 ――

✉ 京都市右京区嵯峨天龍寺造路町20
📞 075-873-2121
🕐 09:00～20:00
💲 ¥150 (附小毛巾)
➡ 在嵐電嵐山站內月台上
MAP P.104

設置在月台上的足湯

如果在月台上等車時，有人約你一起去泡足湯，不知道你會有什麼反應？不過在嵐電嵐山站月台上真的有一座「駅の足湯」可以讓乘客使用，泡足湯前請記得先使用旁邊的水龍頭將腳沖洗乾淨，這裡也貼心準備更衣室供女性遊客使用。

而持有嵐電一日券還能減免¥50的泡湯費呢！小毛巾上還印有嵐山溫泉、駅の足湯等字樣，是嵐山特殊景點之一呢！

讓遊客泡腳的泡湯區

嵯峨野トロッコ列車

盡覽保津峽沿途風光

- 📞 075-871-3997
- 🕐 09:00～17:00
- 💲 ¥600
- ➡️ 搭乘JR電車在「嵯峨嵐山駅」下車出站即到達
- http www.sagano-kanko.co.jp
- MAP P.104

來回トロッコ嵯峨駅及トロッコ龜岡駅的嵯峨野觀光小火車(トロッコ列車)是嵐山人氣極高的景點，單程大約25分鐘，搭乘它可飽覽保津峽沿途風景，特別是春櫻秋楓時景色更佳。列車共有5節車廂，1～4節為一般車廂，採半密閉式空間，較不受天候影響，乘客可自由上下調整窗戶，適合同行者有年長及小孩的乘客；第5節車廂為「The Rich(ザ・リッチ)」，天花板採用玻璃且為無窗戶開放式車廂，雖有極佳視野，易受氣候不佳及雨天影響。在龜岡駅跟保津峽駅間，會有戴酒吞童子面具的人在列車上亮相，當發現鏡頭對著他時，還會擺Pose讓人拍照；秋楓期間晚上還會加開列車，利用燈光效果讓乘客欣賞沿途的夜楓，請記得一定要攜帶外套保暖。

❶ 準備要進站的小火車
❷ 跟大家揮手說再見的酒吞童子
❸ 第五節有開放空間的車廂
❹ 行駛在鐵橋上所看到的景色

野宮神社

可愛御守讓你戀愛久久

✉ 京都市右京区嵯峨野宮町1
🕐 09:00～18:00
💲 免費
🌐 www.nonomiya.com
MAP P.104

將自己的願望寫在繪馬後掛起來

供奉天照大神的野宮神社是來訪嵯峨野必遊景點，由於《源氏物語》讓這小小的神社聲名大噪，而立於前方的黑木鳥居也是珍貴的文物。目前主要祈求締結良緣及金榜題名，因此吸引不少年輕女性及學生前來參拜，香火之旺從神社絡繹不絕的人群可見一斑。這裡的御守圖案也很特殊，屬於很復古的圖案。

野宮神社門口及黑木鳥居

知識充電站

留有樹皮木材的黑木鳥居

一般看到的都是經刨過並上漆的紅色鳥居，而黑木鳥居則是用留有樹皮的木材所建造而成，非常珍貴及具有歷史價值，野宮神社有日本最古老的黑木鳥居。

竹林之道

取景極佳的綠色隧道

✉ 野宮神社旁
💲 免費
MAP P.104

有人說如果沒來過竹林之道就代表沒來過嵯峨野，這條路是從野宮神社通往大河內山莊，因為這邊景色相當特殊，常成為廣告跟電視、電影取景的地方。高聳且茂密竹林在路的兩旁成為一條翠綠色隧道，由於陽光無法直接照射進來，所以漫步其中充滿著涼意，無論什麼季節總是能吸引許多攝影愛好者來此補捉美麗的畫面。當每年12月嵐山花燈路，地上燈籠跟投射的燈光讓竹林展現另一種不同面貌。

兩邊高聳的竹林形成一條綠色隧道

天龍寺

一年四季皆有壯闊庭園造景

✉ 京都市右京区嵯峨天龍寺芒／馬場町68
📞 075-881-1235
🕐 08:00～17:30
💲 ¥500
➡ 搭嵐電在「嵐山」駅下車即到；搭JR嵯峨野線在嵯峨嵐山站下車徒步15分；搭阪急電車在「嵐山」駅下車徒步15分鐘
http www.tenryuji.com
MAP P.104

如畫般美麗的曹源池庭園

當秋天來臨時天龍寺前庭就是一片火紅

天龍寺是臨濟宗天龍寺派大本山的寺院，除了是京都五山之首外，也是世界文化遺產，在經歷過多次火災跟兵災後，於明治年間重新再建。坐禪用的法堂、住持居所的大方丈及池泉回遊式的曹源池庭園是參觀重點，如果想取得較佳攝影畫面，建議上午或是黃昏來訪較不會產生逆光。這裡無論什麼季節隨時都能欣賞到壯闊的庭園造景，而春、秋兩個季節更是被列為嵐山必遊景點，因為境內能欣賞到美麗的櫻花及紅葉。

頂上展望台

沒上來賞景，你就後悔啦

✉ 龜山公園內
🕐 雖無門禁管制，建議白天到訪
💲 免費
➡ 從渡月橋沿著河邊往上游徒步15分鐘
MAP P.104

當深秋來訪嵐山，如果沒將頂上展望台排入行程中，真的會是一種遺憾。因為站在這裡可以悠閒遠眺保津峽兩岸的楓景，時間抓準的話還可以看到トロッコ列車從右下方駛過，由於這裡並非熱門景點，也因此常被旅人們所遺忘。雖然從竹林之道也能到達頂上展望台，但仍建議從渡月橋

沿著桂川往上游，沿岸除了能欣賞優美的景色，還可以看到不少遊客正在岸邊準備搭乘遊船在川上遊玩。

能從這裡遠眺保津峽的兩岸景色

常寂光寺

嵐山賞楓第一去處

順著樓梯走上頂端可以遠眺嵐山地區

✉ 京都市右京区嵯峨小倉山小倉町3
☎ 075-861-0435
🕐 09:00～17:00
💲 ¥400
➡ 在JR嵯峨嵐山下車後徒步15分鐘
http www.jojakko-ji.or.jp
MAP P.104

　　「常寂光」有著理想淨土的意思，雖然這裡是以欣賞秋天楓葉著名，不過即使安排平日前往參訪也別有一番風情，從踏入覆蓋茅草頂的山門，再穿過仁王門隨著階梯而上，可以感覺到心胸莫名開闊起來，而站在頂上時回頭一望就有很不錯的視野。深秋的常寂光寺更是必排景點，除了欣賞枝頭紅葉外，仁王門周邊的楓景及散落滿地的紅葉更是讓人嘆為觀止，這樣美麗的景色也讓常寂光寺可稱為嵐山賞楓的第一名所。

二尊院

賞楓後，到日式庭院歇息一下吧

二尊院入口處的外觀

✉ 京都市右京区嵯峨二尊院門前長神町27
☎ 075-861-0687
🕐 09:00～16:30
💲 ¥500，小學生(含)以下免費
➡ 在JR嵯峨嵐山下車後徒步15分鐘
MAP P.104

　　由於這裡供奉著「阿彌陀如來」及「釋迦如來」兩尊鐮倉時代的木造佛像，所以造就「二尊院」寺名由來，從總門通往本堂

從總門通往本堂的參道

那條參道兩旁種滿楓樹，每當秋天楓葉由綠轉紅時吸引不少旅人前來參拜，也因此稱為「紅葉の馬場」，即使只有短短100公尺也可以讓遊客們狂按快門不停。本堂後也有個日式庭院，坐在廊下欣賞面前美景及享受迎面吹來的涼風，這種清幽感會讓人忘卻心中繁瑣的世事。

祇王寺不大，但也有漂亮的庭園景色

祇王寺

愛好平家物語者不可錯過

✉ 京都市右京区嵯峨鳥居本小坂32
☎ 075-861-3574
🕐 09:00～17:00
💲 大人￥300，小孩￥100
➡ 在JR嵯峨嵐山下車後徒步20分鐘
🌐 www.giouji.or.jp
🗺 P.104

占地不大的祇王寺其實很容易被旅人們遺忘，不過喜歡《平家物語》的人可別錯過，因為這裡是其中的史跡之一，也有一段非常淒美感人的故事。庭園內樹木及竹林讓陽光稀疏灑落，苔蘚像是地毯般覆蓋在地上，讓遊客原本就不多的祇王寺變得更加清幽。

化野念佛寺
化野念仏寺

攝影愛好者絕不能錯過的景點

✉ 京都市右京区嵯峨鳥居本化野町17
☎ 075-861-2221
🕐 09:00～17:00，1、2、12月15:30受付終了(最後入場時間)
💲 大人￥500，國中生以上￥400，小學生免費
➡ 在JR嵯峨嵐山下車後徒步20分鐘
🌐 www.nenbutsuji.jp
🗺 P.104

這裡在千年前原本是葬送亡者的地方，初期採用風葬，因此屍體都曝屍荒野且無人聞問，後來改用土葬並立石佛做為標記，明治年間才有人把這8,000座以上的石佛及石塔集中在一起，並在中間安置一尊釋迦說法佛像來超渡這些無名孤魂。在深秋時這裡是絕佳的賞楓景點，漫步境內真是處處美景，後方有一條清幽竹林小徑通往山頂的六面菩薩，也很適合攝影愛好者取景，不過來此請記得保持肅靜切勿喧嘩，尊重長眠於此的逝者。

旅行小抄

「千燈供養」引領逝者回西方
每年8月23、24日晚上會在化野念佛寺會舉行一個「千燈供養」的活動，付了￥1,000的拜觀費後會拿到一根蠟燭，將蠟燭插上碑區中的空燭座，點燃後雙手合十默禱，引領亡魂前往西方極樂世界。

由石塔、石佛及紅葉所組成的美麗畫面

洛西——熱門景點

常寂光寺、二尊院、祇王寺、化野念佛寺

賞櫻賞楓 到京都

浪漫春櫻漫天飛

近年來由於氣候異常,京都櫻花滿開時間有逐漸偏晚的趨勢,背包客除了在出發前需要緊盯「櫻花最前線」的開花訊息之外,也可以在各大日本網站上看到當地居民所分享的即時照片,「做好功課」是想看到漫天飛舞櫻花雨的不二法門喔!

三小a推薦的賞櫻訊息網站

全國櫻花最前線	sakura.nihon-kankou.or.jp
MAPPLE 花見特集	www.mapple.net/sp_sakura
るるぶ (RURUBU) 櫻前線	www.rurubu.com/season/spring/sakura
YAHOO JAPAN 花見特集	sakura.yahoo.co.jp
WALKER PLUS 全國花見導覽	www.walkerplus.com/hanami

6大行程跟著走,賞盡京都櫻花

行程1:賞櫻、購物、美食之洛東黃金路線

建議路線:清水寺→高台寺→寧寧之道→知恩院→円山公園→白川巽橋→高瀬

推薦理由:均適合白天或晚上前往,全部景點都有夜間參觀,也是最受觀光客喜愛的景點,擁擠程度No.1,周邊店家眾多,無論是購物Shopping,還是大吃美食,花上一天時間絕對是你必去的黃金路線。

玩家祕訣 搭配和服體驗,在充滿京都風情的巷弄間留影,才是真正體驗京都的迷人魅力喔!

哲學之道漂亮的櫻花總
吸引不少人駐足拍照

行程2：哲學之道之洛東鐵腿路線 🌸

建議路線：哲學之道→真如堂→
熊野若王子神社→南禪寺→
蹴上鐵道→岡崎疏水→平安神宮

推薦理由：說到賞櫻，赫赫有名
的「哲學之道」可別錯過啊！本行
程為「鐵腿路線」，由於各景點均
在鄰近地區，步行即可到達，若想
要避開人潮，不妨提早出門，微微
日光照射下的櫻花，如同嬌羞的掩
面美人，等待著前來的遊人探訪。

玩家祕訣 推薦「平安神宮的夜
觀音樂會」(見P.53)，粉色櫻花在
燈光的點綴下，比白天更加的美艷
動人，悠揚的音樂聲在耳邊響起，
期間限定的聲光饗宴，錯過了一定
是你這輩子最後悔的事情。

悠閒的在哲學之道的櫻花樹下漫步

行程3：搭嵐電之洛西御室櫻路線 🌸

建議路線：金閣寺→龍安寺→
仁和寺→天龍寺→嵐山公園

推薦理由：洛西主要透過嵐電為
交通方式，沿途可看的櫻花景點不
少，仁和寺的御室櫻屬於晚開花
種，可以斟酌是否到此地，嵐山地
區遊客眾多，千萬不要假日到此
地，除了人擠人外，餐點的等待時
間也很可觀，不想惹得一肚子氣，
還是乖乖平日參觀為佳！

行程4：名勝古蹟之洛中走透透路線

建議路線：涉成園→京都御苑→京都御所→二条城→平野神社

推薦理由：本行程採名勝古蹟走透透的路線，景點看似不多，但所要付出的腳程可不少，每個城池、庭園的面積幅員廣大，光馬不停蹄走完都需要半小時左右，但欣賞櫻花可是要慢慢品味的。相信美麗的櫻花搭配上文化風情，是愛好京都千年歷史的你，必定會納入口袋名單裡的！

玩家祕訣 二条城與平野神社均有夜間參觀，但較推薦平野神社，除了櫻花品種多元之外，免費參觀外加屋台的特殊體驗，平野神社可看度100分！

行程5：悠閒漫步之洛北深度路線

建議路線：上賀茂神社→府立植物園→半木之道→三千院

推薦理由：由於洛北地區景點的距離較遠，移動時間也較長，但相對性觀光客較少，可以悠閒地漫步在櫻花樹下，無論是拍照還是攝影，都不會遭受打擾，適合第二次以上賞櫻的進階者。

行程6：櫻花、抹茶之洛南享受路線

建議路線：山科疏水→醍醐寺→平等院→宇治川

推薦理由：京都以南地區，以「醍醐寺」最具有可看度，全寺櫻花眾多又茂密，滿開時壯觀的櫻花，謀殺了不少遊客們的記憶體，推薦指數5顆星！之後前往宇治地區，欣賞著櫻花飛舞時，記得要品嘗知名的抹茶，有吃有看，這才叫做享受人生！

白川夜景是來京都賞櫻必排行程

美麗的楓景總是讓人沉迷不已

秋意楓紅遍滿山

京都的楓葉季節相較於櫻花的短暫,可長達一個月之久,各階段的楓紅景色皆是美不勝收,秋天蕭瑟的景象襯托出楓葉的獨樹一格,與櫻花粉嫩的青春洋溢相比,楓葉所帶來的繽紛色彩,增添秋意無限,兩者的風情萬種各有廣大的支持群眾,那你呢?是不是也像大家一樣,陷入了難以抉擇的窘境呢?

三小a推薦的賞楓訊息網站

全國紅葉最前線	kouyou.nihon-kankou.or.jp
MAPPLE 紅葉特集	www.mapple.net/sp_koyo
るるぶ 紅葉とれたて便	www.rurubu.com/season/autumn/koyo
YAHOO JAPAN 紅葉特集	kouyou.yahoo.co.jp
WALKER PLUS 紅葉名所	koyo.walkerplus.com
じゃらん Jalan 全國紅葉情報	www.jalan.net/theme/koyo
tenki.jp 紅葉情報	tenki.jp/kouyou

6大行程跟著走,賞盡京都楓葉

行程1:楓迷必訪之洛東黃金路線

建議路線:銀閣寺→哲學之道→永觀堂→真如堂→南禪寺→
清水寺→高台寺→知恩院→青蓮院

推薦理由:本行程是京都賞楓名所大集合,點點精采,點點非去不可,提早出門及不怕鐵腿為賞楓重點,別擔心會不會看膩,白天晚上的楓紅各有獨特之處,抱著不怕人擠人、視死如歸的決心,相信這趟賞楓行程必定能讓你滿意。永觀堂與真如堂是精華地區,永觀堂最為精采,但收費價格也是一等一的貴,有預算考量者,可以考慮夜觀,價格約為白天的一半。

宇治興聖寺也是著名賞楓景點

行程2：高山靜謐之洛西洛中祕密路線

建議路線：高雄神護寺→龍安寺→金閣寺→北野天滿宮→京都御所

推薦理由：由於一開始先拉到高山上，除了避免遊客眾多的窘境之外，也可避免交通堵塞的問題，順利接續以下行程。神護寺雖然遠，但楓紅時間滿早的，就算晚到也可觀賞到金黃色的楓葉或銀杏，值得一去。北野天滿宮的御土居可是祕密景點，相較於洛東的人群，這裡靜謐的氛圍吸引了不少當地人前往，朱紅色的橋墩與楓葉的搭配可說是天衣無縫。

行程3：嵐山地區之洛西楓情路線

建議路線：嵐山公園→常寂光寺→二尊院→祇王寺→化野念佛寺→天龍寺→寶嚴院

推薦理由：嵐山地區最知名的季節就是楓葉季，無論平日假日，都吸引了大量的人潮，每個名勝都各有各的獨特魅力，但是累積起來的門票錢也是很可觀，秤秤自己的荷包，斟酌一下安排行程吧！

推薦必去　常寂光寺和化野念佛寺。似乎是把楓葉的美全部都囊括在一個地方，那就是常寂光寺，讓人捨不得離開；而化野念佛寺雖然陰氣較重，但美麗的楓葉卻悄悄在這裡綻放，強烈推薦喜歡攝影的人前來。

行程4：鄰近京都車站的洛南悠遊路線

建議路線：東福寺

推薦理由：洛南地區的賞楓景點不多，但卻有大名鼎鼎的「東福寺」，通天閣的建築特色與鮮紅似火的楓葉森林，讓京都的秋天多了一點點說不出來的韻味。由於只有一個賞楓景點，可以搭配與伏見稻荷、宇治或伏見地區的觀光結合。

行程5：遊客少，路途遠之洛北清悠路線

建議路線：赤山禪院→曼殊院→圓光寺→詩仙堂→鞍馬→貴船

推薦理由：在許多路線當中，這條路線遊客最少，因此可以悠閒地觀賞沿途風光。若是厭倦了與旅行團擠來擠去的人，何不探索較少人前往的洛北，貴船地區晚間會點燈，在靜謐的夜晚頗有迷人之處，叡山電鐵的車廂在某些路段也會配合季節而關燈，讓沿途的楓葉隧道在夜晚的黑幕下，不禁讓人屏息欣賞。

行程6：大原比叡山之洛北魅力路線

建議路線：比叡山→大原→三千院→寶泉院

推薦理由：京都的郊區非大原比叡山地區不可，平日乏人問津，卻在楓葉季節讓都市人爭先恐後地前來，可以想見其魅力無窮了吧！搭乘比叡山地區難得一見的纜車到莊嚴肅穆的佛教聖地，不絕於耳的鐘聲，已經讓你心動了嗎？

就連路邊民家也能看到美麗的紅葉

鯛匠 HANANA

新鮮鯛魚淋上熱茶，香味四溢

$ ¥2,000
✉ 京都市右京区嵯峨天龍寺瀬戸川町26-1
☎ 075-862-8771
⏰ 11:00〜售完為止
休 不定休，12月中〜隔年3月中的週三休息
http www.hanana-kyoto.com
MAP P.104

位於天龍寺斜對面的「鯛匠 HANANA」是嵐山地區的推薦美食，黑色建築物外表使用白色布帘相當顯眼，由於這裡是鯛魚茶泡飯(鯛茶漬け)的專門店，因此不少遊客慕名想一嘗它的美味。建議點¥2,000的鯛魚茶泡飯套餐(鯛茶漬け御膳)，淋上特製胡麻醬的新鮮鯛魚刺身、

鮮嫩的鯛魚吃起來很美味

每個月更換口味的鯛料理、嵐山當地供應的季節野菜、店家自豪的漬物及擔任附餐角色的白飯與甜點，以分量而言算是相當充足。將熱茶往覆蓋生魚片的白飯淋下時，飄散出來的香味真是讓人垂涎三尺。

鯛魚茶泡飯套餐

廣川

現烤鰻魚配上獨家醬汁，食指大動吧

$ ¥2,500
✉ 京都市右京区嵯峨天龍寺北造路町44-1
☎ 075-871-5226
⏰ 11:30〜14:30，17:00〜20:00
休 週一
http unagi-hirokawa.jp
MAP P.104

堅持現點現烤的「廣川」是位於嵐山的鰻魚飯名店，只要一到用餐時間總是會大排長龍，在店外就能聞到從店裡傳出陣陣讓人更加飢腸轆轆的烤鰻香，由於使用的是日本國產鰻魚，所以門口擺放的菜單上

看起來讓人垂涎欲滴的鰻魚飯 (抹茶糰子／攝)

都會註記當天鰻魚產地，加上從開業以來就一直使用的傳統醬汁，更是讓人為之瘋狂。吃起來口感鮮嫩的烤鰻魚搭配粒粒飽滿的白飯真是絕佳搭配，如果想嘗鮮不妨點份僅附漬物的鰻魚丼(うなぎ丼)來體驗看看。

Kyoto

豆腐茶屋　三忠

價格親民的上等豆腐料理

S ¥300
✉ 京都市右京區嵯峨天龍寺立石町2-1
☎ 075-881-9114
🕐 08:00～18:00
休 無
MAP P.104

豆腐茶屋四個大字相當容易識別

簡單的攤位前放著幾張桌子，不起眼的外表會讓人不小心就經過它，不過大大的「豆腐茶屋」4

三忠的豆腐吃起來入口即化

個字倒很引人注目，牆上貼滿了食物的照片，照片上標明著食物名稱及價格，牆上看到一張上面寫著「味は一流 值段は三流」(味道一流 價格三流)的標語，這就是三忠對自家豆腐口味的自信。這裡賣的自家產豆腐跟蕎麥麵，口味不錯且價格便宜，多數食物也能讓素食者放心食用；推薦可嘗試湯豆腐跟胡麻(ごま)豆腐，吃到嘴裡入口即化，也因為沒有過多調味才能吃出它的新鮮。

中村屋

逛累了，來份黃金酥脆可樂餅

S ¥100
✉ 京都市右京區嵯峨天龍寺龍門町20
☎ 075-861-1888
🕐 08:00～18:00
休 無
MAP P.104

可樂餅(コロッケ)對日本人來說算是國民美食，而中村屋也是不少觀光客來到嵐山時必光顧的店，特製可樂餅(お肉屋さんのコロッケ)是由牛絞肉跟馬鈴薯混合後的炸物，金黃色的外皮咬起來酥脆可口，內餡口感鬆軟

且香味十足，不過建議一定要趁熱食用，以免因為冷掉而感覺過於油膩。價格是中村屋CP值高的因素之一，可樂餅一個價錢不到¥100，吃起來又有飽足感，如果在嵐山散步時可以買來墊墊有點空虛的肚子。

酥脆可口的中村屋可樂餅

121

京都嵐山サガパー

來嵐山必吃的低卡豆腐冰淇淋

由5種不同口味組合的綜合冰淇淋

S ¥520
✉ 京都市右京區嵯峨天龍寺造路町31
☎ 075-865-3789
🕐 10:00～17:00
休 無
http www.donsarya.co.jp/sagapar
MAP P.104

店鋪外觀充滿歐式風格

　　講到嵐山的豆腐冰淇淋，除了京豆庵外大概就是サガパー了，位於渡月橋旁的サガパー雖然是家小店，但充滿特色的冰品讓這裡列為來訪京都必嘗的店家名單，以低熱量及健康為訴求的冰淇淋是店內主打商品，無論是豆腐、抹茶、八ッ橋、黑芝麻(黒ごま)等都是熱銷口味，尤其是高達30公分的5種不同口味的綜合冰淇淋(サガパースペシャル)更是值得一試，店家會依季節不同而更換這5種口味，有機會經過務必試試看。

京豆庵

來試試「抗地心引力之超黏冰淇淋」

S ¥300
✉ 京都市右京区嵯峨天竜寺立石町2-1
☎ 075-881-3560
🕐 10:00～18:00
休 無
http www.kyouzuan.com
MAP P.104

將冰淇淋倒過來測試冰淇淋的黏度
(抹茶糰子／攝)

　　位於三忠豆腐後面的京豆庵也是許多遊客必來光顧的店家，豆腐冰淇淋是招牌甜點，由於它是以黏著名，所以當店員將冰淇淋交到客人手上前，把整隻冰淇淋倒過來拍照留念已成為必定留影的姿勢，無論是豆腐(絹ごし)、黑芝麻(黒ごま)及綜合(ミックス)等口味都很受到歡迎，吃起來口感綿密且豆香濃郁，無論什麼季節來都適合享用的冰品，店內還有販賣豆乳布丁及豆乳甜甜圈，一樣很受到遊客歡迎。

琴きき茶屋

抹茶套餐人氣度最高

$ ¥600
✉ 京都市右京区嵯峨天龍寺芒ノ馬場1番地
☎ 075-861-0184
🕐 10:00～16:30
休 無
http www.kotokikichaya.co.jp
MAP P.104

抹茶套餐是店家熱賣餐點

在渡月橋頭的一棟建築物外有個很大的紅色燈籠，這裡就是琴きき茶屋，而這間茶屋最大的特色就是採用沒有桌子的共享座位，所以在這裡感覺人跟人之間的距離變得更近了，而店內人氣最高的當然就是抹茶套餐(抹茶のセット)，櫻餅只有包著糯米並沒有紅豆內餡，要記得櫻葉是可以食用的，這個口味偏鹹；另外一塊由紅豆餡當外皮的櫻餅裡面則包著糯米，這個口味偏甜，搭上店家提供的熱茶及抹茶就能中和口味上的差異性。

老松

夏柑糖讓你每一口都吃的到酸甜味

$ ¥800
✉ 京都市右京区嵯峨天龍寺芒ノ馬場町20
☎ 075-881-9033
🕐 09:00～17:00
休 無
http www.oimatu.co.jp
MAP P.104

夏柑糖(なつかんとう)在京都算是非常有特色、也是老松的人氣甜點，由於它是跟著蜜柑產季而存在的季節限定產品，所以更是值得一試的好味道。將蜜柑果汁

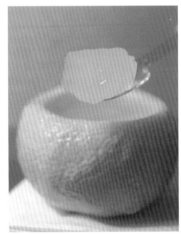
老松的人氣甜點──夏柑糖

坐在落地窗旁可以享受陽光的沐浴

加入砂糖及寒天混合後再灌回已挖空的外皮，經過冷藏後成為老松熱賣的人氣商品。每一口都能吃到蜜柑果汁的酸甜冰涼，卻又像是柚子一樣帶點苦味，加上寒天的口感吃起來更加爽口，讓人無法去質疑它受歡迎的程度，每年從4月1日開始販賣到蜜柑斷貨為止。

よーじや Cafe

記得趁早來享用午茶時光

- **$** ¥1,000
- **✉** 京都市右京区嵯峨天龍寺立石町2-13
- **☎** 075-865-2213
- **🕐** 10:00～17:30
- **休** 無
- **http** www.yojiya.co.jp/pages/cafe.html
- **MAP** P.104

在天龍寺附近的よーじや Cafe嵐山店

讓人捨不得破壞的咖啡拉花造型

令人眼熟的娃娃頭Logo

講到「よーじや」會讓你想到什麼？娃娃頭Logo跟血拼購物嗎？其實京都擁有高人氣的よーじや除了在觀光景點有賣店外，目前在嵐山、三条、銀閣寺這幾個地方還有提供咖啡(カフェ)店可以來坐坐，除了販賣咖啡外，還有提供用餐服務。

嵐山店使用落地窗讓室內感覺很明亮，空間雖然不小但很容易客滿，因為來這邊的客人都會一邊吃東西一邊聊天，所以會坐比較久，建議可以提早來消費，避免過多等候時間而延誤行程。大紅色的菜單外皮上一樣有著娃娃頭的Logo圖案，既然都來到よーじや的咖啡店，當然要點杯抹茶卡布其諾(抹茶カプチーノ)或是特製卡布其諾(特製カプチーノ)來試試看，有著濃厚よーじや風味的咖啡是最大的賣點之一，讓人捨不得破壞掉的咖啡拉花，就算只是拍照做紀念也值得。店內也有相關周邊商品販賣，例如：水杯、咖啡杯組、隨身杯、購物袋跟T恤可以選購。

124

ARINCO

口感綿密細緻的蛋糕捲

$ ¥950
✉ 京都市右京区嵯峨天龍寺造路町20-1
☎ 075-881-9520
🕐 09:00～18:00
休 無
http www.balnibarbi.com/shop/arinco
MAP P.104

有著鬆軟口感的
Roll cake Sand

　ARINCO是一家蛋糕捲(ロールケーキ)專賣店,位於嵐電嵐山站前,掛布上大大的蛋糕捲圖案讓人想不注意到也很難,店內最主要商品是一條條看起來很美味的蛋糕捲,無論是自己吃還是送給人家當伴手禮都很適合。

　蛋糕捲有香草及抹茶兩種口味,不過對一般觀光客而言,如果當場食用或想一次吃完是很不方便的,所以建議大家可以點Roll cake Sand來試試口味,比較適合當場食用。以香草口味來說,底部看起來像是吐司片的東西,其實是香草海綿蛋糕,口感非常鬆軟彷彿入口即化,淋上焦糖醬的鮮奶油並沒有一般奶油吃起來油膩,吃進口中可以感受到它的細緻香甜及焦糖略帶點苦味的感覺,搭配杏仁脆片真的很好吃。

　目前店內提供的Roll cake Sand口味有香草、巧克力、抹茶、紅豆4種可以選擇,而在嵐山這個充滿古老風情的地區有這麼一家特殊風味的甜點店,是值得來嘗試一下的。

位於嵐電嵐山站外的ARINCO

125

逛 街 購 物

松榮堂

撲鼻薰香舒緩旅途中的疲憊

- ✉ 京都市東山区清水3丁目334
- ☎ 075-532-5590
- ⏰ 09:00～18:00
- http www.shoyeido.co.jp
- MAP P.40

在產寧坂漫步時會不自覺被一股香氣給吸引過去，而香氣來源就是已有300年歷史的老店「松榮堂」。從創業以來主要提供給宗教及茶道在使用，不過隨名氣越來越大，也吸引不少遊客來選購，販賣的商品並沒有因為是老店而一成不變，相反地還衍生出不少充滿現代感的薰香產品，無

松榮堂的店家外觀

論是線香、圓錐形、渦卷形或香包都很受到老人家及女性喜愛。記得來買些回家吧，聞著香味感受著意境，是一種幫助睡眠及舒緩壓力的好方法。

カラス堂

令人愛不釋手的和風小物

- ✉ 京都市東山区清水3丁目340
- ☎ 075-551-9595
- ⏰ 09:00～18:00
- http www.kurochiku.co.jp/omise/karasu
- MAP P.40

店門外的燈籠上有個烏鴉圖案的Logo，這裡就是カラス堂，精

緻的娃娃、手帕及布料在店內隨處可見，人氣最高的商品則是玻璃珠(とんぼ玉)，無論是做成手機吊飾、耳環、項鍊等，一定都是女孩們喜歡的小物。另外還有烏鴉Logo的購物袋、筆袋、化妝包也很受到歡迎。在這邊也有敏感肌膚專用化妝品及好吃的蜂蜜蛋糕，是個什麼都賣的小小和風雜貨店，有機會來這逛逛或許會有意外收穫。

店家有著高人氣的蜂蜜蛋糕

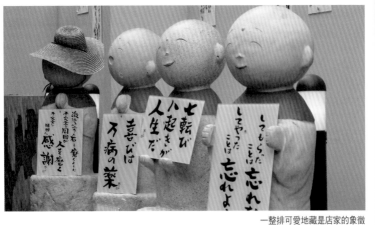

一整排可愛地藏是店家的象徵

お地藏さんの小路

可愛到讓你的荷包大失血

✉ 京都市東山区高台寺南門通下河原町東入桝屋町363-22-2

📞 075-541-1117

🕐 10:00～18:00

http www.jyotaiga.com

MAP P.40

走在二寧坂上，無論從哪個方向走來，很難不看到小路前那尊可愛的地藏さん，仔細一看除了巷子口後面那尊外，後面還有一整排的地藏さん，而它們手上都捧著一塊牌子，上面寫些勉勵人生的話，走進去這條小路就可以看到有個大大的龍貓站在一支上面寫著(二寧坂)的公車站牌旁，這是一家複合式的商店。

店門擺放著龍貓公車「二寧坂」的站牌
(MD：Miko)

一走入商店就可以看到許多的宮崎駿動畫周邊商品，所以喜歡宮崎駿動畫的朋友絕對不能錯過這個地方；這裡還展示及販賣一位宮崎縣出身的笑文字(えもじ)詩畫作家：城 たいが的作品，小路上地藏さん手持牌子上的文字是出自於這位城 たいが之手，用著很可愛的筆跡寫著勉勵人生字句，讓人用另外一個角度去看待人生；店內還有販賣著不少種類的日本酒，喜歡品嘗日本酒的朋友不妨可以去逛逛。另外在店內是禁止攝影的，請不要拿著相機猛拍人家的商品喔！

宮崎駿動畫周邊商品

七味家本舖

很適合送禮的七味粉調味料

📧 京都市東山区清水二丁目産寧坂角
📞 075-551-0738
🕘 09:00～17:00
🌐 www.shichimiya.co.jp
🗺 P.40

七味粉，一種在日本麵食餐館桌上絕不缺席的香辣調味料，以

店內許多不同種類的調味料是熱賣商品

辣椒粉為主體並加入青海苔、芥子、山椒等共7種材料調製而成，而位於清水産寧坂的七味家已開業350年以上，店家會貼心準備一杯杯加入七味粉的熱湯讓客人嘗試看看味道如何，還有柚子(ゆず)粉也很建議，無論是帶回台灣自己用或是買來送給親友都很不錯。

位於清水坂及産寧坂的店家

一澤信三郎

選一個喜歡的帆布包吧

📧 京都市東山区東大路通古門前北
📞 075-541-0436
🕘 09:00～18:00，每週二休息
🌐 www.ichizawashinzaburohanpu.co.jp
🗺 P.40

講到京都應該沒人不知道一澤信三郎的帆布包，因為店家堅持使用上等帆布材料並使用精細的手工縫製，而耐用度也是有口皆碑，所以讓「一澤信三郎」在

京都成為名店，即使每項產品要價都不便宜，仍吸引很多人來購買，所以如果看到喜歡的可別心軟，或許在你遲疑的瞬間就被旁邊的顧客伸手拿走了。由於店內空間不大，建議出發前先從官網列印想要的樣式，並在營業時間開始時就來選購，這樣可避免浪費太多時間在挑選上。

連招牌都是帆布做的

櫥窗內簡單樣式的帆布包是來京都必敗物品

ちりめん細工館

讓你荷包大瘦身的小鋪

✉ 京都市東山区高台寺南門道下河原東入ル桝屋町349-6
📞 075-533-6455
🕐 10:00～18:00
🌐 www.chirimenzaikukan.com
🗺 P.39

店內賣的動物布偶真的好可愛啊

布製的食物看起來很真實

京都最可愛的小物在哪買？「ちりめん細工館」是最佳選擇之一，它是個經過就會不由自主被吸進去的敗家好所在。在京都現在有嵐山、祇園、銀閣寺、金閣寺、二寧坂及錦市場等6家分店。顏色鮮艷的布製品是商品特色，無論是神明、動物、蔬果、花卉及食物通通都能變成超可愛的飾品及小錢包，種類繁多讓人眼花撩亂。依照月分不同推出特定主題的兔子飾品也是ちりめん細工館的特色之一，而祈求小孩健康成長的「吊り雛」也是代表商品。

ハナビラヒトツ

選個心愛的和風飾品

✉ 京都市東山区祇園町北側248番地
📞 075-533-6313
🕐 10:00～21:00
🌐 www.hanabirahitotu.jp
🗺 P.39、P.40

利用徽章製作可愛的吊牌

跟「ちりめん細工館」同為姊妹店的「ハナビラヒトツ」，雖然也是賣和風小物，但商品內容不太相同，目前只有祇園及東大路兩家店面，這邊能找到搭配和服或浴衣的髮飾及布包，還有平時就能使用的典雅髮簪及髮夾，最推薦的就是使用和布製作的耳環、項鍊跟小飾品，由於手工精細、獨特性高及價錢合理，所以也成為不少年輕女性來京都遊玩的必訪店家。

可愛的布包也是相當受歡迎的商品

郵便局

— 來寄張特色明信片給朋友 —

✉ 京都市下京区東塩小路町843-12 JR(京都駅旁)
📞 075-365-2471
🕐 09:00〜19:00
🌐 www.post.japanpost.jp

京都駅旁郵便局郵筒上還有個可愛人偶

「郵便局」其實就是郵局，有人一定會覺得在旅遊書裡介紹郵局是件奇怪的事，不過在日本的郵局可是能挖到不少好東西呢！尤其是地區限定明信片更是超人氣商品，無論送人或收集都很適合，也是哈日迷絕不能錯過的必買小物。京都藝妓、大阪章魚燒、神戶送子鳥及奈良鹿等具有濃厚城市特色的明信片相當具有紀念性，還有只送不賣的縮小版明信片，更是可遇而不可求。櫃台還有賣許多有趣小東西等著大家來發掘，有郵筒樣式的簽字筆、口紅膠及周邊商品，讓人不由得再次佩服日本人的商業頭腦，你心動了嗎？讓我們一起來收集吧！

季節限定版的郵筒明信片

地區限定明信片

OSAKA
大阪

KYOTO TOWER HOTEL
KYOTO
京都

NARA
奈良

KOBE PORT
HYOGO
神戶

よーじや

挑選伴手禮的好地方

✉ 京都市中京区新京極通四条上ル中之町565
📞 075-221-4626
🕐 11:00～19:00
http www.yojiya.co.jp
MAP P.39、40

抹茶牛奶的沖泡包

說到京都該推薦什麼必買小物，各大旅遊書籍及背包客族必推よーじや(Yojiya)。以簡單黑白線條描繪出日本舞妓，化妝後風姿卓越在鏡子中的鏡影為店家商標。創始於1904年京都的よーじや，致力於讓女性能充分展現自信美，推出一系列品質細膩效果兼具的保養品、化妝品及化妝道具。(注意：化妝品只限於祇園、三条、大丸京都等店。)

よーじや馬克杯

眾多產品中暢銷冠軍當然非「よーじや吸油面紙」莫屬，和紙絕佳的吸附油脂及柔嫩的觸感，相當受到京都花街藝妓及舞台戲劇者的青睞，才逐漸推廣至全日本。共分為3種：1.普通版(白色)、2.機場免稅店版(紅色及綠色蘆薈)、3.季節限定版(櫻花、柚子及抹茶)。

除了化妝品以外，可愛的よーじや娃娃也是擁有許多粉絲，周邊的文具商品(筆、文件夾、鉛筆袋或貼紙)、馬克杯、隨行杯、袋子、T恤、よーじや製もなか(よーじや外型的餅皮、紅豆泥及麻糬的完美結合)及抹茶牛奶粉包等琳琅滿目的商品，一定要看緊自己的荷包才不會大大失血！

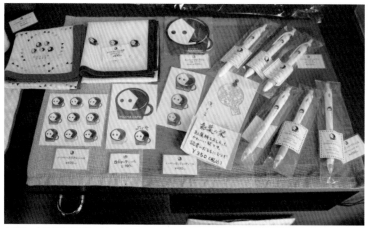

有著よーじや圖案的周邊商品

住宿情報

由於來京都觀光客不少，因此在住宿選擇性也比較多，所以收集一些網路評價不錯的住宿地點，依照種類不同分成商務飯店、町家旅館、民宿等3大類，並做好價錢高低、交通方便度及語言溝通的註記，讓大家在安排住宿時能評估要住在哪，如果帶著小孩跟長輩，建議請直接選擇方便度高、較不怕吵鬧的商務飯店，以免造成旅客跟業者的困擾。

商務飯店
價錢較高，交通方便度高，部分飯店可用中文網站訂房，溝通僅能使用英、日文。

名稱	鄰近車站	官網
Villa Kyoto	大宮站	www.hotel-village.jp/kyoto
Super Hotel 四条河原町	河原町站	www.superhotel.co.jp/s_hotels/shijyo
Hyatt Regency Kyoto	七条站	kyoto.regency.hyatt.com
Hotel Vista Kyoto	京都站	www.hotel-vista.jp/kyoto
新‧都 Hotel	京都站	www.miyakohotels.ne.jp/newmiyako
Rhino Hotel Kyoto	西院站	www.rhino.co.jp
京都新阪急 Hotel	京都站	www.hankyu-hotel.com
Kyoto Century Hotel	京都站	www.kyoto-centuryhotel.co.jp
Hotel Granvia Kyoto	京都站	www.granvia-kyoto.co.jp
Court Hotel 京都四条	四条站	www.courthotels.co.jp/kyoto
Citadines 烏丸五条	五条站	www.citadines.jp/kyoto
Apa Villa Hotel	京都站	www.apahotel.com/hotel/kansai
Hotel MyStays 京都四条	四条站	www.mystays.jp/location/ms_kyotoshijo

町家旅館
價錢便宜，交通方便度可，只能用日文溝通、限制多，仍適合想體驗町家的朋友。

名稱	鄰近車站	官網
鈁屋	五条站	kazari-ya.com
十四春	五条站	www.14haru.com
さくら (Sakura)	京都站	www.kyoto-ryokan-sakura.com
和樂庵	神宮丸太町	gh-project.com

民宿
價錢便宜，交通方便度高，大多可直接使用中文網站訂房。

名稱	鄰近車站	官網
Budget Inn	京都站	www.budgetinnjp.com
Capsule Ryokan	京都站	www.capsule-ryokan-kyoto.com
Tour Club	京都站	www.kyotojp.com
Taro Café	京都站	www.tarocafe.jp
Hana Hostel	京都站	kyoto.hanahostel.com
K's House	京都站	kshouse.jp/kyoto-j
J-Hoppers	九条站	kyoto.j-hoppers.com
Khaosan	阪急河原町站	www.khaosan-tokyo.com/tw/kyoto

民宿

增井家民宿

✉ 京都市東山区大黒町通松原下る二丁目山城町278番4

📞 075-531-7808

➡ 從京都駅前A2月台搭乘205號公車在「河原町五条」下車徒步8分鐘即到(詳細說明請見官網)

🕐 Check in15:00，Check out10:00

http www.masui.url.tw

1樓的廚房跟起居室

「我們沒有富麗堂皇的裝潢，但卻有最親近的溫情」，這是寡言的增井爸爸跟增井媽媽最想告訴

位於民宿1樓的三人房

旅人們的話。位於鴨川附近增井家民宿是傳統町家式建築，想體驗町家住宿卻又擔心語言不通嗎？來增井家絕對不用擔心這一點，訂房時有中文網頁，住宿期間來自台灣的增井媽媽會全程以中文溝通，而且熱情招待會讓人彷彿回到家般溫暖。適合想節省住宿費用卻擔心語言不通的背包客。

環保節約型飯店

エコアンドテック京都

✉ 京都市東山区粟田口三条坊町40

📞 075-533-1001

➡ 搭乘地鐵東西線在「東山駅」下車後從1號出口徒步3分鐘即到

🕐 Check in15:00，Check out11:00

http www.ecoandtec.jp

map P.40

エコアンドテック京都是一個很適合來京都觀光時所居住的落

除了電冰箱外還有微波爐

腳處，居住在這裡有鬧中取靜的感覺，徒步即可到達知恩院、祇園、八坂神社等著名觀光景點，房間門鎖使用密碼鎖，居住期間必須自己整理房間及做垃圾分類的工作，備品部分要自行向櫃台索取，房內提供免費網路，而1樓有免費的洗衣機跟烘衣機供住客使用，但洗衣粉需向櫃台購買或自備。

房間空間還滿寬敞的

133

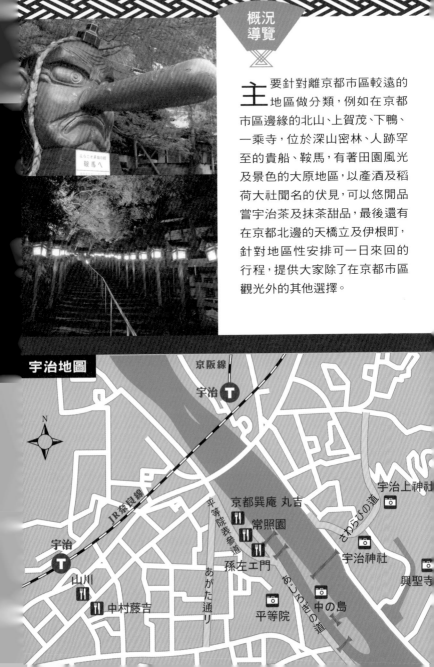

主要針對離京都市區較遠的地區做分類，例如在京都市區邊緣的北山、上賀茂、下鴨、一乘寺，位於深山密林、人跡罕至的貴船、鞍馬，有著田園風光及景色的大原地區，以產酒及稻荷大社聞名的伏見，可以悠閒品嘗宇治茶及抹茶甜品，最後還有在京都北邊的天橋立及伊根町，針對地區性安排可一日來回的行程，提供大家除了在京都市區觀光外的其他選擇。

宇治地圖

京阪線

宇治 T

N

JR奈良線

宇治 T

山川

中村藤吉

平等院表參道

京都巽庵 丸吉

常照園

孫左エ門

あがた通り

平等院

さわらびの道

宇治上神社

宇治神社

興聖寺

あじろぎの道

中の島

洛北地圖

貴船神社 📷
鞍馬寺 📷
Ⓣ 鞍馬
Ⓣ 貴船口
叡山電鐵（鞍馬線）
Ⓣ 二ノ瀬
Ⓣ 市原
Ⓣ 二軒茶屋
京都精華大前 Ⓣ
岩倉
Ⓣ 木野
Ⓣ 八幡前
上賀茂神社 📷
國際會館 Ⓜ
地鐵烏丸線
叡山電鐵（本線）
Ⓣ 三宅八幡
Ⓣ 宝ケ池
京都北山 Malebranche
進々堂 🍴
Ⓜ 北山
Ⓜ 松ケ崎
修学院
円光寺 📷
曼殊院 📷
Ⓜ 北大路
一乗寺 Ⓣ 🍴
八大神社 📷
詩仙堂 📷
一乗寺中谷 🍴
Ⓜ 鞍馬口
下鴨神社 📷
Ⓣ 茶山
むしやしない
餃子の王将 🍴
Ⓜ 今出川
Ⓣ 元田中
Ⓜ 出町柳
鴨川（賀茂川）
Ⓣ すき家 🍴
銀閣寺 📷
Ⓣ 出町柳
鴨川
京阪鴨東

寂光院 📷
大原三千院 📷
芹生茶屋 🍴
志ば久
呂川茶屋
五平餅

高野川

比叡山延暦寺 📷
叡山ケーブル
叡山ロープウェイ
八瀬比叡山口
八瀬比叡山口

北山地區周邊 小旅行

賞玩 的有

上賀茂神社

❖

京都最古老的神社

✉ 京都市北区上賀茂本山339
☎ 075-781-0011
🕐 10:00～16:00
💲 境內參觀免費，本殿¥500
➡ 搭乘4、9號公車在「上賀茂神社前」下車後徒步5分鐘
http www.kamigamojinja.jp
MAP P.135

上賀茂神社的樓門

上賀茂神社跟下鴨神社並稱為京都最古老的神社，位於鴨川上游，占地72公頃，自平安時代就是守護京都的神社，朱紅色樓門散發出莊嚴氣息，與本殿、權殿共同列為世界文化遺產。由於賀茂大神是競馬守護神，所以在神社外還建有一座神馬舍，而5月5日競馬神事及5月15日葵祭(京都三大祭典之一)是神社的重要神事。境內有御所櫻及齋王櫻都屬於樹齡很大的櫻樹，開花期間還能買到限定御守。

好吃 的有

京都北山
Malebranche

❖

精緻甜點媲美東京甜點名店

💲 ¥1,800
✉ 京都市北区北山通植物園前
☎ 075-722-3399
🕐 10:00～20:30
休 無
http www.malebranche.co.jp
MAP P.135

口感很棒的抹茶馬卡龍蛋糕

如果問三小a京都有哪家甜點店水準能和東京相比，「Malebranche」絕對是不二人選，北山地區並非是京都的旅遊重點，但這裡卻有不少美食餐廳可以選擇，而Malebranche就是其中的一家。無論是外觀或裝潢處處都充滿貴氣，也難怪這裡會是京都貴婦下午茶的首選店家，店員會將今日所提供的蛋糕放在大盤子上讓客人挑選，無論是閃閃發亮的水果塔或抹茶馬卡龍蛋糕都是極推薦的糕點，而它在JR京都伊勢丹也有設立分店可以享用美食。

外觀很特別的Malebranche 京都北山

櫻花主題御守讓人愛不釋手

上賀茂神社能買到很多特色小物，除了固定販賣的馬形御神籤、葵祭繪馬、緣結繪馬外，還有數種賞櫻期間限定的櫻花御守，以櫻花為靈感的櫻葉形御幸櫻御守，寺內代表櫻花為主題的賀茂櫻花形御守，玲瓏可愛的櫻花與粉色櫻葉的手機吊飾かおり守，帶著特殊香氣的和風御所櫻御守，並帶有著葵葉形心的金色小吊片，都十分受到女性的歡迎。另一個特別推薦的是依生肖年不同而販賣不同生肖的御神籤，如果連續12年來這裡參觀，就可以收集完12生肖。

三小a建議女性朋友可以購買帶有香氣的御守，將御守綁在隨身攜帶的包包把手上，就能讓這樣的香味跟著走，而男性朋友可以買可愛的馬御神籤回家做紀念，無論是放在書桌或辦公桌上都是不錯的擺飾。

進々堂

現做麵包是你早晨美好的開始

- **$** ¥800
- **✉** 京都市北区上賀茂岩ヶ垣內町93
- **☎** 075-724-3377
- **◷** 08:00～19:00
- **休** 年末跟年初
- **http** www.shinshindo.jp
- **MAP** P.135

當走出地下鐵北山駅就能看到有著紅色遮雨棚及外牆的進々堂，店內分成麵包店及餐廳兩個部分，麵包店所販賣的麵包都是店家自己製作的，充滿香味的麵

看起來讓人食指大動的麵包

包吃起來口感鬆軟，尤其是酥脆的可頌更是美味，而餐廳每天早上11點前所提供的早餐套餐更是超值，不僅有飲料或湯品可以選擇，由服務人員所端著的美味麵包則是無限量供應，但如果點的套餐有吐司就沒有麵包吃到飽，一定要注意喔！如果到京都遊玩，記得排一天早晨來享受進々堂的早餐吧！

進々堂北山店的外觀

一乘寺周邊 小旅行

詩仙堂

收藏眾多詩人畫像與作品

旅人能悠閒地坐在廊下拿相機拍照

✉ 京都市左京区一乘寺門口町27番地
☎ 075-781-2954
🕐 09:00～17:00，5月23日公休
💲 大人¥500，高中生¥400，中小學生¥200
➡ 搭乘市巴5號或65號至「一乘寺下り松町」下車徒步10分鐘
http www.kyoto-shisendo.com
MAP P.135

收藏許多由名畫家狩野探幽所畫的詩人畫像，總計有韓愈、柳宗元、陶淵明、蘇軾、杜甫及李白等36位中國漢晉唐宋的詩人，因此將此地取名為詩仙堂，在參觀途中不時可見到出自於這些詩人的作品；且想欣賞詩仙堂庭園最佳景色的時間在秋天楓紅及5月下旬杜鵑花開時，漫步在其中彷彿像進入夢境般不真實，加上來訪的遊客原本就不多，因此更有機會能體驗那種悠閒自在的感覺。

円光寺

賞紅葉、眺美景，令人心曠神怡

想體驗這種空無一人的庭景需要耐心

✉ 京都市左京区一乘寺小谷町13
☎ 075-781-8025
🕐 09:00～16:30
💲 ¥400
➡ 搭乘市巴5號或65號至「一乘寺下り松町」下車徒步10分鐘
MAP P.135

円光寺占地雖不大，但它卻是非常推薦欣賞紅葉的名所，每當進入深秋時，円光寺彷彿換上一件超鮮艷的衣服，有黃、紅、橘等不同顏色夾雜在一起，在境內行走時隨處都是好景色，尤其是「十牛之庭」可算是看過最美的庭園，當坐在建築物裡看著外面美麗的庭景，為了想拍沒有人的畫面，就算花再多等待的時間都值得，而円光寺地勢較高，還可以遠眺市景。

在入口開始就有紅葉爭艷

好吃的有

一乘寺中谷

日式老房裡的洋風甜點

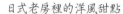

- 💲 ¥1,000
- ✉ 京都市左京区一乘寺花ノ木町
- 📞 075-781-5504
- 🕐 09:00～19:00
- 休 週三，11月不定休
- http ichijouji-nakatani.com
- MAP P.135

洋式作法的和菓子看起來相當誘人

充滿古早味的老店加上洋法的和菓子會擦出怎樣的火花？如果來到京都旅行，那就絕對不能不來一乘寺中谷瞧瞧。冰櫃裡放著許多琳琅滿目的甜點，精美且亮麗的外表總是讓人不禁多看幾眼，使用抹茶凍及豆乳布丁等和式素材製作的豆乳綠茶提拉米蘇(絹ごし綠茶てぃらみす)有著特別的好味道，季節限定的櫻桃蒙布朗或栗子蒙布朗(モンブラン)也相當受到老饕們的喜愛，而印著可愛兔子圖案的布丁容器在食用完畢後可帶回家收藏。

むしゃしない

琳琅滿目的甜點，每一個都想吃

- 💲 ¥1,000
- ✉ 京都市左京区一乘寺里ノ西町78
- 📞 075-723-8364
- 🕐 10:00～20:00
- 休 週一，如遇放假日則隔日休
- http www.648471.com
- MAP P.135

走累了嗎？
來份甜點吧

除了賣甜點也賣
甜點周邊商品

充滿特色的甜點及餅乾放滿玻璃櫃及桌子上，價格雖然不便宜，但仍吸引不少喜好甜食的人來這裡享用下午茶，店內還有賣一些討喜的可愛小物。「0896(おはぐろ)」是推薦甜點，加入竹炭製作的泡芙皮、夾著由麻糬及胡麻作成的內餡，吃起來相當特殊；由當季水果、南瓜布丁搭配而成的「パフェ471？」也是相當不錯的甜點，在一乘寺地區如果找不到地方喝下午茶，建議可以來這裡歇歇腳，享受愉快的午後時光。

大原三千院

❀

深秋來賞楓、泡湯好享受

✉ 京都市左京区大原来迎院町540
📞 075-744-2531
🕐 08:00～16:30
💲 ¥700
➡ 從京都車站搭17、18號公車或從地鐵「国際会館駅」搭19號公車到達大原下車後徒步10分鐘
http www.sanzenin.or.jp
MAP P.135

大原以大原巴士站為界分成「寂光院」及「三千院」兩個參觀重點，這兩個寺院足以代表大原地區，也都是著名的賞楓名所，深秋時安排半天行程在大原地區散步及泡湯，真是偷得浮生半日閒。

「三千院」列為深秋時節大原地區的必訪景點，門跡前參道兩旁楓紅總能讓每個訪客駐足並不停地按著快門，坐在客殿悠閒欣賞聚碧園庭景總讓人誤以為身在夢中，而境內往生極樂院也是消耗相機記憶卡的好地方，紅葉搭配一片綠色苔庭真的很美，不知道大家有沒有發現地上的童(わらべ)地藏？

從三千院旁小路再往上走10分鐘的「音無の滝」較少會有遊客前往，喜歡攝影的朋友不能錯過這裡，但這條路上人煙稀少也不太好走，請務必攜伴同行彼此照應。

❶隱身在庭園裡的小地藏
❷音無の滝的潺潺水流
❸庭景美到讓人沉醉

好吃 的有

芹生茶屋

✿

讓人幸福的御手洗糰子

💰 ¥200
✉️ 京都市左京区大原三千院畔
📞 075-744-2301
🕐 09:00～17:00
休 無
http www.seryo.co.jp/cyamise
MAP P.135

芹生名物——御手洗糰子

　　位於三千院前的芹生茶屋前放了幾張長條椅讓旅人歇息，空氣中瀰漫店家烤著御手洗糰子(みたらし団子)的香氣，而這也是芹生茶屋的人氣餐點之一，將烤成微焦的糰子沾滿特製醬汁後就可以享用了，吃起來甜甜鹹鹹的御手洗糰子口感很軟Q及彈牙，不過口味有點過重，所以要搭配茶飲一起食用較佳，悠閒地坐在椅子上吃著糰子真是種享受。

店家外觀

志ば久

✿

醃漬小黃瓜，冰涼爽口

💰 ¥150
✉️ 京都市左京区大原三千院道大原勝林院町58
📞 075-744-4893
🕐 08:30～17:30
休 無
http www.shibakyu.jp
MAP P.135

　　在位於通往三千院的小路上，有不少販賣醃漬物的店家，不過以志ば久的名氣最大，店內販賣醬菜種類高達30種，最受觀光客歡迎且讓這家店聲名大噪就是這一支支冰涼的小黃瓜(アイスきゅうり)，新鮮的小黃瓜浸泡在冰涼的昆布湯汁，咬下去卡滋作響真是讓人印象深刻，而且它在電視節目《黃金傳說》京都BEST甜點名單排在第22名，就能讓人期待它的好滋味。

小黃瓜泡在冰涼的昆布湯汁裡

141

賞玩 的有

貴船神社

每年7月水祭典，不容錯過

✉ 京都市左京區鞍馬貴船町
📞 075-741-2016
🕐 06:00～20:00
💲 免費
🚉 搭乘叡山電鐵在貴船口站下車徒步25分鐘
http kibune.jp/jinja
MAP P.135

貴船神社祭拜的是水神，而這裡也是京都鴨川的源頭，所以每年7月7日貴船水祭的時候，就會有不少造酒、料理和與水有關的行業來貴船向水神表達感謝，而神社裡的水占卜(水占おみくじ)

秋天來貴船神社賞夜楓是必遊行程

也很受遊客喜愛，將抽的籤詩放入本宮前的水池內就會顯現出占卜結果。貴船神社是繪馬的發祥地，因此在本宮旁也有兩隻神馬銅像，黑馬及白馬分別代表著天旱及連雨，在繪馬上當然免不了會有這兩隻馬的存在，也有不少有趣的御守可選購。搭乘叡山電鐵在貴船口下車後可選擇付¥160搭乘單程3分鐘的公車或選擇悠閒地散步25分鐘前往。

遇水則顯現結果的水占卜

代表天旱及連雨的黑馬與白馬

知識充電站

「繪馬」的由來

古時候日本人覺得神明是騎馬降臨人間，因此把馬當成是神明的使者，對馬抱持著一種尊重的心態，每當要求助於神明的時候，為表達誠懇就會獻祭馬來祈願，久旱希望降霖是用黑馬、連雨祈求陽光是用白馬，由於馬的飼養費用相當昂貴，因此開始有人

由漫畫家南久美子設計的可愛繪馬

將馬畫在木板上來代替真正的馬匹，也就是現在大家所見到的繪馬，而有些神社因為特色不同而使用不同形狀及圖案，但原則上，心態都是一樣的，而繪馬也是不少遊客會買來當紀念品的選擇。

貴船高掛燈籠賞夜楓　

「貴船もみじ灯篭」是貴船地區的年度重要活動，在11月中到月底這段時間會開放夜間賞楓，從貴船口到貴船神社這段路地上都會擺放燈籠，貴船神社石階參道兩旁延伸的紅色獻燈，搭上用燈光投射的漫天紅葉讓夜楓變得更美。而叡山電鐵

叡山電鐵貴船口站月台的夜楓

在行駛市原及二ノ瀬駅間會有一段250公尺的紅葉隧道，列車經過時會降低車速及關閉車內燈光，讓遊客能從車窗欣賞沿途楓景。

鞍馬寺

大紅色的長鼻天狗十分醒目

- ✉ 京都市左京区鞍馬本町1074
- ☎ 075-741-2003
- 🕘 09:00～16:30
- 💲 ¥200
- ➡ 搭乘叡山電鐵在鞍馬站下車徒步7分鐘
- 🗺 P.135

走出鞍馬站就會看到偌大的天狗像

走出叡山電鐵首先看到的是偌大的長鼻天狗，這也是大家對鞍馬的第一印象。喜歡源義經的人更會把鞍馬寺列為必訪景點，相傳這裡是他修鍊武術的地方，也

因此讓鞍馬寺聲名大噪。相較於有公車行駛的貴船神社，鞍馬寺綿延的石階對體力較差及行動不便的人而言是不小的困擾，建議從山門後的普明殿付¥100搭乘鞍馬山ケーブル上山，再走10分鐘就能到達本殿金堂，站在本殿前的廣場可遠眺美麗的山景，如果想享受森林浴則徒步30分鐘即可到達，而境內秋季滿山遍野的紅葉可算絕景，也是最推薦的來訪季節。

鞍馬寺境內一景

旅行小抄

貴船、鞍馬可安排為一日遊行程

貴船跟鞍馬離京都市區有一段不近的距離，由於兩個地點間有叡山電鐵連接著，因此通常都會安排一整天的時間在貴船及鞍馬遊玩，體力不佳的可搭乘叡山電鐵來回兩地，而體力比較好的可從鞍馬直接沿著森林步道前往貴船神社，建議從鞍馬出發為佳，因為上坡平緩而下坡路多。

賞玩 的有

東福寺

一生中必來的賞楓景點

✉ 京都市東山区本町15丁目778
📞 075-561-0087
🕐 4～11月底08:30～16:00；12～3月底 09:00～15:30
💲 免費，參觀通天橋¥400、方丈庭園¥400
➡ 搭JR奈良線在「東福寺駅」下車徒步10分鐘；搭京阪本線在「東福寺駅」下車徒步10分鐘
http www.tofukuji.jp

如果秋天來京都欣賞紅葉，絕對要把東福寺排入行程裡，畢竟它是京都最美的賞楓場所之一，甚至有人說一輩子至少要來東福寺看一次紅葉，境內上千株楓樹在同時間染紅的時候景色很壯觀，如果沒來參觀會是遺憾！特別推薦在前往開山堂途中的通天橋周邊，感覺像被一大片紅葉樹海所包圍，站在下方的洗玉澗往回拍通天橋，是很棒的拍攝角度，有機會該來試試。

東福寺的方丈庭園入口

東福寺內的方丈庭園也頗負盛名，分別由東邊的北斗七星庭園、南邊的枯山水式庭園、北邊跟西邊的井田市松庭園所組成，寺方將這個地方取名為方丈八相庭；而在方丈庭園後方的龍吟庵，是列為日本國寶的參觀場所，每年只有秋季才會開放參觀，平日是不對外開放的。

藍天、紅葉、通天橋有著非常美麗的構圖

綿延不絕的千鳥居是許多人來此的理由

伏見稻荷大社

❀

狐狸可是這裡的使者喔

📧 京都市伏見区深草藪之内町68番地
📞 075-641-7331
🕐 08:30～16:30
💲 免費
➡ 搭JR奈良線在「稻荷」下車徒步3分鐘；搭京阪電車在「伏見稻荷」下車徒步5分鐘
🌐 inari.jp

從京都車站搭電車只要5分鐘時間就可到達稻荷站，而這裡的伏見稻荷大社是來京都旅遊必排景點之一，它並不是一個賞櫻或賞楓的名所，但卻有為數上千的鳥居所組成的隧道，又稱千本鳥居，這裡是電影《藝妓回憶錄》中小千代在鳥居

連御守跟繪馬都跟狐狸有關

狐狸是神
的使者

長廊中奔跑的場景，讓人留下深刻的印象。信徒為感謝神明就奉納鳥居給神社，所以這條鳥居隧道目前繼續向山上延伸中。

伏見稻荷大社是日本數萬座稻荷神社的總本宮，最主要是祈求生意興隆及農業豐收，境內隨處可見的狐狸像會讓人誤認為神社主要是祭拜地，事實上狐狸是伏見稻荷大神的使者，所以會看到門口有兩尊狐狸像，而這裡的繪馬是有趣的狐狸形狀。

有著1300年的歷史的伏見稻荷大社，目前已被官方列為國家重要文化財產，而每年1月的奉射祭、4月的稻荷祭、6月的田植祭等祭祀活動都是值得來參觀的。

賞玩 的有

平等院

✦

鳳凰堂是10円日幣上的圖案

✉ 宇治市宇治蓮華116
📞 077-421-2861
🕐 庭園08:30～17:30，鳳翔館09:00～17:00，鳳凰堂09:30～16:30(每20分鐘讓50名遊客進入)
💲 庭園＋鳳翔館：大人¥600，中學生¥400，小學生¥300；鳳凰堂每人¥300
➡ 搭乘JR奈良線或京阪宇治線分別在宇治站及京阪宇治站下車後徒步10分鐘
http www.byodoin.or.jp
MAP P.134

平等院除了有著千年的歷史外，它也是世界遺產之一，境內主要由庭園、鳳翔館及鳳凰堂組成，鳳翔館內可以近距離看到收藏的國寶及珍貴文物，而鳳凰堂也有一尊阿彌陀如來坐像的國寶，在鳳翔館及鳳凰堂內是禁止攝影，請遵守規定。

鳳凰堂對日本人而言有多重要？幾乎每個日本人天天都會看到它，因為它就是10円日幣上的圖案，而萬円背面圖案也是屋頂上的鳳凰塑像，由此可知它的重要性是無可取代。

❶ 來平等院賞櫻是不錯的選擇
❷ 許多人來櫻花樹下愜意的野餐

要到鳳凰堂內部參觀得另外購票，非常推薦

透過平靜的湖面同時欣賞平等院及倒影

遊船賞櫻的另類風情

玩家交流

雖然宇治川沿岸櫻花數量不多，但每當櫻花盛開時節(櫻花花期為3月下旬～4月上旬)，中之島上仍會聚集不少人帶著食物在樹下野餐，如果預算足夠也可以選擇遊船賞櫻，另有一番滋味，也或許這裡並不是賞櫻名所，所以更能用很悠閒的心情去享受這樣的景色，三小a很推薦如果來宇治賞櫻就得來宇治川一趟，繞著中之島走一圈，如果是秋天來時則推薦到對岸的興聖寺走走，除了可以沿著河岸欣賞楓景，興聖寺也是個很棒的賞楓景點。

靜靜坐在宇治川邊思考也是種悠閒 (MD：Miko)

好吃 的有

山川

各式甜點應有盡有

- 💲 ¥1,000
- ✉ 宇治市宇治壱番70番地
- 📞 0774-20-5102
- 🕐 外帶區10:00～20:00，內用區11:00～18:30
- 休 每週二、每月第三個週三
- http kyoto-yamakawa.jp
- MAP P.134

在中村藤吉宇治本店對面有家「山川」，店長山川先生有豐富的製作甜點經歷，也曾經在京都

冰櫃裡的甜點讓人垂涎三尺

名店「北山マールブランシュ」裡服務過，2004年回到故鄉宇治開了這家甜點店，店內賣的甜點種類不少，無論是水果塔、蛋糕、餅乾及布丁應有盡有，當然在宇治開店可不能忘了由抹茶所製作的甜點。而山川先生為了讓客人能享受最即時的美味，因此在隔壁也開了家「Desert Cafe 山川」，讓客人可以直接坐在店內享受好吃的甜點。

店長山川先生正努力製作甜點

孫左エ門

清爽的手打茶香麵條

- 💲 ¥800
- ✉ 宇治市宇治蓮華21番地
- 📞 0774-22-4068
- 🕐 11:00～15:00 (售完為止)
- 休 週四
- MAP P.134

加入抹茶的麵條

　　平等院入口有家手打烏龍麵(う
どん)的老店，那就是孫左エ門，
看起來不顯眼的外表卻吸引不少人
來此用餐，由於菜單上都是圖片加
上文字，所以就算不會日文也能用
手指頭點餐。加入了茶的麵條變成
綠色，吃起來有著極淡的茶香，而
湯的味道其實也很淡，豪邁地把它
吃完是件不錯的事，如果食量大的
朋友不妨點份套餐，除了原本有的
麵再加上小碗的飯，吃起來較容易
有飽足感。

簡單的餐點就能
讓肚子得到滿足

店門外有搭配照片的菜單

店員熟練的灑上抹茶粉

常照園

必點抹茶粉冰淇淋

$ ¥250
✉ 宇治市宇治蓮華21-3
☎ 0774-21-4034
🕐 08:00～18:00
休 不定休
MAP P.134

想吃嗎？
很美味的喔

來宇治如果沒到常照園來份抹茶粉冰淇淋(抹茶ソフトクリーム)就真的太可惜了，位於平等院入口前的常照園可是唯一有賣這個產品的店家，店員在脆皮筒弄上抹茶冰淇淋，再拿起一個小篩子將抹茶粉慢慢且均勻

灑在冰淇淋上，看起來很與眾不同，濃濃抹茶味及奶味也讓人留下深刻的印象，但吃的時候可得小心別被抹茶粉給嗆到，那可是很囧的一件事，想吃嗎？想吃就得自己來買了。

京都巽庵 丸吉

一口接一口的茶糰子

$ ¥550
✉ 宇治市宇治蓮華
☎ 0774-22-4066
🕐 10:00～16:30
休 不定休
http www.kyoto-tatsumian.jp
MAP P.134

3種顏色代表著不同的茶味

在平等院表參道上有個小小的攤子，門前立牌上那串三色糰子會不自覺把人吸引過去，這家店原來是京都巽庵「丸吉」，茶糰子可是宇治的土產之一，喜歡吃糯米糰子的可不能錯過，吃起來口感Q軟又帶著茶香，每一顆糰子的味道都略顯差別，口味分別是

煎茶、抹茶、烘焙茶(ほうじ茶)，由淡到濃讓人一口接著一口停不下來，無論是外觀或口味都讓人得到滿足，如果再來杯熱茶的話就太完美了！

京都美味代表

中村藤吉

宇治茶老店，必嚐茶製甜點

- ✉ 宇治市宇治壱番十番地
- ☎ 0774-22-7800
- ⏰ 11:00～17:30
- 休 無
- http www.giontsujiri.co.jp
- MAP P.134

來京都，如果沒有來一份抹茶甜點似乎就不算來過京都，事實上距離產茶勝地——宇治很近的京都有不少抹茶甜點店，三小a在這推薦幾家各有特色的店家讓大家去品嚐看看，無論是果凍、蛋糕、冰淇淋通通都是抹茶製品，準備好就開始我們的抹茶甜點巡禮之旅吧！

位於宇治駅僅有一路之隔的中村藤吉本店，是來京都觀光的旅人們必定會光顧一次的店家，創業超過150年的中村藤吉是使用宇治茶的老店，無論是建築物外觀跟內部裝潢都保持著傳統風貌，店內除了販賣茶品外，茶製甜點更是人氣超高，尤其是明星商品生茶果凍(生茶ゼリイ)抹茶口味的，而且只有在本店才會用竹筒當容器，竹筒內裝著抹茶冰淇淋、抹茶果凍、白玉、紅豆，不僅口感豐富美味，在視覺上也得到不少滿足，杯裝生茶果凍(生茶ゼリイ)烘焙(ほうじ茶)口味的即使沒有抹茶冰淇淋點綴，也不會因此而失色，單純的茶凍充滿香氣，搭配著帶點硬度的白玉下肚，真是簡簡單單的大滿足。

現在京都車站除了有京都駅店外，在西改札口前也有一家中村藤吉NEXT的外帶店面，無論是剛到達或準備要離開京都，都可以在這邊得到最即時的滿足。

三小a滿喜歡的
抹茶戚風蛋糕

明亮的用餐環境

抹茶甜點

看起來相當美味的聖代

茶寮都路里

觀光客非常耳熟能詳的一家

- ✉ 京都市東山区四条通祇園町南側 573-3
- ☎ 075-561-2257
- ⏰ 10:00～22:00
- 休 無
- http www.giontsujiri.co.jp
- MAP P.40

京都市區裡賣抹茶甜點的店家非常多，茶寮都路里應該是觀光客最耳熟能詳的一家店，到京都旅遊的人常會安排來此一嘗抹茶甜點，最推薦的是使用宇治抹茶製作而成的特選都路里聖代(特選都路里パフェ)及優格抹茶冰淇淋(ヨーグルトパフェ)，用料不僅實在也是不錯的選擇，但來之前務必挑對時間前往，以免因為大排長龍而影響到後續行程，而店內還賣不少抹茶製品，有興趣的人可以在此選購送人的小禮物。

御室いっぷく茶屋

除了抹茶，櫻花口味成了主角

- ✉ 京都市右京区御室小松野町28-1
- ☎ 075-462-8296
- ⏰ 09:00～17:00
- 休 週四
- MAP P.103

使用櫻花盤子裝盛的櫻花糰串

到仁和寺就不能不到寺前的御室いっぷく茶屋晃晃，這裡應該可以稱為京都小店的代表，店內並沒有安排許多座位，因為店主想讓客人能享受恬靜的感覺，特別推薦要嘗試由冰淇淋跟抹茶蛋糕組成的櫻花冰淇淋(桜のアイスクリーム)及用櫻花形盤子盛裝的櫻花糰串(桜だんご)，即使在不是賞櫻的季節裡也能有機會享受到櫻花的美味，有時還能聽到不同樂器的現場演奏，真的是太悠閒了。

美味的櫻花冰淇淋與抹茶戚風蛋糕的組合

店家外觀

八ッ橋茶屋

許多抹茶伴手禮可供採買

✉ 京都市東山区清水3丁目333-4
📞 075-525-3341
🕐 08:00～17:00
休 無
http www.8284.co.jp
MAP P.40

　　一般人提到「生八つ橋」通常都會想到京都老店「本家西尾八ッ橋」，而不少來京都遊玩的觀光客也都會到這採買伴手禮。而八ッ橋茶屋是由這間老店所開的店家，店內的特選抹茶聖代(特選抹茶パフェ)則是甜點經典首選，除了蜜紅豆、黑豆及白玉外，無論是抹茶冰淇淋、抹茶戚風蛋糕、抹茶凍、抹茶豆乳布丁等，通通都是抹茶製品，加上採用層層堆疊的方式，所以每一口都能吃出不同的感覺，推薦對抹茶有興趣的人來嘗試看看。

這就是特選抹茶聖代

ぎをん小森

來杯甜而不膩的蕨餅聖代

✉ 京都市中京区錦小路通堺町角
📞 075-561-0504
🕐 11:00～21:00
休 週三
http www.giwon-komori.com
MAP P.40

雖然小一號但美味程度不輸別人的蕨餅聖代

　　在白川巽橋旁的ぎをん小森是很著名的甜點店，無論是建物外觀或內部裝潢都保持著町家風貌，店家最著名的蕨餅聖代(わらびもちパフェ)是最推薦的甜點，雖然感覺比一般聖代小一號，內容物可沒因此偷工減料，無論是香草及抹茶冰淇淋、紅豆、蕨餅、栗子、抹茶凍等一樣都沒少，吃起來甜度適中而不膩是它的特色，如果覺得不夠甜的話還能用小罐子裡的黑糖蜜來增加甜度，即使價格不便宜仍吸引不少人來食用。為避免影響其他客人因此店內禁止攝影，僅能拍攝自己的食物。

來份蛋糕跟熱茶吧

櫃台旁琳琅滿目的茶商品

和カフェちゃらん

戚風蛋糕配日本茶，清爽好味道

✉ 京都市中京区蛸薬師通烏丸東入一蓮社町298-2
☎ 075-212-9265
🕐 平日11:00～22:00，假日11:00～20:00
休 不定休
http www.charan.jp
MAP P.68

當戚風蛋糕跟日本茶碰撞在一起會激出怎樣的火花？來趟「和カフェちゃらん」親身去體驗一下就知道了。它並不是傳統百年老店，但進入店內聞到茶香就會不自覺地將身心給放鬆。吉田店長雖然於製茶公司服務了15年，但從事的工作都與業務沒有什麼直接關係，在興趣使然下才去參加日本茶的相關考試並通過測驗，後來從公司離職後開了「和ちゃらん」。店內提供各式各樣的日本茶種，而抹茶戚風蛋糕套餐是推薦餐點，軟綿綿的戚風蛋糕沾著綿密的鮮奶油，想到就口水直流。

店內的茶品喝起來口味香醇

京のはやしや

抹茶聖代的發源地？來嚐嚐吧

✉ 京都市中京区三条通河原町東入る中島町105 タカセビル6F
☎ 075-231-3198
🕐 11:30～21:30
休 無
http www.kyo-hayashiya.com
MAP P.69

「はやしや」的漢字寫法為「林屋」，位於三条大橋旁大樓的6樓，而這裡也是京都目前唯一的分店，雖然外表看起來不起眼，但餐點是可以被推薦的，建議可點最具人氣的抹茶聖代(抹茶パフェ)或紅茶聖代(紅茶パフェ)，據說這裡是抹茶聖代的發源地呢！想嘗鮮就選甜點拼盤(デザート3種盛り)，有白玉紅豆、抹茶起司蛋糕及抹茶牛奶冰淇淋可享用，而店內的抹茶起司蛋糕(抹茶チーズケーキ)也很推薦，抹茶起司的香氣加上底部的酥油真是絕配。

兩種不同風味的起司蛋糕都相當美味

天橋立

✿

日本三景之一的景點名物

➡ 從京都搭乘往城崎溫泉方向的特急列車，到福知山下車後，轉乘丹後鐵道的特急列車前往

http www.amanohashidate.jp

ℹ 從大阪亦可前往天橋立，但從京都出發最方便

MAP P.2

有船要經過連接天橋立和文殊堂陸地的迴旋橋

京都「天橋立」與廣島「宮島」、宮城「松島」列為日本三景，不過從京都出發前往天橋立，耗費的交通時間較長，即使它就位在京都府內，也沒有太多

丹後鐵道赤松觀光列車的隨車服務人員

旅人會特別計畫行程到天橋立來觀光。

天橋立地區其實有不少參觀景點，如智恩寺、迴旋橋、天橋立松樹林、元伊勢籠神社跟傘松公園，建議可跟伊根町結合計畫成一日觀光行程為佳，或是搭乘丹後鐵道分別取名青松、赤松或黑松等三列觀光列車，享受可愛隨車小姐的體貼服務；而天橋立的美食其實也不少，例如新鮮的花蛤丼(あさり丼)、用魚漿去烤的黑竹輪(黑ちくわ)及智恵的餅都可以算是天橋立的代表名物，如果有機會來到天橋立，請不要錯過這些美食。

伊根町

✿

傳統舟屋的悠閒美景

➡ 請參考P.155旅行小抄的推薦行程

http ine-kankou.jp

MAP P.2

位於丹後半島的伊根町，最著名就是當地與海相鄰那一整排獨特的舟屋，1樓停放漁船及擺放漁具，2樓則為生活起居的空間，而這樣的景觀也被日本官方指定為國家的「重要傳統建築物群保存地」，無論是喜歡懷舊風格或喜愛

伊根町特有的舟屋景觀吸引不少人前來拍照

攝影的旅人，對這個地方的評價總是居高不下，即使欣賞這樣的美麗風景得花不少交通時間，仍吸引不少遊客前往，如果時間充裕，不妨選擇住在伊根町的舟屋民宿享受難得的悠閒時光。

旅 行 小 抄

天橋立、伊根町交通省錢推薦

要來天橋立，建議先購買JR西日本廣域鐵路周遊券，在搭乘前往JR福知山的車上，也要主動向車掌購買「海之京都Pass」的兌換券；單純玩天橋立地區，只要購買天橋立一日券，如果同時要玩伊根町，就直接購買廣域二日券，這樣就能省下天橋立跟伊根地區的交通費用，相當推薦購買。

特別注意

如利用「海之京都Pass」往返福知山跟天橋立這段，持有全國版日本鐵路周遊券或JR西日本廣域鐵路券，則可免費搭乘特急列車自由席，如未持有者就得支付特急列車乘車券的費用！

票券名稱	售價	使用範圍
天橋立一日券	¥1,600	◎丹後鐵道全線列車(含特急自由席) ◎往返天橋立、一之宮的觀光船 ◎天橋立往一之宮的自行車(需到丹海交通天橋立乘船處租借) ◎傘松公園登山吊椅或纜車
伊根一日券	¥1,600	◎丹後鐵道全線列車(含特急自由席) ◎往返天橋立、伊根的普通巴士 ◎伊根灣觀光船
廣域二日券	¥2,600	◎綜合上述兩種票券

天橋立、伊根町一日遊行程推薦

天橋立駅
↓ 出車站左邊搭乘50分鐘的丹海巴士前往伊根

舟屋及伊根之里公園
↓ 搭丹海巴士回天橋立，在元伊勢籠神社下車

元伊勢籠神社
↓ 搭乘纜車

傘松公園展望台
↓ 搭天橋立觀光船回天橋立(船上可餵食海鷗)

智恩寺
↓ 依路標步行返回

天橋立駅

● 購買海之京都Pass廣域二日券，即包含行程內所有交通費用。

從傘松公園展望台往下看的天橋立

讓人垂涎不已的花蛤丼是天橋立特有美食

漫遊琵琶湖
滋賀縣

滋賀縣距離京都搭乘電車只要20分鐘就能到達，這裡有日本最大的淡水湖「琵琶湖」，湖周長達241公里，除了提供滋賀縣的民生用水外，也提供給京都府、大阪府、兵庫縣使用；滋賀的重要觀光景點及城市，多數都在琵琶湖周邊，因此特別為讀者製作了滋賀特集，讓計畫到京都觀光的朋友也可以把滋賀放入行程中。

滋賀縣地圖

若狹町

伊吹山

長浜市

高島市

米原市

琵琶湖

彥根市

比良

多賀町

志賀

滋賀縣

近江八幡市

東近江市

京都市

守山市

大津市

草津線

御在所山

京都駅

草津市

日野町

彦根市
MAP P.156

彦根城

日本國寶四天守之一所在

§ 彦根城¥600、博物館¥500，彦根城與博物館套票¥1,000
© 08:30～17:00
➡ 在JR彦根駅下車後，從西口徒步約15分可到達
http www.hikoneshi.com/jp/castle

　　如果來滋賀沒有到過彦根城，是件很可惜的事，畢竟彦根城有被列為國寶的天守，這是日本目前被列為國寶四天守之一(四天守分別為松本、犬山、姬路及彦根)。沿著護城河旁的松樹一路走進來，無論是馬屋、表門參道、天秤櫓及太鼓門櫓，都是屬於重要文化財產，而天守內部，也保存展示不少當時所使用的物品跟屋瓦；如果來到彦根城，當然不能錯過可愛吉祥物「ひこにゃん」一日3次的見面會，參觀完彦根城後再逛一下彦根城下町，無論是吃美食或購買相關紀念品都是相當不錯的地點。

クラブハリエ
(CLUB HARIE)

源自於滋賀的甜點老店

§ ¥500
✉ 滋賀縣彦根市本町1-2-33
☎ 0749-24-5511
© 10:00～19:00
休 1月1日
➡ 從彦根駅往彦根城方向徒步10分即到達
http clubharie.jp

　　和菓子老店「たねや」是滋賀縣相當知名的店家，而它除了傳統和菓子外，也針對西洋甜點另外成立「クラブハリエ」(CLUB HARIE)，人氣最高的莫過於主推商品年輪蛋糕(バームクーヘン)，如果想嘗鮮的也有迷你年輪蛋糕(バームクーヘンmini)可以買，而一片片的葉子派(リーフパイ)也是人氣商品，作為伴手禮送給朋友也是不錯的選擇，有時間的話坐在咖啡店裡享受蛋糕也很悠閒。

長浜黑壁

悠遊在歷史氛圍裡

✉ 從JR長浜駅徒步7分鐘即可到達
http www.kurokabe.co.jp

在這個地區有不少超過百年歷史的建築物，也有一些很特別的商店，如果想要逛特色雜貨的朋友，就很推薦來這個地方走走，無論是食品雜貨、手作品或玻璃商品通通有，還能透過玻璃參觀職人們技藝的見學行程，時間充足的話，亦可在這裡的黑壁體驗教室進行玻璃手作體驗，製作一個專屬於自己的玻璃製品；在這裡也有不少古民家所改建的餐廳及咖啡店，非常推薦喜歡這種風格的你前來探險。

❶ 由銀行改建而成的黑壁ガラス館是指標性建物
❷ 博物館內展示長浜曳山祭所使用的山車
❸ 黑壁スクエア的店家販賣不少玻璃商品及可愛手工製品

たい風

在地人推薦的好吃拉麵店

- 💲 ¥800
- ✉ 滋賀県長浜市北船町3-20
- ☎ 0749-62-6236
- 🕐 11:00～24:00
- 休 無
- ➡ 從長浜駅徒步30秒即到達

❶ 麵條吃起來相當有嚼勁
❷ 長浜駅對面的たい風是在地友人推薦店家

位於長浜駅前有家「たい風」，這是在地友人所推薦的拉麵店，由於距離車站很近，所以當地有不少人會來這邊吃碗拉麵再回家。湯頭並不會太濃厚，而麵條咬起來也相當有嚼勁，這兩個搭配起來的感覺滿不錯；如果覺得一碗麵不夠吃的話，還可以再點份餃子來搭配，個人推薦來份炸雞塊，將酥脆的雞塊沾著蛋黃醬、胡椒鹽一起入口，真的很爽口唷！

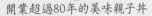

鳥喜多

開業超過80年的美味親子丼

- 💲 ¥600
- ✉ 滋賀県長浜市元浜町8-26
- ☎ 0749-62-1964
- 🕐 星期一～五11:30～14:00、16:30～19:00，星期六、日、假日11:30～13:30、16:30～19:00
- 休 週二
- ➡ 從長浜駅往長浜黑壁方向徒步3分鐘即到達

店外觀跟一般食堂無異的鳥喜多

「鳥喜多」是在長浜開業超過80年的親子丼專賣店，無論是平日或假日都屬於要排隊用餐的人氣店家。有著相當不起眼的外觀，但可以看的出來有著不短的歷史，店內的陳設也跟一般食堂大同小異；餐點價格相當親民，點份招牌親子丼來試試看，將雞肉、半熟蛋及白米飯攪拌後入口，每一口都能吃到蛋香跟米香，忍不住拿著湯匙把它一掃而光，心裡卻還想著再來一碗如何？

價格親民又美味的親子丼是推薦餐點

159

近江八幡市
MAP P.156

📷 **近江八幡**
◆
身處數百年歷史的古代街道

▶ 從近江八幡駅徒步20分鐘或搭計程車7分鐘
http www.omi8.com

　　近江八幡有著超過450年以上的歷史，在日本戰國時代就已是八幡城的城下町，也是所謂近江商人的發源地，而日本政府分別在2006及2007年將這裡總計354公頃的範圍訂定為「近江八幡の水鄉」的重要文化景觀。在這個區域裡有不少能參觀的地方，有著漂亮景觀水道的八幡堀，懷舊外

觀的舊八幡郵便局，古民家改裝的石畳の小路，以及近江商人自古就開始參拜的日牟禮八幡宮等能拍照的景點，時間充足的旅人還可以到「近江商人の町並み」這一帶，參觀江戶時代末期近江商人的商家建築，如果來到這裡的話，就請悠閒的逛逛吧！

① 近江商人從古就來參拜的日牟禮八幡宮
② 有著懷舊外觀的舊八幡郵便局
③ 日牟禮八幡宮的馬像
④ 八幡堀保存著很久前就存在的運輸水道

毛利志満

◈

滿足小小奢華的美味近江牛

💲 ¥7,000

✉ 滋賀県近江八幡市東川町866-1

📞 0748-37-4325

🕐 星期一～六11:00～20:30，星期日、假日 11:00～20:00

休 週三

➡ 從近江八幡駅搭計程車7分鐘可到達，或從篠原駅搭計程車5分鐘可到達

http www.oumi-usi.co.jp

來滋賀有什麼一定要試試看的美食？相信身為日本三大和牛之一的「近江牛」，一定會在必吃的名單上，而「毛利志滿」也一定會在店家推薦名單裡；近江牛老店「毛利志滿」，本身就擁有自己的畜牧場，屬於典型的自產自銷店家，提供的肉品及價格都相當不錯，即使本店距離車站有段距離，但仍讓不少人特地來這裡享用大餐。

享用近江牛的料理方式有好幾種，如陶板燒(石焼き)、壽喜燒

(すき焼き)、鐵板燒(ステーキ)及涮涮鍋(しゃぶしゃぶ)等四種，無論哪一種都能吃到相當美味的近江牛，驚訝於那近乎入口即化的口感，不需搭配太多太重口味的沾醬，也沒有過多油脂的膩口感；想來些特別的餐點嗎？那來份生牛肉握壽司(牛にぎり寿し盛合せ)如何？入口的細緻及鮮嫩是給人的第一印象，也相當的有飽足感。

到東塔地區記得來鐘樓撞鐘 (MD：Miko)

比叡山延曆寺

必遊日本佛教發源地

✉ 滋賀県大津市坂本本町4220
☎ 077-578-0001
🕐 09:00～16:00
💲 ¥550
➡ 請參閱官網
http www.hieizan.or.jp
MAP P.135

坂本ケーブル延曆寺駅外餵食野鳥的地方

「比叡山延曆寺」不僅是世界文化遺產，也是日本佛教之母山。不過令人好奇的是在比叡山的地圖上並無法找到以「延曆寺」為名的寺院，那是因為由「東塔」、「西塔」、「橫川」等三個地區所組合起來這一大片區域就是「延曆寺」。不過除非對宗教很感興趣，或是有一整天時間可在此閒晃，否則建議將參觀重點放在東塔即可，秋天來賞楓是最佳的參觀時間，這裡楓紅時間比京都稍早，大約在11月中。

東塔地區參觀重點有根本中堂裡持續點燃1200年都沒有熄滅過的「不滅法灯」；往昔為召集比叡山僧兵使用的鐘樓，現在也

開放遊客排隊敲擊，傳說會帶來幸運及和平；坂本ケーブル延曆寺駅外有一個餵食野鳥的地方，當你把花生平放在手掌上就會有鳥飛過來啄食，也是種有趣的體驗；在一隅会館地下室有賣蕎麥麵的店家，氣溫偏低的山上來碗熱呼呼的湯麵真是一大享受。

由於冬季前往比叡山的部分交通工具停止運行，安排行程前請務必先參閱比叡山官網的「交通案內」。

旅行小抄

大原(P.140)與比叡山的行程建議

從京都到大原或比叡山會耗費不少車程，建議這兩個地區安排同一天前往，早上安排參觀比叡山，下午再前往大原地區遊玩，為行程最佳安排。

前往大原的省時方式

從京都車站雖然有17號與18號巴士可到達大原，但交通安排建議搭地鐵到「国際会館駅」下車後轉搭19號公車前往大原最佳，可省下近30分鐘時間。

根本中堂的庭景

フライボード琵琶湖 カーメルビーチ店

體驗鋼鐵人飛天刺激

✉ 滋賀縣大津市北比良243
☎ 090-1717-4222
🕐 09:00～18:00
休 每年4～11月底
➡ 搭乘電車到比良駅徒步3分鐘即到
http www.flyboard-biwako.com

利用噴射力量漂浮在半空中

你曾想像過自己能跟鋼鐵人一樣，利用腳部噴射能力漂浮在空中嗎？來嘗試看看「フライボード」(flyboard)就能有這樣的體驗。這裡是「フライボード」位於琵琶湖西邊的據點，業者對於活動安全相當重視，不管是保險、示範影片觀賞及動作示範都很齊全；操作體驗其實有些難度，需要多些練習才能比較容易入手，但如果首次嘗試就能一飛衝天，相信會有相當大的滿足感。

びわ湖バレイ ジップ ライン(ZIPLINE)

翱翔高空、欣賞琵琶湖美景

✉ 滋賀縣大津市木戸1547-1
☎ 077-592-1155
🕐 平日及假日營業時間不同，請參閱官網
休 每年4月底～11月初
➡ 搭湖西線在志賀駅下車，出站後就可轉搭巴士15分鐘可到；巴士運行時間請參閱官網
http www.biwako-valley.com

像老鷹一樣滑翔在1,100公尺的高空上，俯瞰琵琶湖美景，不知道此時你的心情是開心還是緊張？首先搭乘高空纜車(ロープウウェイ)到達山頂進行報到手續，跟著教練按照順序著裝及滑翔練習，經過幾個不同的體驗行程累積經驗，最後一個就是要在1,100公尺的高度欣賞琵琶湖，不管大人或小孩都能在相當安全的防護下完成這個體驗，而進行體驗時的手套就是最棒的紀念品，快來試試吧！

❶翱翔在半空中欣賞琵琶湖美景
❷安全度相當高的著裝及體驗活動

推薦住宿

近年來前往京都觀光的遊客有增無減，因此推薦滋賀地區的住宿，建議大家可以自行選擇；在相同的住宿條件下，滋賀的價格相較於京都便宜，而且從滋賀前往京都的電車車程只要20分鐘，還比從大阪到京都近些，交通方便也是推薦考量的重點之一，建議大家可考慮以滋賀地區住宿來取代京都市區的住宿。

滋賀住宿建議

名稱	鄰近車站	官網
大津プリンスホテル	大津	www.princehotels.co.jp/otsu
レイアホテル大津石山	石山	www.reiahhotels.com/otsu-ishiyama
ホテルサンルート彥根	彥根	www.sunroute.jp/HotelInfo/kinki/hikone
アパホテル彥根南	彥根南	www.apahotel.com/hotel/kansai/01_hikone-minami
長浜ロイヤルホテル	長浜	www.daiwaresort.jp/nagahama
グリーンホテルYes近江八幡	近江八幡	www.gh-y.com

東橫INN米原駅新幹線西口

✉ 滋賀縣米原市米原西8
☎ 0749-80-0045
➡ 從京都駅搭乘新幹線19分到達米原駅，從西口出站徒步1分到達
🕐 Check in16:00，Check out10:00
http www.toyoko-inn.com

　　東橫INN是日本全國連鎖的飯店，最大特點是位置都在車站周邊，因此在交通環境跟生活機能都非常方便，位於米原駅西口徒步不到1分鐘的分店就是其中之一。無論哪間東橫INN都有提供簡單的免費早餐可食用，在官方網站訂房也相當方便，特別建議要申請會員，有會員資格的話住宿還能有一些折扣優惠、提早一小時辦理入住及提早六個月訂房，各分店都能共用這樣的服務，相當受到旅人們的喜愛。

Shiga

Hotel Boston Plaza 草津

✉ 滋賀県草津市草津駅西口ボストンスクエア内
📞 077-561-3311
➡ 從京都駅搭乘JR琵琶湖線新快速20分到達
JR草津駅，從西口出站徒步30秒即達
🚗 Check in15:00，Check out11:00
http www.hotel-bp.co.jp

　　在京都市區找不到飯店怎麼辦？建議你可以考慮搭電車20分鐘就能到達的Hotel Boston Plaza 草津，無論是交通及生活機能都相當方便，徒步1分就有A SQUARE購物商場，無論是藥妝店、衣物鞋類及生活雜貨都能得到滿足。如果要

安排滋賀旅遊的住宿地點，無論是前往琵琶湖西邊、近江八幡或彥根遊玩，住在這裡更是最佳選擇，房內空間其實不小，而且內部裝潢的非常有質感，相當適合帶著家人或情侶來住，早餐選擇性也相當多且豐盛，是值得推薦給大家的好飯店。

❶早餐選擇性相當多也很豐盛
❷早餐對旅人而言是相當重要的
❸客房空間不小且裝潢有質感

大阪

城市印象

購物及美食正同時窺伺你的荷包

如果要從頭開始講大阪的歷史，那得從一千多年前開始講起，不過由於大阪現代化的腳步相當快，所以它一直保持在很繁榮的狀態，並沒有因為時光流逝而被世人所遺忘。

大阪是座擁有許多風情的城市，相對之下也產生不少新舊文化及建築的衝突，在這裡能明確感受到時代的轉變，這個城市在經歷戰國時代的武士精神、明治維新的動盪混亂、二戰時期的空襲災難及阪神強震的摧毀衝擊，擺脫低迷而重生的大阪在日本仍保有相當重要的地位。

大阪心斎橋筋夜景

以兩旁種植許多銀杏樹著名的御堂筋

相較於京都、神戶等城市，大阪是相當商業化的都市，所以不論是跟團或自助，絕對是購物血拼的首選地，尤其以心斎橋、道頓堀地區最能滿足購買的欲望，多樣且道地的美食更是讓人流連再三，大阪燒、章魚燒、蛋包飯及串炸更是能滿足老饕們的口腹之欲，也難怪每個來到大阪的旅人都會感嘆荷包消瘦速度太快，因為購物跟美食都在窺伺你的荷包啊！

交通情報

關西機場⟷大阪

「歡迎來大阪」交通票券兌換券

從關西機場前往大阪市區可選擇JR、南海電鐵或利木津巴士等交通工具，但南海電鐵是背包客最常搭乘的，建議購買大阪出差票券(大阪出張きっぷ)，裡面有一張關西機場到難波站的特急ラピート單程車票與一張大阪市營地鐵一日券(可不同天使用)，對精打細算的背包客而言非常值得，車程約需40分鐘。搭利木津巴士可直接前往心斎橋地區而免去轉車及搬運行李的不便，車程約需65分鐘。等確認住宿飯店地區後再決定使用哪種交通工具。

大阪交通

有人說東京交通複雜，但大阪交通複雜程度絕不亞於東京，因為光大阪市營地鐵就有9條路線，還不包含通往其他地區的京阪、阪急、阪神及近鐵等不同的鐵道業者，強烈建議購買大阪周遊Pass(パス)來使用，除了能免費搭乘特定交通工具外，在不少景點的入場費用上也有折扣優惠，所以不僅能省下不少費用，在行程安排及交通規畫上就更有彈性，可減少因迷路而延遲的觀光時間。

車頭像機器人頭部的特急ラピート

交通資訊相關網站

- http 小氣少年：nicklee.tw
- http 京阪電車：www.keihan.co.jp
- http 南海電鐵：www.nankai.co.jp
- http 阪神電車：rail.hanshin.co.jp
- http 阪急電車：rail.hankyu.co.jp
- http JR西日本：www.jr-odekake.net
- http 利木津巴士：www.kate.co.jp
- http 大阪市交通局：www.kotsu.city.osaka.lg.jp
- http 大阪周遊Pass：www.pia-kansai.ne.jp/osp/ja

169

大阪 交通常用票券

⑤ 票券價格

Ⓜ 販賣地點

★ 推薦理由

大阪地鐵一日券

❶ 歡迎來大阪票(Yokoso Osaka Ticket)(台灣購買)
❷ 大阪出張きっぷ(日本購買)

⑤ ¥1,500 (或等值台幣)
此為特價優惠：約為原價的6.8折

Ⓜ 台灣：東南、雄獅旅行社
日本：關西空港車站(南海電車窗口)

★ ❶ 以上兩版的票券皆是從關西空港入境直達大阪的便宜套票，只是「大阪出張きっぷ」只能在日本購買，「歡迎來大阪票」則可以在台灣購買。

❷ 大量減少進入大阪市區的交通時間，若住在大阪郊區者，可於當天使用地鐵一日券移動至其他地區。

❸ 若住在心斎橋、難波等熱鬧地區者，移動機會不多，可考慮將一日券改用在其他日子。

備註：此為套票販售，包含：(一)Rapi:t特急券：關西空港到難波站(二)大阪市營地鐵‧巴士一日乘車券

大阪周遊卡一日券(正面)

◀ IN 大阪エリア　スルッと KANSAI

大阪周遊卡一日券(背面)

月日 時刻 乗車駅　利用

11.09.02 太局 4K495801

・大阪周遊パス有効区間
　大阪市営地下鉄、ニュートラム、バス全線
　近鉄線：大阪難波～今里間。
　　　　　大阪阿部野橋～矢田間
　南海線：大阪難波～天王寺間
　　　　　難波～今宮戎、難波～汐見橋、
　　　　　汐見橋～岸里玉出間
　京阪線：淀屋橋～千林間、中之島～天満橋間
　阪急線：梅田～十三間、三宮･梅田～宝塚間
　　　　　下新庄～神崎川～千里間
　阪神線：梅田～尼崎間、大阪難波～尼崎間
・有効区間外にご乗車の場合、継続駅からの運賃が
　別途必要です。　係員にお知らせください。

ご利用日

23年10月—1日から
24年—4月30日まで有効
当日限り有効　発売額　2000円

大阪周遊卡一日券(背面)

大阪周遊卡(大阪周遊パス)

Ⓢ 大阪地區一日券¥2,000；二日券¥2,700

Ⓜ ❶ 大阪市遊客指南中心(新大阪、梅田、難波、天王寺等4個地點)
❷ 關西空港 1F KAA旅遊服務處
❸ 部分飯店(Villa Fontaine心斎橋、Crossover Hotel、APA Hotel本町、ANA CROWNE PLAZA等等)

★ ❶ 享樂大阪最好最省錢的方式，除了包含一日免費的地鐵、巴士，還可以免費進入27個觀光景點(如：大阪城、大阪生活今昔館、天保山大摩天輪、大阪府咲洲庁舍展望台、通天閣、海洋時空館等等)、15個折扣景點及部分餐廳優惠。
❷ 只要進入3個以上的景點就已經物超所值，還可以在大阪港搭乘聖瑪麗亞號，絕對能讓你盡情地暢遊大阪，意猶未盡地想要再玩一天。

大阪海遊券(Osaka海遊きっぷ)

Ⓢ 大阪市內版：大人¥2,400；小孩¥1,100

Ⓜ 關西空港KAA、地下鐵站長室、市營交通案內所(新大阪、梅田、天王寺)、大阪市遊客指南中心(新大阪、梅田、難波、天王寺)

★ 想要到海遊館一睹海洋生物風采的人，這個票券是最適合你的，無論從大阪的哪個地區前往，都可以將交通費用全部省下，光是海遊館的門票就已經¥2,000，所以加上來回的車資一定超過¥2,400，晚上還可以前往其他地區，繼續探索大阪夜生活的迷人魅力。

(製表：Miko)

N

M 長堀橋

地下鐵堺筋線

堺筋

長堀通

堺筋

大阪府警南署

周防町筋

大阪富士屋ホテル

美松ビル

ダイコクドラッグ

長堀通

Cartier
LOUIS VUITTON
CHANEL

ZARA

オーエスドラッグ
四天王拉麺

笠屋町筋

心斎橋筋

UNIQLO

香川県ビル

HARBS
(大丸百貨北館B1)

大丸心斎橋店本館

DHC

明治軒

Krispy Kreme Doughnuts
aimer feel
Disney

笠屋町筋

BODY LINE

日航大阪ホテル

地下鐵御堂筋線

M 心斎橋

御堂筋

心斎橋OPA

東京三菱

御堂筋

PABLO
コクミン

大丸心斎橋店南館

松本清
UNIQLO
不二家

一蘭拉麺

松本清
激安殿堂

一蘭拉麺

PABLO

H&M

金のとりから

BIG STEP
アメリカ通

gram

Seika
Bershka

ZARA
MISCH MASCH

Hannari & Pet Paradise

關西旅遊信息
服務中心

大阪帝國ホテル

北極星

わなか

阪神高速1號環狀線

Blue Wave Inn
四ツ橋
四ツ橋通

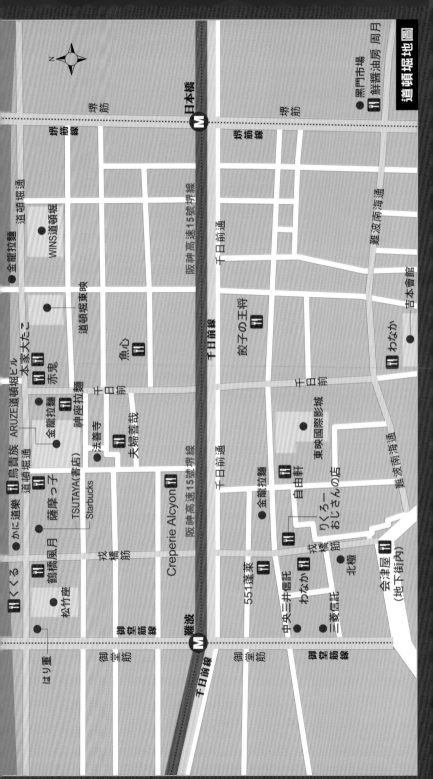

道頓堀地圖

● 黑門市場
● 鮮醬油房 周月

堺筋

堺筋線

日本橋 Ⓜ

堺筋

堺筋線

道頓堀通
道頓堀通

WINS道頓堀

● 金龍拉麵

道頓堀東映
● 道頓堀東映

千日前通

難波南海通

阪神高速15號堺線

赤鬼
本家大たこ
ARUZE道頓堀ビル

魚心

金龍拉麵
神座拉麵

千日前

法善寺
夫婦善哉

餃子の王将

千日前線

東映國際影城

吉本會館

わなか

千日前通

道頓堀川
鳥貴族
かに道樂

鶴橋風月
薩摩っ子

TSUTAYA(書店)
Starbucks

戎橋筋

Creperie Alcyon

阪神高速15號堺線

金龍拉麵

千日前

自由軒

りくろーおじさんの店

難波南海通

くくる

松竹座

はり重

御堂筋

御堂筋線

難波 Ⓜ

千日前線

御堂筋

御堂筋線

551蓬萊

中央三井信託
わなか
三菱信託

戎橋筋

北極

会津屋
(地下街內)

173

北浜地圖

肥後橋 M
四つ橋線
四つ橋筋

御堂筋
淀屋橋 M
淀屋橋 M
京阪本線
御堂筋線
御堂筋
美々卯

土佐堀通

北浜 M
京阪本線
北浜 北浜レトロ
五感 北浜本館 北浜 M
堺筋
堺筋線
Le bois
阪神高速1號環狀線
FOCE

港區地圖

日本環球影城
阪神高速5號灣岸線
地下鐵中央線

難波美食横丁
会津屋
自由軒
天保山大觀覽車
海遊館
聖瑪麗亞號
大阪港 M

大阪港咲洲隧道
地下鐵中央線

阪神高速6號灣岸線

コスモスクエア M

トレードセンター前 M
大阪府咲洲庁舎展望台

5

熱門景點

大阪城

見證豐臣秀吉的興衰成敗

✉ 大阪市中央區大阪城1-1
📞 06-6941-3044
🕐 09:00〜17:00
💲 ¥600，國中生以下免費
➡ 搭乘大阪市鐵中央線在「谷町四丁目駅」下車從9號出口出站徒步7分鐘
http www.osakacastle.net

在西の丸庭園內拍攝的大阪城

它是大阪著名的觀光景點及重要地標之一，高達20公尺的城牆及主體的壯觀程度，是日本所有古城都無法與它相比，與其說它是一座城堡，不如說是一座博物館，現在的大阪城雖已重新建造及整修，仍不損它在日本歷史中的地位。在樓頂的展望台距離地面有50公尺高，所以環顧四周都有不錯的視野。由於這裡是豐臣秀吉的居城，因此城裡也展示了不少秀吉的物品及歷史資料。喜歡日本戰國歷史的人絕不能錯過這裡。

豐國神社

祭拜豐臣秀吉，祈求武運昌隆

✉ 大阪市中央区大阪城2-1
📞 06-6941-0229
💲 免費
➡ 搭乘大阪市鐵中央線在「谷町四丁目駅」下車從9號出口出站徒步7分鐘
http www.apsara.ne.jp/houkoku

給人感覺瘦小的刻板印象。想祈求步步高升、息病消災都能來此參拜，而可愛小學生書包外觀的交通安全御守及祈求勝利的勝御守都是特別的御守。在神社旁還有一座名為「秀石庭」的枯山水式庭園可供參觀。

神社前立著一座豐臣秀吉的銅像

大阪城旁有座祭祀「豐國大明神」(豐臣秀吉)的豐國神社，相較於人聲鼎沸的大阪城，反而給人一種較為神祕氣氛。鳥居前方立著一座豐臣秀吉的銅製人像，充滿氣勢的站姿完全顛覆以往在歷史劇中

大阪生活今昔館
大阪くらしの今昔館

盡顯大阪新舊風情

✉ 大阪市北區天神橋6-4-20 8～9樓
📞 06-6242-1170
🕐 10:00～17:00，每週二及第三個週一休館
💲 ¥600
➡ 搭地鐵谷町線、堺筋線、阪急線在「天神橋筋六丁目」駅下車從3號出口徒步1分鐘
🌐 house.sumai.city.osaka.jp/museum/frame/0_frame.html

交通方便的大阪生活今昔館並不是屬於熱門景點，但裡面的陳列品卻可以讓遊客暸解大阪的發展歷史、體驗大阪的人文風情，是一座非常有特色的博物館，服務台有中文版簡介可以索取，而一旁也販賣充滿古早味的明信片、糖果及玩具等物品。

9樓有今昔館最著名的町家街道模型，把江戶時代大阪老街的面貌收藏在占地1,100平方公尺的空間裡，街道兩旁的藥店、玩具店、布店、書店及一般住家都保留了當初原貌，挑高的天花板會隨著時間的變化而有白天夜晚的差異，有時還會出現雷聲跟雨聲

❶町家街道模型全景
❷街道模型裡店家商品

做得唯妙唯肖的小狗模型

呢！如果仔細觀察的話，還能看到屋頂上的貓咪跟巷子裡的小狗正在嬉戲著。

8樓展示的是近代生活用品及大阪的演變史，利用多媒體及聲光效果加上唯妙唯肖的等比例縮小模型，以生動的方式呈現明治、大正、昭和等不同時代的變化，讓遊客能在最短時間內吸收，彷彿穿越時光隧道般的身歷其境。

通天閣

大阪的巴黎鐵塔

📧 大阪市浪速區惠美須東1-18-6

📞 06-6641-9555

🕐 09:00～21:00

💲 大人¥600、高中生跟大學生¥500、國中生¥400、滿5歲以上¥300

➡️ 搭乘JR環狀線、地鐵御堂筋線在「動物園前駅」下車徒步10分鐘或搭地鐵堺筋線在「惠美須町駅」下車徒步4分鐘

🌐 www.tsutenkaku.co.jp

新世界地區夜間街景

外表模仿巴黎艾菲爾鐵塔的通天閣是大阪新世界代表性地標，但在二戰期間因戰爭因素而損毀，現在的通天閣是由當地居民重建而成的「二代目」。由於周邊建築並非高樓大廈，因此位在91公尺高的展望台仍有不錯的視野。在展望台裡供奉有名的幸運福神(BILLIKEN)，聽說只要摸摸它的腳底，願望就能夠成真。

新世界地區周邊晚上其實很熱鬧，因為聚集了不少炸串店，另外還有麻將館、將棋館、藥妝店及立食小吃店，而店家也會在店門口擺放著幸運福神像或是販賣相關產品。建議避免深夜在此出沒並注意安全。

旅行小抄

從頂端燈號看天候

通天閣頂設有天氣預報的燈號，使用2盞燈及3種不同顏色搭配出9種不同的組合，當入後夜後燈光亮起時，附近居民就可以依據燈號得知明天天氣如何。基本上白色代表晴天、橘色是多雲、藍色是雨天。

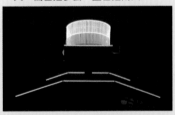

記得幫幸運福神搔腳底

據說因為幸運福神(BILLIKEN)的手太短，所以無法自己搔腳底，因此如果來幫忙搔腳底的人能實現願望、帶來好運，所以來通天閣參觀的都會順便替它搔腳底，也讓它成為新世界的名物。

店家販賣幸運福神(BILLIKEN)的周邊商品

在新世界隨處可見幸運福神(BILLIKEN)

世界大溫泉
Spa World

全天候開放的主題式溫泉

✉ 大阪市浪速区惠美須東3-4-24

📞 06-6631-0001

🕐 溫泉區為24小時開放,其他區域及商店開放時間請洽官網

💲 大人(12歲以上)平日3小時¥2,400、一日券¥2,700(假日各加¥300);小孩平日3小時¥1,500、一日券¥1,500(假日各加¥200)

➡ 搭乘地鐵堺筋線於「動物園前駅」下車從6號出口徒步3分鐘或搭地鐵御堂筋線於「動物園前駅」下車從1號出口徒步3分鐘

http www.spaworld.co.jp

Spa World的門口看起來像是來到百貨公司

　　這裡是在大阪市區難得一見的大型溫泉設施。由於營業時間長,館內能使用的溫泉及娛樂設施豐富,無論大人小孩都同時能得到滿足,所以相當受到當地人及觀光客喜愛,是一座多功能溫泉主題樂園。

　　在這棟建築物裡有8層樓是開放營業,溫泉區主要分成亞洲及歐洲兩個區塊,讓人彷彿置身異

國,但必須注意這兩個區是裸湯,因此是採每月男女互換入浴制度,所以建議請先到官網確認更替時間,這裡也有小朋友喜歡的歡樂游泳池、水上溜滑梯、露天風呂可使用,但必須穿著泳裝及戴泳帽才能下水。

　　館內也同時提供了住宿區、美食區、健身區、電玩區,使整個園區的功能變得更加齊全,即使在裡面待整天也不怕無聊。

入館券販賣機及入館門票價格

巨大的建物外觀讓人好奇裡面有多少設施

天保山大觀覽車

巨大摩天輪盡賞周邊風光

✉ 大阪市港區海岸通1-1-10
📞 06-6576-6222
🕐 10:00～22:00
💲 ¥700
➡ 搭乘大阪市鐵中央線在「大阪港駅」下車徒步5分鐘
🌐 www.kaiyukan.com/thv/ferriswheel
🗺 P.174下

高度有112.5m、直徑100m的天保山大觀覽車,它是目前世界上最大等級的摩天輪(凡摩天輪直徑超過100M以上,都算是世界最大等級),也是大阪港區的地標之一,雖然現在已經不是世界第一大,但仍無法動搖它在摩天輪界裡的地位,總共有60個車廂供遊客搭乘。由於周邊並無高樓,因此有不錯的視野,能看到關西機場、通天閣及市區大廈群,車廂內玻璃窗上方都有貼各方位的景點貼紙,讓乘客可以享受15分鐘的悠閒時光。

一走出地鐵站就能看到雄偉的大觀覽車

旅行小抄

天保山大觀覽車顏色也可觀天候

如果想知道明天天氣如何?看大觀覽車霓虹燈顏色就知道!每半小時報時結束就會出現天氣預報的霓虹燈,如果是紅色就是晴天、綠色就是陰天、藍色就是雨天,請問大家明天大阪天氣如何呢?

從這裡走上樓梯就能到達搭乘摩天輪的月台

海遊館

全世界No.1水族館

✉ 大阪市港區海岸通1-1-10
📞 06-6576-5501
🕐 10:00～20:00
💲 大人¥2,000，小孩¥900
➡ 搭乘大阪市鐵中央線在「大阪港駅」下車徒步5分鐘
http www.kaiyukan.com
MAP P.174下

　　用「世界上最大的水族館」來形容大阪天保山海遊館一點都不為過，因為在這棟8層樓高的建築物

裡總共容納了15個大型展示水槽，從8樓開始以太平洋水槽為中心，呈螺迴旋狀慢慢向下移動，而周邊其他水槽同時展示著環太平洋各地區的海中生態，喜歡觀察海中生物的絕不能錯過這裡。在服務台有中文語音導覽系統可供租借，每次費用是¥300，也有中文簡介可以取用，所以不用擔心參觀時會有語言理解上的困難。

旅行小抄

冬季燈祭美不勝收

每年11月初開始到隔年2月中，海遊館會在館外的廣場舉辦冬季燈祭，高達22公尺的巨大聖誕樹使用了9萬顆的LED，燈光變化搭配悅耳音樂的完美演出，令人印象深刻。而入口前階梯上也用近11萬顆LED表現出鯨鯊及其他魚類在海裡遨遊的樣貌，栩栩如生更讓人嘆為觀止。

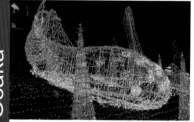

使用LED燈製作的燈飾看起來栩栩如生

難波美食橫丁
なにわ食いしんぼ横丁

遊玩海遊館的糧食補給站

美食橫丁入
口處的裝飾

✉ 大阪市港区海岸通1丁目1-10
☎ 06-6576-5501
🕐 11:00～20:00
💲 免費
➡ 搭乘大阪市鐵中央線在「大阪港駅」下車徒步5分鐘，在天保山Market Place 2樓
http www.kaiyukan.com/thv/marketplace/kuishinbo
MAP P.174下

代表大阪口味的名店聚集，裡面還設有占卜館幫人算命呢！

商場內雖然已經有美食廣場，但仍吸引不少愛好美食的遊客來這裡用餐，如果沒時間在大阪市區內跑透透這些名店，不如來此一網打盡。

橫丁內的下町街道一景

它位在海遊館旁天保山Market Place 2樓的一角，是個讓來海遊館遊玩的旅客能大快朵頤的主題區，內部重現了大阪萬博時期的下町街道，幾個大阪的人氣店家在這都有分店；北極星的蛋包飯、會津屋的章魚丸子、自由軒的咖哩飯等，總共有近20家足以

大阪府咲洲庁舎
展望台
Cosmo Tower

賞夜景、約會的好去處

使用大阪周遊卡
可免費前往參觀

✉ 大阪市住之江区南港北一丁目14番16号55樓
☎ 06-6615-6055
🕐 平日13:00～22:00，假日11:00～22:00
💲 大人(高中生以上) ¥500，國中生以下¥200
➡ 搭乘大阪市鐵中央線在「コスモスクエア駅」下車徒步7分鐘
http www.wtc-cosmotower.com
MAP P.174下

這棟大樓是大阪府咲洲庁舎所在地，除了有公司行號、購物商場、餐廳外，在55樓還有西日本最高的展望台，無論白天或夜晚都有不錯的視野。搭著透明電梯很快就到達52樓，再改搭手扶梯到展望台樓層，走出展望台迎面就能看到壯麗美景，建議可以傍晚來此看日落及天保山、大阪市區的夜景；如果是單身來參觀請準備好能阻擋閃光的墨鏡，因為展望台內還設置了一個個的情人座，從白天到晚上都有絡繹不絕的情侶來此約會。

從展望台看到的大阪港夜景

181

聖瑪麗亞號
大阪港觀光船－サンタマリア號

─────────────────

繞大阪港或夜航皆很讚

─────────────────

✉ 大阪市港區海岸通1-1-10
📞 06-6942-5511
🕐 11:00～17:00，夏天延長到18:00
💲 ¥1,600
➡ 搭乘大阪市鐵中央線在「大阪港駅」下車徒步5分鐘
http suijo-bus.jp/cruise/santmaria.aspx
MAP P.174下

船上載著不少觀光客正在做港內導覽

　　哥倫布發現新大陸所搭乘的聖瑪麗亞(サンタマリア)號帆船在大阪重現？原來這是仿照原船放大兩倍建造的大阪港遊覽船。中世紀西班牙帆船外觀在大阪港裡航行時相當引人注意。現有一般白天45分鐘繞大阪港一圈的體驗及夏天90分鐘夜航，如果預算充足，還能在船上享受美食，不過夜航及美食都是採預約制，請提早預約。搭船地點在海遊館旁的碼頭，自上午11點到下午4點，平均每小時都會有一個航班供遊客搭乘。

旅行小抄

航班時刻常有異動，須留意
由於聖瑪麗亞號每季航班時間都會更動，建議訂定旅遊計劃時請先到官網確認航班時間，以免影響後續行程安排。

聖瑪麗亞號正在大阪港內行駛，背景是海遊館跟大觀覽車

重遊大阪，比想像中精采豐富

有別於京都及奈良緩慢的生活步調，回到大阪就是回到都市的生活，急促的步調讓我並不是很喜歡大阪這個城市，所以對它的印象一直停留在美食及購物天堂，利用這次替旅遊書取材的機會再度來到大阪，卻發現它真的比三小a想像中的還要有趣，事實上大阪市區內還是有不少景點可以參觀，而在持有大阪周遊パス的狀況下，有些景點甚至還可以免費入場呢！

我推薦海遊館、大阪府咲洲庁舎展望台及大阪生活今昔館都值得一遊，這都是團體旅遊及多數背包客較少來的景點，如果帶著小朋友來更是適合，因為這些景點都很有趣，也可以趁這個機會增加一下自己的知識，或許小朋友還會玩到捨不得離開呢！記得把三小a介紹的景點給排入行程中吧！

關西旅遊信息服務中心

旅人們最佳的旅遊資訊補充站

✉ 大阪市心斎橋筋 2-5-1 TOMMY HILFIGER 心斎橋店 3F
☎ 06-6214-5370
🕐 11:00～19:00
💲 免費
➡ 搭乘大阪地鐵在「難波(なんば)駅」下車後徒步7分鐘
🌐 www.tic-kansai.jp
MAP P.172

不想在關西機場旅遊服務中心跟著大家排隊嗎？2014年12月才剛開幕的關西旅遊信息服務中心就位於心齋橋，從著名的glico跑跑人招牌徒步1分鐘即可到達，在

關西旅遊信息服務中心的外觀

這邊隨時都有會說中文的服務人員

服務台設有多國語言視訊諮詢的平板

這提供的服務跟機場的相似，除了販賣大阪周遊券、近鐵Pass、阪急一日券及關西周遊券(KTP)等相關票券，也可以在這邊提出租車申請，另外還有行李暫時寄放、行李宅配、免費列印資料及熱點上網的服務，如果腳痠了，不妨來這裡休息吧！

聖瑪麗亞號、關西旅遊信息服務中心

日清泡麵的發展歷史

日清泡麵
發明紀念館

快來製作自己的專屬杯麵吧

✉ 大阪府池田市滿寿美町 8-25
📞 072-752-3484
🕐 09:30～16:00
$ 免費
➡ 搭乘阪急電車寶塚線在「池田駅」下車，從「滿寿美町」出口徒步約5分鐘
http www.instantramen-museum.jp

日清泡麵發明紀念館外觀

總共有多達5,460種的湯頭配料組合

　　相信大家對於日清泡麵應該不會太陌生，畢竟你有可能從小就在便利商店裡見過它的泡麵商品，如果說橫濱杯麵博物館是旗艦店的話，那位於大阪池田市的泡麵發明紀念館就是本店了，因為發明者安藤百福讓日清拉麵從池田市開始發跡，並將小雞拉麵(チキンラーメン)發揚光大，也因此有不少人會來朝聖一番。

　　紀念館裡主要分成幾個區域，分別是日清泡麵的起源、泡麵歷史及泡麵牆、影片觀賞空間、賣店及能現場大快朵頤的體驗區(需付費)，而最主要的DIY區絕對是最受歡迎的，裡面有需要事先預約的麵條製作區，及不需預約即可製作專屬杯麵的「My Cup Noodles Factory」，在杯子外部畫上自己想要的圖案及文字，而4種湯頭(擇1)、12種配料(擇4)總共能產生出5,460種不同的組合模式，這裡也是來大阪旅遊的熱門景點之一。

能在太空中食用的日清泡麵產品

特色餐飲

黑門 浜藤

來享受一下河豚大餐吧

- 💲 ¥5,500
- ✉ 大阪市中央区日本橋1-21-8
- ☎ 06-6644-4832
- 🕐 11:00～22:00
- 休 無
- http www.hamatou.jp

有不少人來大阪會選擇享用讓人又愛又怕的河豚料理，在黑門市場也有不少販賣河豚料理的店家，而「浜藤」則是眾多河豚料理的代表店家之一，掛在店外的紅色大燈籠也成為容易辨別的目標，「浜藤」原本是販賣河豚的商家，後來才開始在店內提供河豚料理。

如果是第一次吃河豚料理，建議可以點選入門款的「浜」，

河豚火鍋分量相當充足

炸河豚肉相當讓人垂涎欲滴

有涼拌河豚皮當前菜、河豚生魚片、炸河豚肉、河豚火鍋及最後的雜炊粥，整個套餐吃起來屬於清淡口味，但每一口都能吃得出河豚的美味，也難怪這麼多老饕都無法抗拒河豚料理，果然是「拚死吃河豚」！

浜藤門口有個紅色大燈籠辨識度高

知 識 充 電 站

料理河豚也有執照

河豚在日本可以算是高級食材，處理河豚可得具備快、狠、準的刀工，而且還得擁有專門執照才能料理河豚，河豚的內臟有致人於死的能力，宰殺時必須很快處理完畢，以免這些毒素滲透到其他部位。想取得河豚料理證照也不是件簡單的事，得在合格的河豚廚師指導下，從事河豚處理相關工作兩年以上才能取得考試資格，即使考試合格取得執照也只有在取得執照的縣有效，如果想到別的縣去工作得另外提出申請或接受講習。

北極星

蛋包飯、炸牡蠣都是好吃首選

- **$** ¥800
- **✉** 大阪市中央区西心斎橋2-7-27
- **☎** 06-6211-7829
- **⏰** 11:30〜21:30 (最後點餐21:00)
- **休** 無
- **http** www.hokkyokusei.jp
- **MAP** P.172

「北極星」是蛋包飯最初的發源地，不過它的位置並不好找，所以請小心別繞錯巷子了。由舊平房改建的本店有著濃濃的古早味，在四周都是大樓的對比下顯得很突兀，由於內部採用榻榻米，所以別忘了入店後得脫鞋，店家也貼心替客人準備了可以上鎖的置鞋櫃，將鞋子放入櫃子後關門，並將寫著號碼牌的小木牌抽起來即上鎖。

店內主食都是以蛋包飯為主體，由於菜單上有簡體中文可對照，所以不會因看不懂而無法點餐。鬆軟薄嫩的蛋皮包著已先處理過的番茄炒飯及食材，而食材方面有牛、豬、雞、蝦等不少選擇，再將店家特製的醬料淋在蛋皮上，真是讓人垂涎欲滴，再點些炸雞、牛肉餅來嘗鮮更下飯，特別要推薦炸牡蠣，酥脆外皮及鮮美內餡更讓人難忘。喜歡吃蛋包飯的人如果來到大阪，一定要將「北極星」安排在行程裡朝聖一下，櫃台旁也陳列了蛋包飯醬料讓人選購，喜歡的就買一罐帶回家吧！

❶蛋包飯淋上獨家醬料真是一級棒
❷新鮮的炸牡蠣入口可要小心燙口
❸北極星本店外觀
❹在櫃台旁販賣的蛋包飯醬料

自由軒

招牌咖哩飯抓住老饕的心

S ¥800
大阪市中央区難波3-1-34
06-6631-5564
11:20～21:20
休 週一
http www.jiyuken.co.jp
MAP P.173、174下

店內的名物：カレー

流口水了嗎？點一份來享用吧

開業超過100年的自由軒可以算是大阪第一家洋食料理老店，提供便宜及特殊作法的咖哩飯給客人，經過這麼多年，店內的「名物カレー」仍然是最火紅的招牌菜色，也難怪旅遊書及網路食記總是能看到這家店的存在，坊間吃的咖哩幾乎都是使用白飯淋上咖哩醬，吃起來總無法讓每粒飯上都能沾到咖哩，而自由軒招牌咖哩飯是直接將咖哩與飯拌勻，並在飯中間的凹陷處放入一顆生雞蛋的獨特風格而聞名。

咖哩味相當濃郁且帶有辣度，吃起來其實滿過癮的，而將桌上特製醬汁淋在生雞蛋周邊後再拌飯來吃，這是自由軒最道地的吃法。自由軒雖然有一家本店跟三家分店，但老闆為了不想祖傳祕方外流及破壞傳統風味，因此咖哩汁每天都由本店統一烹煮後送到各分店去販售，所以想吃自由軒咖哩飯的老饕只有來大阪才吃的到喔！

鶴橋風月

怎能不吃道地大阪燒

- 💲 ¥1,000
- ✉ 大阪市中央区道頓堀1-9-1
- 📞 06-6212-5990
- 🕐 11:00～02:00
- 休 無
- http www.ideaosaka.co.jp
- MAP P.173

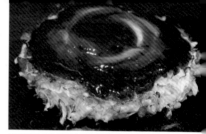
塗了醬汁後在鐵板上滋滋作響的大阪燒

鐵板溫度相當高，請保持距離

雖然大阪有不少美味的大阪燒（お好み焼き）店家可以選擇，但以觀光客的角度來看還是以「鶴橋風月」為首選，分店多且營業時間都到深夜，如果碰到不懂日文的客人，還能提供中文版的菜單，原則上烹調全程都會有服務人員來處理，即使完全不知道怎麼動手也可以輕鬆享受美食，有帶小朋友的請注意安全，畢竟鐵板是很燙的。

夫婦善哉

越吃越甜蜜的紅豆湯

- 💲 ¥800
- ✉ 大阪市中央区難波1-2-10
- 📞 06-6211-6455
- 🕐 10:00～22:30
- 休 無
- http www.sato-restaurant-systems.co.jp/zen_shop
- MAP P.173

一份夫婦善哉有兩小碗，情侶及夫妻一定要點來吃

如果是夫妻或是情侶來到大阪，安排到「夫婦善哉」來吃碗

夫婦善哉店家外觀

紅豆湯圓應該是再好不過了，應該會有人覺得奇怪，菜單上的照片明明寫著一人份為什麼會有兩碗呢？因為據說將一人份的量分裝在兩個碗裡，兩個人一起享用的話感情會越來越好。紅豆吃起來鬆軟不過爛，但對不喜歡甜食的人而言會有點無法接受，除了紅豆湯圓外還會附上鹽昆布讓人配著吃，不習慣這種搭配法的就喝熱茶來解紅豆湯的甜膩。

拉麵特輯

薩摩っ子

蹄膀叉燒拉麵加大蒜，三小a大推

S ¥850
✉ 大阪市中央区道頓堀1-8-26
☎ 06-6212-1012
⊕ 11:00〜04:00
休 無
MAP P.173

在道頓堀這個拉麵激戰區中，「薩摩っ子」並不是人氣最火紅的拉麵店，但好吃程度絕不輸給其他名店，這也是一家讓老饕們推薦前往嘗鮮的好地方，雖然店家招牌不小，不過由於角度的關係常被來往的人群所忽略。進入店內就能看到掛在櫃台上那塊細數吃大蒜好處的牌子。而店裡有中文對照菜單，菜單下方還特別寫著一行「本店拉麵放蒜好吃」的字。

使用豬跟雞所熬煮的湯頭聞起來香味四溢，加上濃郁的蒜更讓人食指大動，店家特製的叉燒更是一絕，將一大塊蹄膀肉炸過後再切片放在麵上，吃起來的口感可說是入口即化且讓人驚豔，

而大蒜系的湯頭加上好吃的蹄膀肉十分對味，麵條像是略硬的油麵，強烈建議多加點蒜更佳，喜歡清淡口味的可能會覺得過鹹，但喜歡重口味的絕不能錯過。

❶ 薩摩っ子的店家外觀
❷ 叉燒的口感相當有咬勁
❸ 店家特製的蹄膀叉燒

拉麵特輯

一蘭拉麵

全年不打烊，想吃宵夜就來這

💲 ¥800
✉ 大阪市中央区宗右衛門町7-18 1F
📞 06-6212-1805
🕐 24小時
休 無
http www.ichiran.co.jp
MAP P.172

❶一蘭拉麵的美味讓大家有目共睹
❷拉麵跟叉燒的口感搭配起來真的很棒

　　來自福岡的一蘭是這幾年竄紅的拉麵店，店內的陳設裝潢及用餐方式是最大賣點，牆上設置的「空席案內板」能讓客人知道店內目前空位的狀況，用餐區使用一格格的私人小隔間，就算旁邊坐陌生人也能不顧形象大快朵頤，相當受到注意隱私的女性顧客喜愛。

　　店家為了讓客人都能吃到自己喜歡的拉麵口感，還準備了客製化拉麵設定單，不懂日文的朋友也可以跟店員拿中文版來寫，個人特別建議一定要多加蔥(ねぎ)，這樣吃起來味道更香。有著濃郁香氣湯頭搭配有嚼勁的細麵真是讓人讚不絕口，不知不覺中就能

吃完一整碗，尤其它是24小時全年無休營業，所以半夜肚子餓想吃消夜時就是很不錯的選擇，無論什麼時候都能來一碗熱呼呼的美味拉麵，真是一種最高的享受。

店內有簡體中文菜單就算不懂日文也能享受美味

每個來吃的客人都有能保留隱私的小空間

神座拉麵

関西拉麵代表店

💲 ¥600
✉ 大阪市中央区道頓堀1-6-32
📞 06-6213-1238
🕐 11:00～07:00
休 無
http www.kamukura.co.jp
MAP P.173

「神座」是足以代表關西的拉麵名店之一，相較於其他拉麵店，神座在配菜選擇種類較多，但幾乎都得加價。店內最火紅的「美味拉麵」(おいしいラーメン)使用祕方醬油及大量蔬菜熬煮的甘甜湯頭是一大特點，看起來油膩但喝起來清爽的湯底很不賴，味道其實有點像「大滷麵」，而麵條採用的是屬於較硬的麵身，但店家還提供用春雨來代替麵條的春雨拉麵可選擇。票券機也有中文說明，一樣不用擔心看不懂日文而無法點餐。

❶ 使用大量蔬菜熬煮的湯頭喝起來清爽不油膩且有甜味
❷ 千日前店的外觀，這裡是觀光客最常光臨的分店
❸ 半肥半瘦的叉燒口感很軟嫩
❹ 拉麵票券販賣機，拉麵跟小菜都能在這裡購買票券

鮮醬油房 周月

加量不加價、口味特別沾蕎麥麵

- $ ¥800
- ✉ 大阪市中央区日本橋2-10-4
- ☎ 06-6643-9377
- ⏰ 11:00～22:00
- 休 無
- MAP P.173

許多人到了黑門市場，大多會被市場內琳瑯滿目的美食給吸引視線，無論是海鮮、牛肉、咖哩、河豚或甜點，真的是會讓人看到目不轉睛。位在黑門市場外也有一間三小a推薦的「周月」可以去試試看，雖然店裡有賣拉麵，不過最著名的還是沾蕎麥麵(つけそば)，麵條都是由店家自製而成，所以除了店內烹煮外，還有單獨販賣生麵條讓人帶回去

煮；要內用的朋友，購買票券前要先看門口擺放的樣品決定要多少麵量，拉麵固定是180g，而沾蕎麥麵(つけそば)有200g、300g、400g及500g等4種份量能選擇，而且都不用再加價。

咬起來Q彈的麵條相當厚實，讓人留下深刻的印象，首先在不沾任何醬汁下，品嘗它最原始的味道，接下來再將麵條浸入店家特製醬汁中食用，雖然醬汁看起來似乎相當油膩，不過吃起來卻很爽口，吃完之後再請店家加入熱湯，即使加了湯喝起來味道還是很濃厚；下午3點前來的話，還能享用原本要付費的沙拉吧，顛覆麵店沒蔬菜可吃的刻板印象。

❶ 無論麵條或醬汁都很特別的沾麵
❷ 位於黑門市場旁的店家外觀
❸ 大胃王最喜歡的麵條加量不加價

Creperie Alcyon

内用、外帶都美味的可麗餅

$ ¥1,000
✉ 大阪市中央区難波1-4-18
☎ 06-6212-2270
🕐 星期一～五11:30～21:30，星期六11:00～21:30，星期日、假日11:00～21:00，請於時間內點餐
休 無
http www.anjou.co.jp/shop/crepe/
MAP P.173

拐進小巷裡看到可愛黃色3層洋房，是Creperie Alcyon給人家的第一印象，2樓插著法國國旗會讓人誤以為身在歐洲。雖然店內也有美味的料理，不

相當可愛的黃色店家外觀

過讓三小a推薦的是可以外帶食用的可麗餅，畢竟在這邊最著名的就是可麗餅，尤其是用法國中西部エシレ(ECHIRE)村生產的奶油及砂糖製作而成的「フランスエシレバターとお砂糖」是人氣餐點，吃起來鹹鹹甜甜的口感，讓人暫時忘卻了高熱量的煩惱。

鳥貴族

便宜划算的烤雞肉串店

$ ¥1,500
✉ 大阪市中央区道頓堀1-6-15ドウトンビル3F
☎ 06-6213-3003
🕐 17:00～05:00(最後點餐04:30)
休 無
http www.torikizoku.co.jp
MAP P.173

鳥貴族是一家日本連鎖的烤雞肉串店家，最主要集中在關東及關西地區，在大阪市區就有將近90家分店，是相當受到歡迎的店家，鳥貴族所有店家的雞肉都是使用日本國產雞肉，最大噱頭就是無論雞肉、牛肉、豬肉及飲料

讓人垂涎欲滴的烤雞肉串

等商品通通均一價¥280(未稅)，看著菜單上每樣餐點都讓人垂涎欲滴，真不知道如何選擇才好，加上營業時間都到很晚，所以即使半夜嘴饞也不怕沒有東西吃，記得找一下住宿的飯店附近有沒有鳥貴族的分店吧！

193

PABLO

熱量高也必吃半熟起司蛋糕

S ¥850
✉ 大阪市中央区心斎橋筋2-3-16
☎ 0120-398-033
🕐 11:00~22:00
休 不定休
http www.pablo3.com
MAP P.172

內用時店家還會搭配冰淇淋給客人食用

這兩年造成不小轟動的PABLO，是源自大阪梅田的甜點店，也是不少電視節目爭相報導的人氣店家，如果想買還得排隊才吃的到。PABLO是起司蛋糕專賣店，除了供應固定口味的起司蛋糕外，還推出期間限定及特定分店限定的口味，半熟口感吃起來相當特別，難怪受到許多人的喜愛，如果不喜歡蛋糕，架上販賣的千層酥也是人氣伴手禮。

りくろーおじさんの店

有微笑老爺爺陪伴的起司蛋糕

S ¥650
✉ 大阪市中央区難波3-2-28
☎ 0120-57-2132
🕐 09:00~21:30(最後點餐21:00)
休 無
http www.rikuro.co.jp
MAP P.173

無論何時來光顧都能看到有人在店外排隊，這就是老爺爺起司蛋糕的強大魔力，搖鈴聲響起，隨之而來的就是蛋糕香味，代表此時有蛋糕出爐了，店家還會把微笑老爺爺的圖案烙印在蛋糕上。咬起來鬆軟的起司蛋糕無論是冷熱都有不錯的口感，濃濃的起司及雞蛋香都讓人忍不住再三回味，最下面的葡萄乾也搭配得恰到好處，是來大阪必吃必買的伴手禮。

店員正在幫起司蛋糕烙上老公公的圖案

gram

口感綿密、限量供應的美味鬆餅

💲 ¥1,000
📧 大阪市中央区西心斎橋2-10-31 YONEZAWA アメリカ村ビル2F
📞 06-6484-0303
🕐 11:00～21:00
休 不定休
http www.cafe-gram.com
MAP P.172

日本鬆餅店其實不少，但源自於大阪心斎橋的gram，是許多觀光客或當地年輕人慕名而來的名店之一。gram既是咖啡店也是鬆餅專賣店，有不少種類鬆餅可以選擇，但人氣最高還是プレミアムパンケーキ(Premium Pancake)，由於製作需耗時30～40分，因此

吃鬆餅最難抗拒的就是把糖漿倒下去的剎那

每天只有3個時段供應，且每個時段只供應20份，更讓人期待它的美味；口感相當綿密的鬆餅，無論搭配上方的鹹奶油、一旁的手打鮮奶油或淋上楓糖漿都很好吃。

金のとりから

現炸雞柳一口接一口

💲 ¥250
📧 大阪市中央区難波1-5-12
📞 090-7556-6972
🕐 平日12:00～22:00，假日11:00～22:00
休 無
http www.shimanaka.co.jp/contents.php?id=97
MAP P.172

炸成金黃色的雞柳條讓人食指大動

在日本臨時嘴饞想吃炸雞，但又不想花太多錢的時候怎麼辦？「金のとりから」應該是你最好的選擇，這是一家雞肉加工公司旗下的品牌，黃色小雞舉著「金から」的三角旗是最顯眼的標誌，講求的就是好吃及便宜，推薦可以點一份雞柳條(とりから)來吃，而最大的特色就是有近10種不同口味沾醬自由取用，一字排開還真是讓人眼花撩亂呢！

舉著「金から」旗子的黃色小雞

195

美々卯

招牌烏龍麵火鍋，美味又美觀

- 💲 ¥3,000
- ✉ 大阪市中央区平野町4-6-18
- 📞 06-6231-5770
- 🕐 11:30～21:30
- 休 不定休
- http www.mimiu.co.jp
- MAP P.174上

「卯」在12生肖裡指的是兔子，因此從店外招牌到店內的杯子、碗都印著兔子的Logo。來美々卯當然要點招牌菜色「烏龍麵火鍋」(うどんすき)來嘗嘗，使用醬油跟昆布調味的湯底，放入雞肉、豆腐、鮮蝦及蔬菜等十幾種食材，再加上店家自製的烏龍麵，看起來很美味，而服務人員在放入食材時很講求擺放順序及美觀，完成時彷彿像幅畫般美麗。

❶❸食材無論在食盤或鍋內都擺放的相當整齊
❷按照既定順序將食材慢慢放入鍋內

旅行小抄

怎麼吃烏龍麵火鍋？

❶ 先用貝殼狀的湯匙從鍋裡舀出清澈的湯頭，置於店家另外準備的紅色小碗裡。

❷ 依據個人的飲食習慣，在湯中適量加入蔥末、蘿蔔泥、現磨的生薑，並淋上幾滴的檸檬調味。

❸ 將湯碗緊靠著鍋緣，將鍋中的滑溜烏龍麵「小心」地移入到碗中。
(特別注意：烏龍麵的Q嫩度十足，一不小心就會使出「脫逃計謀」，為了避免掉入湯汁中所濺起的燙傷意外，請務必確實的使用好筷子)

❹ 順利夾出麵條後，即可隨意添加喜好的肉類、海鮮及蔬菜。

就連放入碗裡也能擺得像是藝術品

北浜レトロ

享受英式午茶好去處

- 💲 ¥2,100
- ✉️ 大阪市中央区北浜1-1-26
- 📞 06-6223-5858
- 🕐 平日11:00～21:30，假日11:00～19:00
- 休 無
- MAP P.174上

　　如果想在大阪來份英式下午茶，「北浜レトロ」是最佳的選擇之一，充滿英式風情且前身為證券行的建築物，現已是國家認定的文化財產，大大的茶壺吊在牆上是最明顯的標誌，室內裝潢很多都保持原本樣貌沒有更改，1樓最主要是販賣甜點、餐具、茶葉、茶具、娃娃等商品，對女性充滿著極大的吸引力，而2樓就是讓人享受下午茶的場所，為免等候時間過久，建議早點來吃較佳，2樓的空間不大且略為擁擠，建議不要帶太多隨身物品以免造成困擾。

由三層架裝盛的英式下午茶

　　餐點部分首選當然是英式下午茶(アフタヌーンティーセット)，基本上是由蛋糕、司康(Scones)、三明治組成。由紅莓、藍莓及覆盆子搭配的海綿蛋糕(山盛りベリー)讓人讚不絕口；司康口味種類之多也令人咋舌，店家還會提供橘子、草莓、奶油來塗抹在司康上面，外硬內軟的口感很不錯；而黃瓜火腿三明治也貼心的切成一口大小。在異國午後享用美味點心及香濃茶品是一種滿分的幸福。

店內販賣不少茶具及娃娃的商品

充滿異國風情外觀的北浜レトロ

197

五感 北浜本館

在歷史建築中享用高貴午茶

💲 ¥1,000
✉ 大阪市中央区今橋2-1-1
📞 06-4706-5160
🕐 09:30〜20:30，最後點餐19:30
休 無
http www.patisserie-gokan.co.jp
MAP P.174上

來客精緻的下午茶吧

以人、鮮度、素材、季節、和為訴求主題的「五感」是大阪近年新竄起的甜點店，如果時間充裕的話請務必安排到北浜本館一遊。它開設在前身為銀行的新井ビル，其建築物有90年歷史，目前也是國家認定的有形文化財。本館1樓是販賣蛋糕、餅乾等商品，而2樓是只有本館才有設置的喫茶室，由於能容納的客人不多，客滿時只能耐心等候。

推薦單點五感風格蛋糕(五感のケーキスタイル)來吃，店員會端出一盤今日蛋糕讓客人挑選，

看著盤上擺放著各式各樣的蛋糕，可是會讓人看到眼花且口水直流，蛋糕上桌時店家還會貼心附上一杯冰沙，可以去除蛋糕在口中產生的甜膩感；喫茶室也提供大地套餐(大地のデジュネセット)，提供可頌、麵包、有機蔬菜等輕食餐點，現烤出爐的可頌跟麵包吃起來鬆軟。雖然整體而言價錢不便宜，但美味程度仍值得來訪。

本店所在的新井ビル是國家認定的文化財產

1樓外賣區，有相當多的商品可選擇

2樓喫茶室可以悠閒享受下午茶及甜點

魚心

新鮮量豐的壽司好選擇

💲 ¥2,500

✉ 大阪市中央区千日前1-7-9 スバル座東あじびる南1F

📞 06-6211-9401

🕐 12:00～24:00

休 無

http www.ajibil.com/uoshin

MAP P.173

　　「魚心」在大阪、神戶、京都及東京都有分店，這家店部分餐點主要以「大」著名，壽司師傅有基本英語溝通能力，店內也有會中文的服務人員及中文菜單，雖然設有座位區及搭配好的套餐可選擇，不過仍建議坐在台前直接點想要吃的東西為佳；如果是以省錢為主的朋友，建議可中午前來直接點選定食類餐點，套餐裡有湯、沙拉、壽司等，如果是以美食為主的朋友，則建議可點些較高單價的餐點，如：海膽、干貝、鰻魚及甜蝦等。

　　「魚心」有著4大特色作法：魚肉大到像垂下來的振袖袖子(垂れにぎり)、餡料就像落花般一樣滿出來(こぼれにぎり)、食材有如多重寶塔般堆疊(重ねにぎり)、及魚肉就像漩渦般包覆著醋飯(巴にぎり)，不管是哪一種，都是要客人對於店家留下深刻印象，事實上食材也很新鮮；如果1個人來吃的話，請特別注意牆上木牌的金額，那只有一貫費用而已，點餐的時候，師傅也會再確認是點幾貫，要注意喔！

❶看起來份量充足是店家特色
❷用餐時間店內通常都是這樣的畫面
❸你可以自己動手做海膽軍艦卷喔

大阪特集

章魚燒 一級激戰區

くくる

> 章魚塊
> 大得嚇人

✉ 大阪市中央区道頓堀1-10-5 白亜ビル 1F
🕐 週一～五12:00～23:00、週六、日12:00～22:00
http www.shirohato.com/kukuru
MAP P.173

大阪有什麼美食？我想章魚燒絕對會出現在必吃清單裡，尤其在道頓堀這個地區就有不下10家在賣章魚燒，其中讓三小a介紹4家具有代表性的章魚燒店，大家就能依照特點去挑自己想要吃的店家。

在全日本有超過40家連鎖店的くくる是一家明石燒專賣店，但道頓堀本店的「嚇一跳章魚燒」（びっくりたこ燒）是該店名物之一，超大的章魚塊像撐破外皮般凸出來，也難怪讓

加上美奶滋跟柴魚粉的章魚燒真是美味

客人看了就嚇一跳，吃起來軟綿綿的內餡加上扎實的章魚口感更是令人難忘，醬汁整體口味偏甜些，台灣人對這樣的醬汁接受度較高，一份8顆雖然要價超過千円，但噱頭性高也吸引不少人點一份來嘗鮮。

> 口味
> 創新多變

わなか

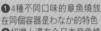

❶4種不同口味的章魚燒放在同個容器是わなか的特色
❷招牌上還有全日本章魚燒第一名的報導

✉ 大阪市中央区難波千日前11-19
🕐 週一～五10:00～23:45、週六、日 09:00～23:45
http takoyaki-wanaka.com
MAP P.173

在大阪擁有高人氣的わなか是一家章魚燒老店，不過有別於傳統風格，它走的是口味創新路線，大膽使用不同味道是店家特色之一，也因此吸引不少人來一嘗美味。「おおいり」是店家使用3種最自豪的口味：柴魚醬油(かつおしょうゆ)、美乃滋(ソースマヨ)、蔥花(ねぎしお)，外加一種每月都會更換的口味所搭配出來的綜合拼盤，吃起來口感外皮酥脆而內餡柔軟，加上每種口味都會有兩顆，分量相當充足。

1

❷

口味傳統
不花俏

本家大たこ

✉ 大阪市中央区道頓堀1-5-10
🕐 每日10:00～23:00　　MAP P.173

❶ 想來顆灑上海苔粉跟柴魚片的章魚燒嗎
❷ 本家的章魚燒依顆數不同而分成6、10、20顆3種價格

有30年歷史的本家大たこ走的是傳統不花俏路線，因此沒有第二種口味能選擇，師父的手拿著叉子在銅盤上不停地動著，旁邊一籃籃的章魚切塊代表料好實在，讓人感受到店家對於專業的堅持，味道濃厚的

醬汁有著紅薑味，口感吃起來較鹹較硬，咬一口時仍能嘗到美味的湯汁，而那一把超大氣的柴魚片更有畫龍點睛的效果，讓整盤章魚燒香味四溢，難怪這麼有自信在招牌上註明是「日本一」。

章魚燒的始祖

会津屋

✉ 大阪市中央区難波5丁目南海難波駅地下街E2
🕐 每日10:00～22:00
http www.aiduya.com　　MAP P.173

大阪章魚燒店家很多，不過擁有80年歷史的会津屋才是章魚燒的始祖，一開始裡面包的是肉不是章魚，後來因為受到明石燒影響才把內餡改成章魚。「不淋醬料」是会津屋的特色。點份元祖章魚燒(元祖たこやき)來嘗嘗最原始的味道，口感軟嫩的章魚燒並不因缺少醬汁而沒味道，用高湯調和的麵糊散發出淡淡香味，想讓口味多點變化就沾些店家提供的醋醬油，而便宜的價格更是讓人前來一試的動力。

12顆為一盒的元祖章魚燒(元祖たこやき)

漫畫《美味大挑戰》曾將会津屋加入故事情節裡

　　大阪的心斎橋筋是日本關西地區服裝潮流的重鎮地帶，除了普羅大眾的國民服飾外，享譽國際的名牌服飾也在此設立據點，加上這裡也有不少藥妝店及特色店家，喜歡血拼的朋友不妨規畫一天行程好好在此搜括一番，採買絕對不能錯過的服裝飾品及藥妝商品吧！

心斎橋筋商店街官網：www.shinsaibashi.or.jp

DHC

品項多且新穎，快來搶便宜

✉ 大阪市中央区心斎橋筋1-6-4
☎ 06-6245-2351
🕐 10:00～21:00
http www.dhc.co.jp
MAP P.172

　　近年來引進台灣的日本美妝品牌，除了暢銷品深層卸妝油是必定掃貨名單，種類齊全且價格實在的健康食品也深受廣大女性顧客的青睞，在門市中可直接試用美妝產品，較藥妝店方便且資訊多，產品也較台灣多又新穎，不定時有下殺折扣可以撿便宜，來大阪時不妨試運氣走一趟吧！

藍白色調加上明顯的DHC字樣是店家招牌

記得把大阪行程排到最後

「為什麼大家排京阪行程時，幾乎都把大阪行程放在後面幾天呢？」之前看幾位友人在排關西旅遊行程時，三小a心中一直都存在著這個疑問。隨著到訪關西次數越多，好奇心也變得越重，所以有一天三小a忍不住問了友人，他告訴三小a說大阪是非常適合血拼的地方，如果把大阪排在前面幾天，不但錢花的快、行李也滿的快，無論怎麼看都是百害而無一利，但是如果把大阪行程往後移到最後兩天，就可以用藥粧及衣服把旅行箱一整個塞滿也不怕。聽到這個理由的三小a真是恍然大悟，原來把大阪行程往後挪還真是有它的道理存在。不知道大家在排關西的旅遊計畫時，是不是也會注意到這個細節，並把它給考慮進去呢？

Hannari & Pet Paradise

為你的心愛寵物妝點一番吧

✉ 大阪市中央区心斎橋筋2-3-28
☎ 06-6121-2860
🕐 11:00～20:30
http www.creativeyoko.co.jp
MAP P.172

招牌上寵物露出幸福笑容彷彿等著主人歸來

共有兩層樓的廣大購物空間，滿足了消費者想裝扮心愛寵物的想法，從花俏可愛的水手服、浴衣到夢幻精緻的蕾絲洋裝都可以在這邊買到，而這些衣物依照寵物體型大小也有不同的尺寸，價格便宜的飾品、零食及雜物也讓主人們心甘情願掏空荷包，將寵物打扮得漂漂亮亮，自己看了心情也愉悅不少，不是嗎？

aimer feel

為妳的「內在美」加分

✉ 大阪市中央区心斎橋筋2-1-22
☎ 06-6214-6251
🕐 11:00～21:00
http shop.aimerfeel.jp
MAP P.172

樣式及顏色繁多的女性內衣讓人看到眼花撩亂

取自於法文的aimer(愛)及英文的feel(感受)，是要讓女性在內衣中能找出戀愛的感覺，內衣尺寸非常齊全(罩杯A～H)，而每季都會推出20餘款的流行樣式供女性選購，無論何時何地都希望女性找到引以為傲的性感，除了內衣是銷售重點外，還有販賣睡衣、比基尼及飾品，女性朋友絕不能錯過aimer feel。

MISCH MASCH

總讓女性大失血的日系風服飾

✉ 大阪市中央区心斎橋筋2-3-23
☎ 06-6213-0021
🕐 11:00～21:00
http www.mischmasch.jp
MAP P.172

店內明亮的黑白色系及點綴奢華的水晶吊燈，讓路過的人總難以抗拒的踏進店內，天鵝絨的試裝間讓人備受呵護之感，主打女性能同時擁有可愛及優雅兩種不同的風格，在日本女性雜誌上有高度曝光率，無論雪紡洋裝、針織外套及蕾絲花邊都有著良好的品質，在年輕女性及輕熟女間都有著相當不錯的評價。

明亮的MISCH MASCH招牌正在對路人招手

BODY LINE

走進這裡，蘿莉塔風就是你的Style

✉ 大阪市中央区心斎橋筋2-1-20
🕐 11:00～21:00
http www.bodyline.co.jp
MAP P.172

走上鋪有紅地毯的樓梯就能進入蘿莉塔的世界

喜歡蘿莉塔風、龐客風或角色扮演嗎？這個日系特有品牌除原宿及渋谷外，在關西只能在心斎橋才能一圓你的夢想，這是日本國內最大的蘿莉塔服飾專賣店，店內除了能買到洋裝外，舉凡假髮、包包、鞋子及襪子也都可以在這裡一次入手，另外還有馬甲、浴衣及頭飾也相當受到年輕女性們的喜愛，想將自己裝扮成可愛的洋娃娃嗎？來到BODY LINE絕對會讓你滿意。

Seika

各式流行配件應有盡有

✉ 大阪市中央区心斎橋筋2-6-1
☎ 06-6212-3257
🕐 11:00～22:00
MAP P.172

它是來自神戶的日本雜貨品牌，主打商品有包包、飾品及髮飾，建築物外表像是粉紅色的珠寶盒般可愛到讓人印象深刻，如果要挑選搭配衣服的配件，別忘了來Seika走一趟，可以讓你的造型更增色不少。

粉紅色的建築外觀像珠寶盒般美麗

品牌服飾大車拼

UNIQLO

http www.uniqlo.com
MAP P.172

價格：中
舒適：高
設計：低

UNIQLO是日本自有品牌，種類繁多讓人看到眼花撩亂

　　出產自日本本土的平民服飾，對於衣服材質的要求相當高，重視衣服的舒適度及實穿度，流行元素較低，走實用風格，但仍有許多基本款服飾受到大眾喜愛，價格中等又可互相搭配，是可長期投資的購買選擇。設計元素已逐漸與大師合作，日後改善空間大。

Bershka

http www.bershka.com
MAP P.172

價格：低
舒適：中
設計：高

　　ZARA旗下的副牌首次進駐關西，設計客層偏於年輕化，價格也較平易近人，延續快速時尚的概念，設計活潑絢麗、色彩大膽多元，前衛性感風格取勝，不僅休閒也同時具備時尚潮流，抓準現代人對流行的渴望，荷包有限又不想失去個人風格的你，一定會大買特買。

ZARA

http www.zara.com
MAP P.172

價格：高
舒適：中
設計：高

　　時尚感十足，西班牙國民特產ZARA每季推出的服裝品項多元且快速，周邊產品也很受到歡迎，設計風格為都會成熟，版型較挺但也因此挑人穿，衣服材質有好有壞，品質缺乏一致性，而尺寸時有缺碼問題，價格偏高是購買時最需考慮的部分。

位於心斎橋筋內的西班牙品牌ZARA有著相當高的人氣

H&M

http www.hm.com
MAP P.172

價格：低
舒適：低
設計：中

　　出自於設計大國瑞典的國民品牌，主打平價近人，設計感稍較ZARA弱，在女性服飾上較具優勢，但品質則無法兼具，衣服材質與縫紉品質粗糙，若只想買當季流行產品過過癮，不太在乎是否能長久使用，H&M的確能滿足走在時尚前端的年輕族群。

H&M在台灣也是相當熱門的服飾品牌

松本清（マツモトキヨシ）

http www.matsukiyo.co.jp　MAP P.172

特色：藍黃色系的招牌為松本清的註冊商標，全國店家最普及，商品種類多又齊全，藥妝折扣部分各店不同，單就心斎橋筋上的店家價格就有些許差異，若是沒有時間逐一比價，不妨就挑松本清大肆掃貨一番，相信不論是自用還是代買都能找到想要的商品。

黃底黑色的松本清在日本各地都能見到它的蹤跡

オーエスドラッグ

http www.osdrug.com　MAP P.172

特色：大大的「クスリ」招牌的辨識度最高，心斎橋店占地不大，時常因過多人潮對挑選商品上造成不便，但商品價格低廉，品項雖較松本清來的少，但主打商品仍具備，缺點則是不可刷卡，容易消耗過多現金，營業時間只到20:30，購買時需要多加注意。

コクミン

http www.kokumin.co.jp　MAP P.172

特色：主打特色有中文服務的店員，廣受台灣、香港及中國遊客的歡迎，畢竟懂日文者仍為少數，能夠用中文詢問適合的商品當然最好，使用護照可直接減免消費稅更是貼心服務。

以白十字為Logo的コクミン相當顯眼

種類多且效果顯著的藥妝是來日本必定採購的物品

ダイコクドラッグ

http www.daikokudrug.com　MAP P.172

特色：位於心斎橋筋北方位置，距離較遠，若是跟團的民眾時間上可能較不推薦，但十分值得一去，除了藥妝區之外，日常雜貨及食品的百圓商店是撿便宜的人不可不去的寶地！

住宿情報

在 大阪要找住宿不難,因此收集一些網路評價不錯的住宿地點,依照種類不同分成商務飯店、民宿、青年旅館等3大類,並做好價錢高低、交通方便度及語言溝通的註記,讓大家在安排住宿時能評估要住在哪。

建議大家找住宿時挑選在鬧區及地鐵站附近的,可以好好體驗一下大阪的夜生活,也不會因為交通不便而受到影響。

商務飯店

價錢較高,交通方便度高,部分飯店可用中文網站訂房,溝通僅能使用英、日文。

名稱	鄰近車站	官網
東橫Inn	請參閱官網	www.toyoko-inn.com
Super Hotel 難波日本橋	請參閱官網	www.superhotel.co.jp
Best Western Hotel Fino	心斎橋	www.bwjapan.co.jp/finoosakashinsaibashi
Villa Fontaine 心斎橋	心斎橋	www.hvf.jp/shinsaibashi
Dormy Inn	心斎橋	www.hotespa.net/hotels/shinsaibashi
Cross Hotel	心斎橋	www.crosshotel.com/osaka
Hearton Hotel 西梅田	西梅田	www.hearton.co.jp/nishiumeda
Hotel Vista Grande	難波	www.hotel-vista.jp/osaka
Swissotel Nankai Osaka	難波	www.swissotel-osaka.co.jp

民宿

價錢中等,交通方便度中等,可直接使用中文網站訂房及溝通。

名稱	鄰近車站	官網
南州民宿	天神橋筋六丁目	www.mochi-3678.net
星星之家	松屋町	www.osaka-rooms.url.tw
四季居	本町	fary-style.myweb.hinet.net
中野屋	東淀川	www.nakanoya.idv.tw
梅園民宿	堺筋本町	tw.myblog.yahoo.com/umeen_osaka
花鳥風月	新大阪	www.sussmansion.com.tw
桃子媽媽的家	石津川	www.momomama.idv.tw

青年旅館

價錢便宜,交通方便度較差,溝通只能使用英、日文。

名稱	鄰近車站	官網
Shin-Osaka Youth Hostel	新大阪	www.osaka-yha.com/shin-osaka
Osaka International Youth Hostel	羽衣	www.osaka-yha.com/osakakokusai
Osaka Guesthouse Koma	櫻川	www.osaka-guesthouse.com

ホテルモントレ グラスミア大阪
(Hotel Monterey Grasmere Osaka)

✉ 大阪市浪速区湊町1-2-3
📞 06-6645-7111
➡ JR難波駅及地鐵四ツ橋線なんば駅出站即到；搭乘其他私鐵徒步5～10分可到達
🕐 Check in 15:00，Check out 11:00
http www.hotelmonterey.co.jp/grasmere_osaka

　　這是一家2009年才開幕的飯店，無論是交通方式、服務態度、住宿品質及安全控管都很棒，難怪這裡在大阪旅館評比指南中有著很棒的評價，房內空間不小且有免費網路可使用，雖然定價不便宜，但不定時會有早鳥或優惠住宿專案釋出，最低可達定價的一半，很適合情侶或夫妻到此住宿，特別一提的是這裡靠窗房間的夜景非常漂亮。

浴廁間內的備品包裝上都印有飯店Logo

飯店入口

位於23樓的飯店大廳

商務旅店

VIA INN心斎橋長堀通

飯店外觀

✉ 大阪市西區新町1-4-12

☎ 06-6543-4284

➡ 搭乘地鐵四ツ橋線在四ツ橋駅下車後從1-A出口即到；搭乘地鐵御堂筋線在心斎橋駅下車後經由地下街「クリスタ長堀」到達四ツ橋駅即到

🔗 Check in 15:00，Check out 12:00

http www.viainn.com/shinsaibashi-n

MAP P.172

　VIA INN是連鎖商務飯店，在日本幾個城市都有設立飯店提供旅客住宿，從VIA INN心斎橋長堀通徒步5～10分鐘就能到達心斎橋商店街及有著繁華夜生活的道頓堀，無論交通便利度或住宿價格都很不錯，房間裡有免費網路供住客使用，大廳設有自動精算機，能讓旅客自助付款辦理入住手續。

飯店大廳

讓客人能自行結帳的自動精算機

房內各式設施

電視

冰箱

梳妝台及網路線

神戸

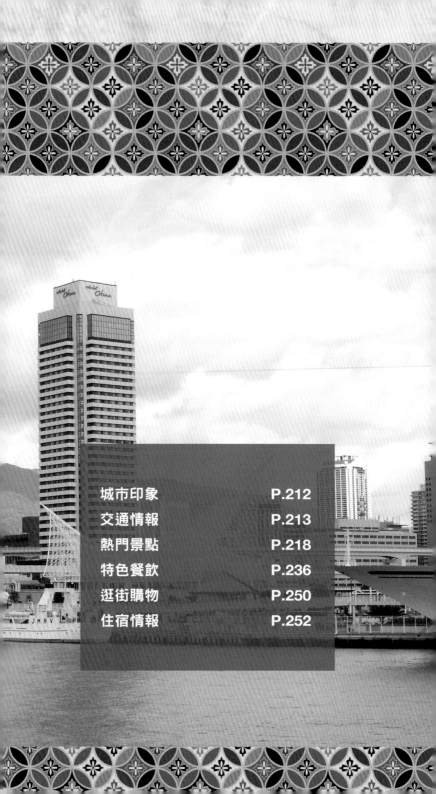

舊居住地指標建物——大丸百貨

充滿異國風情的觀光熱點

　　神戶雖然沒有京都或大阪那麼長的歷史，但從明治時期開始，它就成為一個國際貿易的通商港口，由於曾經有不少外國人在此定居，因此神戶街道處處都充滿著異國情調，最著名的就是舊居留地、北野異人館及南京町這3個地區。

　　神戶雖然在1995年阪神大地震破壞後重新站起來，不過由於中國沿岸港口吞吐量競爭力大，為了能繼續生存，神戶在官方協助下逐漸轉變成觀光型態，替神戶開創另外一條新的生存之道，神戶塔、有馬溫泉街、MOSAIC購物廣場、六甲摩耶山等都成為神戶著名的觀光地區，近年來，這些觀光地點的人數有越來越多的趨勢。

讓人垂涎欲滴的神戶牛肉

　　相較於大阪的現代、京都的傳統、奈良的古老，神戶是個非常特殊的城市，因為它所擁有的多國文化是其他城市所沒有的，而這些文化還能相互融合在這個地方，想來體驗看看嗎？記得把神戶排入行程中吧！

交通情報

神戶對外交通

大阪⟷神戶

神戶對外交通以電車為主,有4條路線(含新幹線)可從大阪來到神戶,但較常讓背包客使用的是可到三宮站的JR、阪神電車及阪急電鐵,而在搭車時只有JR會發生搭特急要另付特急料金的狀況,所以請特別注意搭乘的車種,至於阪神電車及阪急電鐵不會有這種狀況,從大阪到神戶車程約需35分鐘。

關西空港⟷神戶

從關西空港出發,除了搭乘電車(約需100分鐘)經由大阪前往神戶外,還能搭乘利木津巴士(約需70分鐘)及海上高速船(約需75分鐘)從關西機場直達神戶,雖然能節省交通時間,但交通預算較高且易受路況不佳及海象所影響。

神戶市區交通

地鐵

神戶地鐵及電車種類繁多,跟京都及大阪相較之下更加複雜,建議前往較遠景點(例:有馬溫泉、明石、舞子)時,再使用電車為交通工具。

觀光巴士City Loop

單純在市區參觀選擇搭City Loop及徒步是最佳方式。一部部穿梭在神戶市區精華景點的墨綠色復古巴士,這就是神戶City Loop,單趟不限距離統一票價的City Loop總共有17個停靠點,除了班次密集外,停靠點還遍及三宮、元町、港區、北野等地區。如購買一日券能一整天無限次搭乘,加上有觀光景點入場優惠折扣,所以相當受到旅人們的喜愛,通常都會安排一天行程搭著City Loop在神戶跑透透。

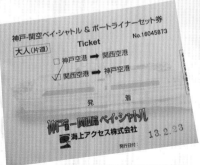

神戶與關西空港之間的區間交通船票

交通資訊相關網站

- http 小氣少年:nicklee.tw
- http 阪神電車:rail.hanshin.co.jp
- http 阪急電鐵:rail.hankyu.co.jp
- http JR西日本:www.jr-odekake.net
- http 海上高速船:www.kobe-access.co.jp
- http 利木津巴士:www.kate.co.jp/pc/time_table/kobe_tt.html

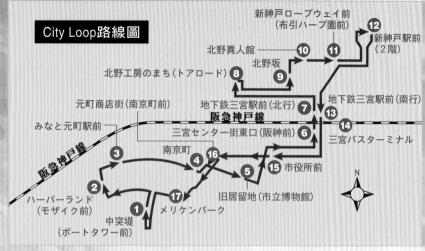

City Loop路線圖

新神戸ロープウェイ前
（布引ハーブ園前）

⑫ 新神戸駅前
（2階）

北野異人館 ⑩ ⑪

北野坂

北野工房のまち（トアロード）⑧ ⑨

元町商店街（南京町前）

地下鉄三宮駅前（北行）⑦

阪急神戸線

みなと元町駅前

地下鉄三宮駅前（南行）

三宮センター街東口（阪神前）⑥ ⑬ ⑭

三宮バスターミナル

③ 南京町 ④ ⑯

阪急神戸線

ハーバーランド
（モザイク前）

② ⑮ 市役所前

⑤ 旧居留地（市立博物館）

⑰ メリケンパーク

① 中突堤
（ポートタワー前）

N

交通常用票券

City Loop一日券

$ 票券價格

M 販賣地點

★ 推薦理由

City Loop

$ 一日券：大人¥650，小孩¥330
單趟：大人¥250，小孩¥130

M ❶ City Loop車上
❷ 神戸市綜合資訊中心(三宮)
❸ 觀光案內所(新神戸站)

★ ❶ 想快速瀏覽神戸之美的貪心
者，City Loop的路線行經各大
景點(北野異人館、三宮、舊居

留地、元町、南京町、港區、
Haborland)。

❷ 只要搭乘次數有超過3次就回
本，便宜又超值，但是通車時間
短，沒有晚上的班次，須注意搭
車時間，善用時間便可看盡神戸
菁華之處。

備註：1. 一日券沒有販賣固定版本，常與不同廠商合作推出限量版本，值
得收藏。 2. 班次：平日09:00～17:34；週六、日及假日09:00～17:58。

(左)交通-5 六甲有馬ロープウェー單程車票
(右)六甲ケーブル單程車票

有馬・六甲周遊 1Day Pass

$ ❶ 基本版：¥2,300
❷ 神戶地鐵擴大版：¥2,500

M 基本版：神戶市營地下鐵(三宮站、新神戶站)、市巴士・地下鐵客戶服務處(三宮)
擴大版：神戶市營地下鐵主要車站(三宮、新神戶站)

★ ❶ 安排前往有馬溫泉及六甲山地區行程者。有馬及六甲地區內的電車、公車、cable地上纜車與ropeway空中纜車皆可使用，再附上金銀溫泉其一的免費入浴券，十分划算。
❷ 悠閒泡完湯還可以回到六甲山上，觀賞神戶知名的千萬夜景，推薦給想要來個神戶深度之旅的人。

神戶街遊 1Day Coupon

$ ❶ 神戶本地基本版：¥900
❷ 京都・大阪(梅田)地區的阪急擴大版：¥1,700
❸ 大阪(難波)地區的阪神擴大版：¥1,500
❹ 奈良地區的近鐵擴大版(二)：¥2,200

M ❶ 基本版：神戶市營地下鐵各站
❷ 阪急擴大版：阪急電鐵各案內櫃檯
❸ 阪神擴大版：梅田、尼崎等各站長室、大阪難波
❹ 近鐵擴大版(二)：大阪難波、近鐵奈良等站

★ ❶ 使用區域最廣泛，可以免費搭乘市內一日電車，提供¥650票券可折抵在約60個觀光景點的門票費用，但沒有折扣，不足餘額仍需自行補貼，也無法折抵City Loop車資。
❷ 事實上較City Loop更好用，也不受到時間影響，光搭電車2趟就回本，適合不打算花太多時間在異人館區(只進入2～3個館)的人。
❸ 可搭乘海岸線電車前往鐵人28號與神戶市區各主要景點間，適用於精打細算者。

北野天滿神社
風見雞館
萌黃館
風見雞本舗
六甲牧場
Starbucks
北野異人館店
カファレル
Ca marche
Caffarel
神戸北野本店
北野坂病院
異人館通
北野工房
L'AVENUE

北野天滿神社
山手八番館
萊茵館
香之家荷蘭館
鱗之家
ウィーン・オーストリアの家
英・中國領事館
天神坂
ひより
Kobear賣店
英國館
北野坂
不動坂
和黒
廣重
北野坂本店
にしむら
にしむら
LE GRENIER
グリル末松
カフェ・パール
ぺこぺこ

新神戸ローブウェー
北野一丁目
北野會館
新神戸
フロインドリーブ
café FREUNDLIEB
東麓寺
神戶電鐵有馬線
地下鐵北神線

Hotel Piena Kobe
一宮神社
菓子sパトリー
東海道本線・阪神本線・阪急神戸線・阪神電鐵本線

生田川公園
明芳病院
中央小學校

生田神社
中山手通
三宮
地下鐵西神山手線
モトコー通

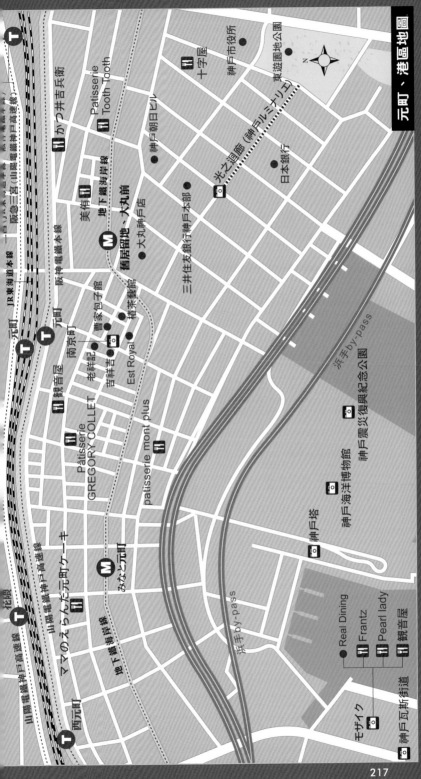

元町、港區地圖

元町 JR東海道本線

阪急二宮（山陽電鐵神戸高速線／阪急電鐵本線）

阪神電車

モザイク
神戸瓦斯街道

Real Dining
Frantz
Pearl lady
親音屋

神戸塔
神戸海洋博物館
神戸農災復興紀念公園

浜手by-pass

光之迴廊（神戸ルミナリエ）
東遊園地公園

神戸市役所
神戸市役所

十字屋

かつ丼吉兵衛
Patisserie
Tooth Tooth

美倆
地下鐵海岸線
神戸朝日ビル
三井住友銀行神戸本部
舊居留地・大丸前
大丸神戸店
日本銀行

Patisserie
GREGORY COLLET
patisserie mont plus

観音屋
南京町
元町
老祥記
吉祥吉
曹家包子館
Est Royal
椿菜館

ママのえらんだ元町ケーキ
山陽電鐵神戸高速線
みなと元町
地下鐵海岸線

山陽電鐵神戸高速線
花隈
西元町

N

生田神社

藤原紀香在此結婚

- ✉ 神戶市中央區下山手通1-2-1
- ☎ 078-321-3851
- ⏰ 24小時
- 💲 免費
- ➡ 從JR「三ノ宮駅」或私鉄各線「三宮駅」下車後徒步10分鐘
- http www.ikutajinja.or.jp
- MAP P.216

上面有神社社紋
八重櫻的御守

神戶市中央區的生田神社是神戶具有代表性的神社，雖然幾度被自然災害及戰爭所破壞仍原址重建，境內除生田神社外還有其他十幾個小神社，而「神戶」這個地名的由來也跟生田神社有關。藝人陣內智則跟藤原紀香也是在此舉辦結婚儀式。而神社內所販賣的御守也相當特殊，人氣極高的結緣御守、花御守及心形繪馬都值得買來留念。

生田神社鳥居

北野工房
北野工房のまち

安排不一樣的體驗行程

- ✉ 神戶市中央区中山手通3丁目17番地1号
- ☎ 078-200-3607
- ⏰ 10:00～18:00，每月第三個週二休息
- 💲 免費
- ➡ 搭乘City Loop在「北野工房のまち」下車即到達
- http www.kitanokoubou.ne.jp
- MAP P.216

北野工房的外觀

將北野小學舊校舍被重新規畫成工房，並把西點麵包店、巧克力店、手工藝品店等近20家神戶特產的店鋪聚集在這，形成一個觀光景點，但這裡不僅販賣商品，還提供製作過程參觀、試吃及試用，如時間充足可報名商品的製作體驗，但部分體驗得先預約或季節限定，安排行程前請先至官網確認。工房內有不少值得推薦購買的神戶土產。

北野天滿神社

登高欣賞風見雞館及神戶港

- ✉ 神戶市中央区北野町3-12
- ☎ 078-221-2139
- 🕐 06:30～17:00
- 💲 免費，但進入北野梅園須付費¥100
- ➡ 搭乘City Loop在北野異人館站下車徒步5分鐘
- http www.kobe-kazamidori.com/rhine
- MAP P.216

洗手及水占卜
使用的水池

北野天滿神社的
鳥居及表參道

位於北野異人館區附近有間北野天滿神社，因為並非是著名景點，所以常被遊客所遺忘，不過隨著樓梯而上到最高處，可看到風見雞館及神戶港的景色，在天氣良好狀況下，這裡可以拍到非常漂亮的日落場景。此外，這裡也有水占卜可以嘗試，將籤文放入鯉像池裡就會出現結果，記得來試試看哦！

萊茵館
ラインの館

販售各式紀念品的不收費異人館

- ✉ 神戶市中央区北野町2-10-24
- ☎ 078-222-3403
- 🕐 09:00～18:00，2月及6月第三個週四休息
- 💲 免費
- ➡ 搭乘City Loop在北野異人館站下車徒步5分鐘
- http www.kobe-kazamidori.com/rhine
- MAP P.216

萊茵館的建物外觀

北野地區唯一不需收費的異人館就是ラインの館(萊茵館)，因外形木板排列的橫線條十分優美而又稱為「線條美之館」，內部裝潢簡單雅緻，溫暖的黃色系讓人身心放鬆。1樓主要為休息室及神戶特產的販賣區，若是不想花錢進入其他的異人館，可在此買到許多相關的紀念品，從常見的糖果餅乾到實用性高的手帕、文具、明信片到桌上型裝飾品或杯墊，另外還有獨立一個專區販賣神戶吉祥物Kobear的周邊商品，可愛的Kobear征服了不少女性的愛好者，至於2樓則是展示了阪神大地震的相關資料，也能一睹昔日異人館的異國風情。

如彩繪玻璃般精緻的書籤

風見雞館

以風見雞聞名的異人館

✉ 神戶市中央区北野町3-13-3
📞 078-242-3223
🕐 09:00～18:00，2月及6月第一個週二休息
💲 ¥500
➡ 搭乘City Loop在「北野異人館」下車徒步5分鐘
🌐 www.kobe-kazamidori.com
🗺 P.216

在神戶最能代表異人館的建築物應該就是風見雞館，紅色的磚造外觀加上聳立在屋頂的風見雞(風向儀)，是這棟建築物的特色，由於當初是德國商人的住所，所以無論是客廳、飯廳及臥室都採用德式傳統設計，天花板上讓人眼花撩亂的吊燈也是觀賞重點，屋內陳設都原封不動保持當時原貌供遊客參觀。

建物內部一景

風見雞館裡的禮品區賣的東西很多樣化，不過推薦必買小物是跟名牌Chloé合作販賣的手帕，一條雖要價¥1,100～¥2,100不等，但送給女性友人卻非常適合，這裡還能買到不少風見雞館才有的獨家商品，如風見雞的桌上裝飾品、刺繡手帕、咖啡粉、樣式精美的書籤及杯墊，都很適合作為伴手禮。

有著風見雞館圖案的手帕

萌黃館
萌黃の館

曾是神戶美國總領事宅邸

📧 神戶市中央区北野町3丁目10-11
📞 078-222-3310
🕐 09:00～17:00
💲 ¥300
➡️ 搭乘City Loop在「北野異人館」下車徒步5分鐘
🗺️ P.216

有City Loop圖案的鐵盒裡裝著餅乾

位於風見雞館旁那棟優雅淡綠色外觀建築物就是當時神戶美國總領事宅邸,不過它原本可是白色的,直到西元1978年易主後才被漆成現在的蘋果綠色,室內設計簡單但精緻,1樓會客室屬於

阪神大地震所震落的煙囪

外推式窗台,充滿高貴典雅的氣息,不過讓人印象最深的莫過於2樓一整面都是窗戶的陽台,站在這裡向外遠眺就可以看到神戶港美麗的風景,吸引不少遊客來訪。而1樓庭院後方還擺放著受到阪神大地震時所震落的煙囪,讓來訪遊客能知道當初地震造成的破壞力有多大。禮品區裡有萌黃館圖案的T恤及鑰匙圈都是限定販售的紀念品。

旅行小抄

風見雞館跟萌黃館共通券
分別參觀風見雞館跟萌黃館得付¥500+¥300,總共¥800的門票,但如果一次購買兩個館的門票是¥600,對有較多旅遊時間或喜歡異人館的遊客而言是一個好選擇。

萌黃館建物外觀

鱗之家
うろこの家

旁邊的小美術館可順遊喔

✉ 神戶市中央区北野町2丁目20-4
📞 078-242-6530
🕐 4～9月09:00～18:00，10～3月09:00～17:00
💲 ¥1,000
➡ 搭乘City Loop在「北野異人館」下車徒步5分鐘
🌐 kobe-ijinkan.net
🗺 P.216

像魚鱗般裝飾的外牆是它的特色，也因此被人稱為「鱗之家」，不過要到這來必須先經過一個陡坡，所以請務必仔細選擇腳下的鞋子。館內保存了不少古董家具及高級瓷器茶具，而在鱗之家旁還有一間小小的美術館，裡面也收藏不少名畫，美術館3樓的展望台可以看到很棒的景色，而這裡所賣的水手風帆布提袋則深受年輕女性喜愛，還有Kobear鱗之家限定版酥餅更是必買的紀念品。

在這邊也能看到Kobear的蹤影

旅行小抄

什麼是Kobear

Kobear是這幾年在神戶竄紅的黑熊娃娃，由於它是神戶出身，所以出了不少周邊商品都是神戶限定，從明信片、餅乾糖果及文具等都能見到它的蹤影，現在神戶不少地區都有設櫃可購買商品，如果在觀光景點有看到它的話，不妨買個紀念品回家吧！
🌐 kobear.jp

鱗之家(右)跟美術館(左)

香之家荷蘭館
香りの家オランダ館

來瓶屬於自己的香水

✉ 神戶市中央区北野町2-15-10
☎ 078-261-3330
🕐 09:00～18:00
💲 ¥700
➡ 搭乘City Loop在「北野異人館」下車徒步5分鐘
🌐 www.orandakan.shop-site.jp
🗺 P.216

　　荷蘭館分為本家及香之家，雖然兩個地方都有租借荷蘭傳統服裝拍照留念服務，但香之家特色較本家多，建議到香之家參觀即可。前身為荷蘭總領事館香之家，現改成荷蘭文化館，除了展示當時的家具及裝潢外，還有香水師會依照使用者的嗜好去調配專屬的香味，總共有兩種香水容量：6ml要¥1,575、9ml要¥3,255，雖然收費不便宜，但卻是很不錯的體驗，林志玲主持旅遊節目時也曾在此製作過個人香水呢！

❶大到能躲一個人的荷蘭木鞋
❷想調製一罐屬於自己的香水嗎
❸琳瑯滿目的香水瓶放滿整個櫃子

旅 行 小 抄

依個人喜好調製香水

　製作個人香水前會先填寫問卷，上面請先填妥個人資料及喜好，問卷上會有血型、星座、喜歡的顏色、水果、音樂、花、服裝風格等大概20個問題，回答完大概等候15～20分就完成香水調製，建議具有簡單日語會話能力為佳。

站在門口的店員正歡迎遊客的到來

北野異人館
香りの家 オランダ館
神戶市指定 伝統の保存遺物

就連娃娃也穿著斗蓬跟刁煙斗

門口告示上有福爾摩斯的側臉及福爾摩斯之家的字樣

英國館

福爾摩斯大現身

✉ 神戸市中央区北野町2丁目3-16
☎ 078-21-2338
🕐 09:00～17:00，酒吧17:00～23:00
💲 ¥700
➡ 搭乘City Loop在「北野異人館」下車徒步5分鐘
http kobe-ijinkan.net
MAP P.216

　　裝潢充滿濃厚巴洛克風格的英國館是異人館中極有特色的景點，採用不少維多利亞時代的家具及裝飾，讓人可以身歷其境昔日英國人在這裡的生活狀況，庭園裡還放著一部古董車，拍照時它可是很不錯的背景呢！

　　2樓有英國境外唯一的福爾摩斯之家，雖然福爾摩斯只是小說裡的人物，不過房內物品無論是獵帽、放大鏡、舊煙斗等都依照小說裡描述的情景擺放，彷彿看到福爾摩斯正在房內踱步思考著案情，而衣架上的帽子及斗蓬都可以免費借來穿戴並拍照留念，旁邊的公事包及煙斗等道具也能借

讓觀光客免費穿來拍照的斗蓬及帽子

用，一起扮演大偵探來辦案吧！

　　1樓有個看起來高級又氣派的吧台，而櫃內擺放的大小酒瓶也讓人看得眼花撩亂，這些可不是裝潢，它從下午5點一直到凌晨1點鐘都是對外營業時間，如果能在充滿英式風格的吧台裡喝杯小酒，感覺真的太棒了！

庭園裡的古董車靜靜的停在一角

在英國館內悠閒享受下午茶

善用共通券，暢遊北野異人館

玩家交流

　　如果第一次來神戶沒來北野異人館群參觀，那就真的不算來過神戶，因為這裡是神戶必訪行程，到北野異人館群觀光是很消耗旅費的，不僅僅是購物敗家而花費金錢，由於建築物及裝潢保存不易，因此無論市營或私營多數採用收費入場，可別小看參觀費用雖然只有少少的￥300～￥500，參觀完所有異人館所累積的金額也相當可觀，所以三小a建議大家事前排定想參觀的景點，並善用異人館共通券就能達到最大的參觀效果，目前異人館地區5種共通券及適用建物如下：

9館共通券(￥3,500)

うろこの家、うろこ美術館、山手八番館、北野外国人倶楽部、旧中国領事館、英国館、仏蘭西館、ベンの家、旧パナマ領事館。

5館共通券(￥2,000)

うろこの家、うろこ美術館、山手八番館、北野外国人倶楽部、旧中国領事館。

4館共通券(￥2,000)

英国館、仏蘭西館、ベンの家、旧パナマ領事館。

3館共通券(￥1,300)

デンマーク館、ウィーン・オーストリアの家、香りの家・オランダ館。

2館共通券(￥600)

風見鶏の館、萌黄の館。

光之迴廊
神戸ルミナリエ

追悼阪神地震的犧牲者

🅒 每年12月僅開放數日，17:00～21:30
➡ 從元町站沿著管制路線徒步前往即可
http www.kobe-luminarie.jp
MAP P.217

　　每年12月初～12月中約兩週的時間，在舊居留地到東遊園地間有一條長達270公尺的光之迴廊，那是為了悼念1995年在阪神大地震中的犧牲者，在冬夜中將數十萬盞燈飾點亮時能聽到此起彼落的讚嘆聲，除了替犧牲者祈福、為災區重建復興打氣，也撫慰災區民眾及犧牲者家屬的悲傷，現在也成為神戶每年12月的重要祭典，除了有美不勝收的燈飾可以欣賞，旁邊還有不少攤販在賣紀念品及美食，是期間限定的必遊景點，從神戶市役所展望台欣賞整個場地，居高臨下更能感受到活動有多壯觀盛大。來此觀賞美景時，也請大家記得替這些犧牲者祈福。

①②在東遊園地廣場周邊所展示的主題燈飾
③隨著人群就可以到達光之迴廊的入口

南京町

充滿中國味的觀光商圈

➡ 從JR元町站東口出站後徒步3分鐘
MAP P.217

南京町的長安門

神戶自一百多年前開放海外貿易後，吸引不少外國商人來此，距離日本不遠的中國當然也有商人到這經商，時間一久就在神戶定居，不過跟橫濱中華街極大不同處，在於南京町是商店集中區，居住的地方則是四散在市區內。

雖然南京町占地不大，裡面卻有超過一百間的店家跟小吃攤在此營業，所以是神戶觀光必來景點。南京町中間的廣場上有個能讓遊客歇腳的涼亭，涼亭周圍還有12生肖及熊貓的石像供拍照留念。尤其農曆過年期間，在這裡還有相關慶祝活動，充滿濃濃中國味。

在這除了能吃到不少中式餐點外，也可以享受到不同國家的美食跟甜點，可在此用餐休息後，再往下一個景點前進。

廣場內的第十三座石像「熊貓」

街心亭周邊12生肖石像中的龍石像

南京町廣場內的街心亭

227

神戶海洋博物館

在博物館外展示的古船模型

✉ 神戶市中央區波止場町2-2
☎ 078-327-8983
🕐 10:00～17:00，每週一休息，如遇假日則隔日休
💲 大人¥500、中小學生¥250
➡ 市營地鐵海岸線「みなと元町駅」下車徒步10分鐘
http www.kobe-meriken.or.jp/maritime-museum
MAP P.217

海洋博物館的外觀像是張開的船帆

　為了紀念神戶港開港120年所設立的博物館，如船帆的網狀外觀是它的特色，無論搭配日間的藍天白雲或夜間的燈光效果，都能讓人留下深刻的印象，1樓展示的是神戶港的現在與未來，2樓介紹的是神戶港歷史，館內展示超過上百艘從古到今的船模型，而海洋博物館旁還有座「Kawasaki World」，介紹川崎重工在陸、海、空的發展史，只要有購買海洋博物館門票就能免費參觀。

神戶震災復興紀念公園

✉ 神戶市中央區波止場町
☎ 078-327-8983
🕐 24小時
💲 免費
➡ 從「JR元町站」徒步15分鐘
http www.kobe-meriken.or.jp
MAP P.217

公園一角保存了當初地震所毀損的景象

　發生在1995年的阪神大地震造成難以估計的損失，神戶市將地震時損毀的設施及傾斜的路燈予以保存下來，讓大家親眼目睹當初地震的破壞力有多大，並將受災狀況及重建經過的照片加上文字敘述後展示在旁邊，讓人對災民們團結及一心重建的精神更加佩服。

神戶塔
神戶ポートタワー

喝咖啡賞美景的神戶地標

- ✉ 神戶市中央区波止場町5-5
- ☎ 078-391-6751
- 🕐 3~11月09:00~21:00，12~2月09:00~19:00
- 💲 大人¥600(高中生以上)，小孩¥300(中小學生)
- ➡ 搭市營地鐵海岸線在「みなと元町駅」下車後，徒步5分鐘或從南京町徒步10分鐘
- 🌐 www.kobe-meriken.or.jp/port-tower
- 🗺 P.217

站在下面仰望神戶塔滿壯觀的

高度達108公尺的神戶塔是神戶的地標，鮮紅色且特殊的外形讓

從MOSAIC廣場隔著港口遠眺神戶塔

人留下深刻印象，它也是全世界唯一管狀結構的觀光塔，位於4樓及5樓的展望室有著360度的漂亮景色，除了能看到神戶全景，天氣好時還可看到遠方六甲山及關西國際機場，3樓是旋轉咖啡廳，可以邊休息邊喝咖啡。夜晚裝在塔外的7,000顆LED燈同時點亮，讓神戶的夜景變得更美麗。

モザイク
(MOSAIC)

有吃有買的複合式商場

- ✉ 神戶市中央区東川崎町1丁目6-1
- ☎ 078-360-1722
- 🕐 11:00~22:00
- 💲 免費，遊樂設施是以項計費
- ➡ 從「JR神戶駅」徒步10分鐘
- 🌐 kobe-mosaic.co.jp
- 🗺 P.217

モザイク(MOSAIC)是神戶著名的美食購物區，它屬於複合式商業遊樂場所，內部除了有購物中心、美食街外，旁邊還設有一個遊

樂園「MOSAIC Garden」，裡面的摩天輪也是神戶港區的地標之一，特殊的是遊樂園入園免收門票，但遊樂設施是單獨分開收費，所以能自由選擇想玩的項目。而這裡更是觀賞神戶港夜景

夜晚的MOSAIC其實也很漂亮

的最佳場所，當夜幕低垂時，總能見到不少情侶來此處散步吹海風。

大家一起來找這個戀人聖地郵筒在哪吧

229

有馬玩具博物館

童心大起，4,000種玩具任你玩

- ✉ 神戶市北區有馬町797番地
- ☎ 078-903-6971
- 🕐 09:00～18:00，不定時休息
- 💲 大人¥800，小孩¥500
- ➡ 搭神戶電鐵在「有馬溫泉站」下車徒步5分鐘
- http www.arima-toys.jp

超過4,000種以上來自世界各地的玩具，收藏在這棟六層樓的建築物裡供人參觀，6樓是德國傳統木雕娃娃展示區，安裝不同組件就可以看到不同的動作；5樓是現代木製玩具，經過實際接觸讓人瞭解它的樂趣；4樓展示的是機關玩具，看似簡單的齒輪玩具卻能造成深刻印象；3樓是鐵皮玩具及鐵道模型，能看到不少令人懷念的經典玩具；1樓則是販賣紀念品及工房。這裡是想懷舊童年時光不能錯過的地方。

有馬玩具博物館的外觀

可直接飲用的碳酸泉源

街上有豐臣秀吉的銅像

守護有馬溫泉的湯泉神社

金之湯
金の湯

含豐富鐵質的湯泉

📧 神戶市北区有馬町833
📞 078-904-0680
🕐 08:00～22:00，1月1日及每月第二、四個週二休息
💲 大人¥650，小學生¥340，幼兒¥140
➡️ 從神戶電鐵有馬溫泉站徒步15分鐘到達
🔗 arimaspa-kingin.jp

這裡是有馬溫泉中具有代表性的景點之一，它的泉質非常特殊，由於溫泉裡含有非常多的鐵質，因此在經氧化作用後泉水會變成鐵鏽色，所以有金之湯的稱呼，參訪時間較充裕的遊客可以購買門票進去泡個溫泉放鬆一下，裡面可租用毛巾跟浴巾，無法入內享受的遊客在門外也有足湯可以體驗。

❶金之湯的門口
❷外面有提供可飲用的溫泉水
❸無法入內泡澡的遊客可體驗足湯

知 識 充 電 站

正確的泡湯禮儀

1.要先沖洗身體
沖澡除了要洗乾淨自己的身體，還要藉由沖澡時習慣熱水溫度，請記得要從腳開始往上洗。

2.緩慢進入浴池
除了怕濺起水花影響他人外，也能避免快速進入浴池對心臟造成負擔。

3.勿將毛巾攜入
泡湯時將毛巾攜入池裡，除了會造成他人困擾外，也是件很不禮貌的事。

4.敬請量力而為
請不要逞強泡澡以免發生危險，依泉質不同決定是否要再度沖洗身體。

銀之湯
銀の湯

銀之湯的門口

━━━━ 無色無味的碳酸泉 ━━━━

- ✉ 神戶市北区有馬町1039-1
- ☎ 078-904-0256
- ⏰ 09:00～21:00，1月1日及每月第一、三個週二休息
- 💲 大人¥550，小學生¥290，幼兒¥120
- ➡ 從神戶電鐵有馬溫泉站徒步20分鐘到達
- http arimaspa-kingin.jp

銀之湯營業時間的立牌

　　跟金之湯齊名的銀之湯也有著特殊泉質，它是屬於無色透明的碳酸泉，泉水裡除了含有鐵質外，還有不少碳酸成分存在，由於泡洗後能讓皮膚變得更為光滑，因此受到不少女性們好評，館內還準備按摩浴池讓遊客能徹底放鬆，難怪能吸引不少遊客前來朝聖。

自然体感展望台
六甲枝垂れ

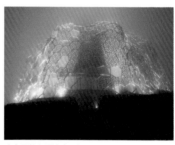

晚上展望台周邊會有燈光變化

━━━━ 感受幸福的浪漫氣氛 ━━━━

- ✉ 神戶市灘区六甲山町五介山1877-9
- ☎ 078-894-2281
- ⏰ 1月中旬～3月10:00～17:00，4～1月中旬10:00～21:00
- 💲 大人¥300，小孩¥200
- ➡ 從「六甲ケーブル山上駅」搭乘六甲山上巴士到「六甲山エリア(區域)」
- http www.rokkosan.com/view

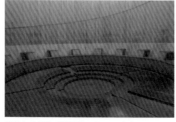

展望台內部依季節變換而有不同感受

　　這裡是2010年才啟用的景觀瞭望台，也是六甲山的一個新地標，遠處看像是棵大樹，網狀外觀就像是垂下的樹枝蓋著整座瞭望台，而內部空間會依季節不同呈現一種冬暖夏涼的自然效果，當夜晚來臨時，還可以在這邊欣賞美麗的夜景。每年不定時會使用燈光效果將整座建物包覆起來，讓人不禁沉醉在這樣的氣氛裡。

來去溫泉區愜意一日遊

神戶—熱門景點

許多人來到有馬溫泉應該都只有在溫泉街走走逛逛，買完紀念品就準備打道回府，不過三小a建議安排一整天行程最為恰當，上午可以先到有馬溫泉區參訪並到金之湯或銀之湯泡澡消除旅遊的疲勞，午餐過後到碳酸泉源公園試飲碳酸泉、參拜祭祀有馬溫泉守護神的湯泉神社及逛溫泉街買伴手禮，下午就可以搭纜車前往六甲山頂參觀並看夜景，這樣就能善用有馬六甲周遊Pass在交通上的優惠，不過出發前請記得先確認當天天氣狀況，以免上六甲山頂因氣候不佳無法看到夜景，要注意喔！

摩耶山掬星台

越夜越美的燦爛夜景

📞 078-251-8307

🕐 由於營業時間依季節變動性大，建議直接連結官網確認，每週二休息

💲 從摩耶ケーブル駅搭到星の駅單程¥860、來回¥1,500，小孩半價

➡️ 從三宮搭乘神戶市巴18號到「摩耶ケーブル」下車，轉摩耶ケーブル及摩耶纜車至星の駅出站後即到

http kobe-rope.jp

由螢光石鋪成的「摩耶★きらきら小径」(抹茶糰子／攝)

摩耶山美麗的夜景(抹茶糰子／攝)

摩耶ケーブルの搭乘處

六甲山天覽台夜景雖美，但摩耶山掬星台的夜景更令人嘆為觀止，它與北海道函館山、長崎稻佐山並列為日本三大夜景。標高約700公尺的掬星台，視野及能見度都比天覽台好，是觀賞夜景的最佳選擇。走出星の駅後只要沿著螢光石鋪成的「摩耶★きらきら小径」走就能到達掬星台，缺點是纜車結束時間有點早，所以要上山來看夜景前請務必到官網確認纜車營業時間，以免沒交通工具可下山。

銀之湯、自然体感展望台 六甲枝垂れ、摩耶山掬星台

明石海峽大橋

請站在橋上試膽量

✉ 神戶市垂水区東舞子町2051番地
☎ 078-785-5090
🕐 09:30～18:00，每月第二個週二休息
💰 平日：大人¥240，高中生¥120，中學生以下免費；假日：大人¥300，高中生¥150
➡ 搭乘JR山陽本線在「舞子駅」下車徒步7分鐘
🌐 www.hyogo-park.or.jp/maiko

❶ 橫跨在海上的明石大橋看起來很壯觀
❷ 有懼高症的請不要太靠近這座獨木橋

連接本州跟淡路島的明石大橋全長3,911公尺，是汽車專用橋梁也是世界上最長的吊橋，既然來了就一定要到舞子海上步道(舞子海上プロムナード)逛逛，它是距離海平面高度47公尺的展望設施，內部有總長150公尺的空中步道、展望室及展望廣場，在這還有一小段很有壓力的步道，在透明玻璃上放著一根木頭，站在上面真的會讓人感到有點害怕呢！

這裡還有一個名為「明石海峽大橋ブリッジワールド」的參觀活動，不僅有專人帶你參觀大橋，還可以到離地300公尺高的大橋橋墩進行體驗，這個體驗需事先預約且付費，詳細內容請參閱官網，膽大的朋友絕不能錯過的活動。

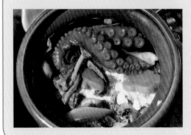

鐵人28號、三国志

漫畫及歷史人物出現本尊

✉ 神戶新長田地區
🕐 24小時
💲 免費
➡ 搭乘JR從「新長田駅」下車後徒步5分鐘
http www.kobe-tetsujin.com

　　日本第一部以大型機械人為題材的漫畫是《鋼彈》(Gundam)嗎？答案其實是漫畫家橫山光輝的《鐵人28號》，神戶官方為促進觀光而啟動一個名為「神戶鐵人PROJECT」(神戸鉄人プロジェクト)的巨大企劃案，在新長田建立了一座18公尺高的永久景點「鐵人28號」，也因此從下車那一刻起隨處都能見到鐵人28號的身影，無論是車站、販賣機、路燈等，而店家販賣的周邊商品更是讓人目不暇給，加上鐵人28號並沒有用柵欄圍起來，遊客可以近距離與它

鐵人28號站立在廣場上

接觸，建議下午再來訪，以免因光線被前方大樓遮擋而無法拍出好照片。

　　在這個企劃案中，還有橫山老師另外一個代表作品「三国志」，好幾尊歷史人物的等身大石像四散在新長田地區，每年10月都會舉辦「三国志祭」，如果對橫山光輝有興趣的朋友可千萬別錯過新長田。

一整排街燈造型是使用鐵人28號的頭部

連派出所也用鐵人28號的Logo

一下車就能看到劉備、孫權、曹操正在迎接遊客

カフェ・バール こうべっこ

與懷舊咖啡館的早餐約會

💲 ¥1,000
✉ 神戶市中央区加納町2-9-2
📞 078-222-1297
🕐 07:00～17:00
休 週日
MAP P.216

北野周邊有不少咖啡館，而「バール こうべっこ」是其中一家特色小店，雖位在大馬路旁，但卻沒有任何吵雜的感覺，站在門口就能聞到從店內傳出的陣陣咖啡香，忍不住就往裡面走去。店主古川睦先生對電影及音樂的造詣很深，所以牆上貼的是70年代的電影海報，音樂則是以輕快的爵士樂為主。

很有特色的店面外觀及裝飾

走過大正、昭和、平成等三個時期的啤酒瓶

最推薦的是「蛋三明治」(たまごサンドイッチ)，鬆軟的吐司麵包塗上帶點辣味的芥末醬，夾著半熟蛋及番茄切片一起吃，終於理解會成為這家店人氣餐點的原因，再搭配一杯香醇的咖啡，真是美好的早餐時光。

店內走的是懷舊風，淡淡的煙味跟裝潢有著莫名的契合感，廁所的陳設更讓人拍案叫絕，店主將老牌影星及導演逝世的新聞剪報貼在廁所牆上，感覺很有趣，讓人不注意也難，而放在廁所門口那三支空啤酒瓶更是店主的寶貝，因為它分別代表了大正、昭和、平成三個年代，有機會的話來跟店主聊聊天吧！

美味的蛋三明治

Kobe

グリル末松

鮮嫩多汁的炸牛排令你難忘

- **$** ¥1,400
- **✉** 神戶市中央区加納町2-1-9
- **☎** 078-241-1028
- **🕐** 11:30〜14:30、18:00〜22:00
- **休** 週二
- **MAP** P.216

雖然小但很特殊的店家外觀

外觀看起來不怎麼起眼的店面，有誰知道這是超人氣店家呢？以「炸牛排」(ビーフカツ)為招牌菜色的末松就是這樣的店

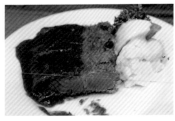

肉質軟嫩的炸牛排

家，店內位置數量不多，因此每到用餐時間總是會大排長龍，炸得酥脆的牛排淋上店家特製醬汁後再加上一碗白飯，這就是屬於日本人的和風洋食，而燉牛肉(ビーフシチュー)更是末松的招牌餐點，雖然一餐吃下來不便宜，但能吃到美味的和牛比什麼都重要啊！

十字屋

牛肉漢堡排加獨特醬汁，絕配

- **$** ¥1,500
- **✉** 神戶市中央区江戶町96 ストロングビル 1F
- **☎** 078-331-5455
- **🕐** 11:00〜20:00 (最後點餐19:30)
- **休** 週日
- **MAP** P.217

位於三宮地區有家開業將近80年的老店，充滿懷舊氣氛的店面及室內裝潢讓人彷彿進入時光隧道，優雅的氛圍會讓人一進門不自覺就降低音量，而店內食物的味道就算已經傳了三代也仍堅持傳統沒有改變。牛肉漢堡排(シチュービーフ)是老饕們必點的招牌菜色，雖然單點要價¥1,500並不便

宜，但軟嫩的漢堡排淋上店家特製醬汁真是絕配，醬汁濃稠卻不會蓋過肉排原味，當肉汁緩緩地從肉排剖切面流下來時，口水也會不自覺的跟著流了下來。

看起來讓人垂涎欲滴的漢堡肉

六甲牧場

特選牛奶甜品滿足你的甜點胃

S ¥350
✉ 神戶市中央区北野町3-11-4
☎ 078-252-0440
◷ 09:00～18:00
休 無
http www.rokkobokujyo.com
MAP P.216

神戶六甲牧場店家外觀

喜歡牛奶冰淇淋的朋友絕對不能錯過位於風見雞館旁的「六甲牧場」，店家採用自家牧場生產的特選牛奶，而且不添加人工香料，香醇濃厚的口感連平常不喝牛奶的人都會想試試看。除了牛奶口味，還有提供抹茶及生巧克力(チョコ)，頗受顧客們好評。店

內也有販賣起司蛋糕(チーズケーキ)，常溫下可保存5天，也是遊客來訪時選購伴手禮的熱門商品。

口感濃郁的特選牛奶冰淇淋

竹中肉店

現炸酥脆可樂餅

S ¥250
✉ 神戶市北区有馬町813
☎ 078-904-0763
◷ 09:00～18:00
休 週一

剛起鍋的可樂餅與店家名片

這是有馬溫泉街上唯一一家的肉店，但這裡除了賣肉外，還有些頗受好評的食物，那就是便宜

好吃且人手一個的可樂餅(コロッケ)，酥脆的外皮除了包著鬆軟的馬鈴薯泥外，還混著新鮮的肉末在裡面，不過由於這是現炸的食物，所以在大口咬下前先試試溫度，以免燙傷就不好了，而且裡面包的是牛肉，不吃牛肉的朋友可別誤食，而店內還有另外一種黑和牛(ミンチカツ)所用的肉質更好，但價格當然也比較貴。

有馬溫泉街內的店家外觀

にしむら

美好的一天從幸福早餐與咖啡開始

S ¥1,500
✉ 神戶市中央区山本通2-1-20
☎ 078-242-2467
🕐 10:00～22:00
休 無
http www.kobe-nishimura.jp
MAP P.216

爬滿綠色植物的紅磚牆感覺有歷史性

如果說京都的早晨是從INODA咖啡香開始，那神戶的早晨就是從にしむら珈琲香開始，創業超過60年的にしむら是神戶當地咖啡老

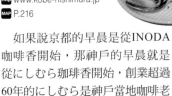
內部裝潢及地毯讓氛圍變得奢華

店，目前在阪神地區總共有11家店鋪，無論招牌、菜單、杯具、紙巾及餐巾都能見到にしむら的Logo「紅色的磨豆機」，每天開店後就能見到不少人坐在這喝咖啡、吃早餐，恣意享受早晨的悠閒時光。酥脆的熱麵包夾著起司及火腿搭配著濃郁的咖啡香，讓人一想到連肚子都餓了起來。印有Logo的咖啡杯是可以購買的，如果喜歡的話就帶一個回家吧！

Starbucks 北野異人館店

前身是北野物語館的綠白建築

S ¥1,000
✉ 神戶市中央区北野町3-1-31
☎ 078-230-6302
🕐 08:00～22:00
休 不定時
http www.starbucks.co.jp
MAP P.216

來到北野異人館區，這棟綠白色調的木造建築物是必定要來逛逛的地方，這邊不僅僅是日本登錄在案的有形文化財產，這裡前身為北野物語

神戶限定的隨行杯可供選購

館，不過從2007年起搖身一變成為星巴克北野異人館店開始對外營業，內部裝潢雖充滿異人館風味，仍保有星巴克一貫風格。1、2樓都是開放營業空間，建議可選擇坐在有不錯視野的窗邊或慵懶的沙發區，逛累的話也能來這邊休息並度過輕鬆午後時光。

綠白色調的建築外觀有著星巴克風格

風見雞本舖

甜蜜幸福感的人氣甜點

鬆軟有濃濃起司味的
蛋糕是人氣商品

- **S** ¥700
- **✉** 神戶市中央区北野町3-5-5
- **☎** 078-231-7656
- **🕐** 09:00～17:30
- **休** 無
- **http** www.kazamidori.co.jp
- **MAP** P.216

店家外觀有著最明顯的風向雞Logo

位於風見雞館下方的風見雞本舖是來北野的遊客必定光顧店家之一，而店內人氣商品「風見雞起司蛋糕」(チーズケーキ)及「布丁」(ぷりん)都是伴手禮的好選擇，不過由於需要冷藏保存且有效期限不長，如果要帶回台灣送人，在行程安排時要特別注意。風見雞起司蛋糕上面插著一根小小的風向雞牌子，吃起來鬆軟且有濃濃起司味，而布丁分成雞蛋(金)、牛奶(銀)、芒果(マンゴ)、杏仁等4種口味，口感綿密香濃，冰涼後食用風味最佳。

a la campagne

午茶時刻來份美味糕點

味道絕佳的焦糖布丁
也是不能錯過的

當季的水果塔絕對是來店首選

- **S** ¥1,000
- **✉** 神戶市中央区北長狹通1-10-6 ムーンライトビル1F
- **☎** 078-322-0130
- **🕐** 11:30～23:00
- **休** 無
- **http** www.alacampagne.jp

三宮車站附近有家小小的甜點店，主要販賣新鮮水果塔及有著好口感的糕點，每當營業時間總能吸引不少喜歡甜食的顧客上門，甜點櫃裡琳琅滿目的甜點總令人心跳加速。坐定位後會有店員將今日蛋糕盤端上來讓客人挑選，外表鮮豔且帶有淡淡香氣的水果塔是最佳選擇，但仍會有人為了選擇想吃的甜點產生天人交戰，暖黃色調的燈光及裝潢讓人不禁放慢步調，而店內也有提供水果酒來搭配蛋糕食用，有機會不妨來嘗試看看。

モーリヤ本店

絕對要來一客神戶牛排

- 💲 ¥5,000
- ✉️ 神戶市中央区下山手通2-1-17
- 📞 078-391-4603
- 🕐 11:30～22:30
- 休 每月第一個週一
- http www.mouriya.co.jp
- MAP P.216

剛料理完上桌的精選牛

來到神戶就要吃神戶牛似乎成為一種既定模式，而創業百年以上的「モーリヤ」則是許多背包客的共同選擇，但動輒近萬円的鐵板燒大餐總令人卻步，建議可預約中午時段前來光顧。最便宜的午餐組合「安幸土井」是嘗鮮首選，但搭配的肉是精選牛而非神戶牛，如真想一嘗神戶牛美味則要點價格較高的「田尻」。

店員會將點選的食材放在客人面前確認，光看牛肉油花分布就足以讓人垂涎不已，精選牛的肉質口感已經很棒，但神戶牛吃起來更是入口即化，滿滿油脂就在嘴裡化開，真是太美味了！搭配套餐附帶的湯、沙拉、飯或麵包、飲料及甜點，一整個大滿足。

広重

高檔神戶牛做的美味牛丼

- 💲 ¥1,200
- ✉️ 神戶市中央区中山手通り1丁目22-21
- 📞 078-222-6611
- 🕐 11:00～15:00、17:00～23:00
- 休 無
- MAP P.216

每碗牛丼都是使用神戶牛製作而成

講到神戶牛，每個人都會想到牛排，但是如果有機會的話，你會想吃吃看使用神戶牛製作的牛丼嗎？北野異人館附近的「広重」就是一家神戶牛牛丼專賣店，店內不到10席的位子，加上每份牛丼都是單獨製作而成，所以用餐時間通常都座無虛席；一大片的牛肉吃起來口感相當不錯，油花部分表現也很棒，吃的時候記得灑些七味唐辛子更佳，如果想來吃的話，建議開門營業前就來比較好。

店家外觀

Ca marche

很多知名餐廳的指定使用麵包

💲 ¥200
✉ 神戶市中央区山本通3-1-3
📞 078-763-1111
🕐 08:00～19:00
休 星期二、三
MAP P.216

❶咬起來酥脆的可頌麵包
❷有相當多種類的麵包可選擇

　　每到營業時間，在店內小小空間裡總是會湧進不少人，這就是Ca marche給人的第一印象，它是因為提供神戶地區不少有名餐廳的餐前麵包而著名；提供選擇的麵包種類其實不少，除了一般常見的法國麵包、吐司麵包、紅豆麵包、奶油麵包外，還有利用當季食材製作的特製麵包，透過玻璃能看到麵包的製作過程，物超所值的價格，可以加深讓大家前往購買的慾望，無論是當天食用或當隔天早餐都相當適合。

かつ丼吉兵衛

就算大碗也能將它輕鬆完食

💲 ¥700
✉ 神戶市中央区三宮町2-11-1 三宮センタープラザ西館 B1
📞 078-392-4559
🕐 10:30～19:00
休 不定休
http www.yoshibei.co.jp
MAP P.217

　　「かつ丼吉兵衛」是炸豬排飯專賣店，目前在神戶、大阪東梅田及千日前都有分店，位於三宮センタープラザ地下美食街的本店是最多人前來朝聖的地方，曾連續獲得全日本丼飯金賞，也讓原本就不錯的生意變的更聲名大噪；把金黃色的豬排跟醬汁一起烹煮，最後將蛋加入後灑上蔥花並覆蓋在白飯上，這就是店內最著名也最推薦的かつ丼，還能照個人意願加價多加白飯或蛋汁，相當誘人的美味及實惠價格讓三小a相當推薦，來到神戶別忘了到這裡大快朵頤吧！

想要來碗讓人垂涎三尺的豬排丼嗎

用餐時間總是座無虛席

和黑

神戶牛午餐、一定要預約

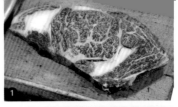

S ¥6,000
✉ 神戶市中央区中山手通1-22-13
☎ 078-222-0678
🕐 12:00～22:00(最後點餐21:00)
休 無
http www.wakkoqu.com
MAP P.216

如果來到神戶，不吃神戶牛好像就缺少些什麼，既然這樣那就好好來享受一餐美味的神戶牛排如何？位於北野坂的「和黑」就是一個不錯的選擇。想省錢嘗試看看的話，推薦可以吃午餐ランチメニュー(Lunch Menu)，但請一定要事先在官網或電話預約，單純碰運氣來看有沒有位子是很容易碰釘子的，千萬要注意！

午餐總共有3個選擇，分別是「お昼の和黑コース」、「お昼のコース」、「ランチセット」，最大的差別是在於牛肉肉質及套餐內容(可參考官網中文說明)。お昼の和黑コース所使用的牛肉是一種名為「三田牛」的品牌，三田牛每年只提供一千頭販賣食用，肉質相當美味；套餐中コース的是有含甜點跟咖啡，但セット沒有包含這兩個，如果想吃些特別的，強烈建議加價把白飯改成由蔥花、牛油花及蒜片炒出來的蒜頭炒飯(ガーリックライス)；飯後甜點跟咖啡看起來也是有著小小奢華感，如果口袋深的朋友就可以選擇晚餐來吃。

❶料理前都會先讓客人看牛肉的漂亮油花
❷即使是中餐也需要事先預約
❸入口即化的美味讓人忍不住想再來一份

ママのえらんだ
元町ケーキ

悠閒品嘗美味蛋糕下午茶

$ ¥500
✉ 神戶市中央区元町通5-5-1
📞 078-341-6983
🕐 08:30～19:00
休 不定休
MAP P.217

❶像朵花美麗的ざくろ是人氣商品
❷店內也有販賣餅乾類食品

　　看起來相當明亮寬廣的空間相當吸睛，如果能坐在窗邊享受下午茶的話，似乎是一件不錯的事。店內採自助式消費，找好位子坐下後到櫃檯點餐並取餐，請記得用餐完後再把餐盤送到回收台。外表可愛像朵花的「ざくろ」是人氣商品，使用戚風蛋糕、鮮奶油及草莓組合而成，搭配一杯紅茶，真的是很悠閒，價格上比一般蛋糕店便宜些，但品質並沒有因此而打折扣，另外還有販賣易於保存的餅乾及果醬能讓客人購回食用。

観音屋

起司蛋糕族的最愛

$ ¥350
✉ 神戶市中央区元町通3丁目9-8
📞 078-391-1710
🕐 平日11:00～22:00，假日09:00～22:00
休 無
http www.kannonya.co.jp
MAP P.217

　　喜歡吃起司蛋糕(チーズケーキ)嗎？如果你的答案是肯定的，那絕對要到觀音屋來朝聖一番，店家在圓形的海綿蛋糕上鋪著由4種起司混合製成的特殊起司，強烈建議一定要趁熱食用，使用刀叉將蛋糕切開來吃時，上面那層因受熱融化的起司還會有「牽絲」的現象呢！微鹹的起司加上微甜的蛋糕體，入口即化的口感十分獨特，忍不住讓人一口接著一口吃完，難怪會成為神戶名產之一。

有著微妙口感的起司蛋糕

一邊享用美食一邊欣賞神戶港景色

Frantz

可口甜點是女性的最愛

$ ¥1,000
✉ 神戶市中央区東川崎町1-6-1
☎ 078-360-0007
🕐 11:00～20:00
休 無
http www.frantz.jp
MAP P.217

　　由紅黑兩種色調為裝潢主體的「Frantz」是一家源自神戶的甜點名店，因此以船錨為品牌的Logo，店內主要商品為布丁(プリン)、生巧克力(生チョコレート)及起司蛋糕(チーズケーキ)，最受歡迎的就是曾在年輕女性間引起高度話題性的魔法壺布丁(魔法の壺プリン)及一個小時能賣出1,000個半熟起司蛋糕(半熟チーズケーキ)，即使小小一個單價也不便宜，仍讓不少甜食愛好者對此趨之若鶩。

❶全日本OL票選第一名的魔法壺布丁
❷紅黑色調的包裝相當引人注目
❸讓人有奢華錯覺的店家外觀

神戶特集

享受午後
甜點時光

Patisserie ToothTooth

✉ 神戶市中央区三宮町1-4-11
☎ 078-334-1350
🕐 1F：10:00～21:00，2F：11:00～21:00
休 無
http www.patisserie-toothtooth.com
MAP P.217

冰櫃裡漂亮的蛋糕正在對客人們招手

有人問來到神戶的樂趣是什麼？除了泡溫泉、享用美食、逛逛異人館，最大的樂趣當然是來享受一頓豐盛的下午茶，由於神戶當初是日本與國外通商港口之一，因此有不少糕點隱身在巷弄中，讓我們一起來找找看吧！

在神戶以手工甜點相當受到女性歡迎的ToothTooth，那充滿異國風情的建物外觀讓人眼睛一亮，進入店內後，架上的餅乾及冰櫃裡的蛋糕甜點更是琳琅滿目，本店2樓有座位，可內用，也有提供一些輕食讓客人點選，不過最誘人的莫過於使用季節新鮮水果所製作的水果塔，無論是草莓、芒果、鳳梨都深受喜愛，水果引發出水果塔的甜味，加上酥而不油的塔皮更棒，每個月來都有不同的水果塔可嘗試。

1樓是各種糕點及餅乾的外帶區

美侑的代表甜點「W」(ダブル)

外觀低調不顯眼讓人
不好發現它的存在

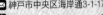

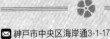

美侑

✉ 神戸市中央区三宮町2丁目9-3
📞 078-392-3735
🕐 10:30～20:00
休 不定休
http www.miu-kobe.com
MAP P.217

　　以起士蛋糕聞名的美侑常有不少人慕名而來，它坐落在舊居留地某條不起眼的小巷內，1樓是挑選外帶的櫃台，而2樓則是內用區，大片落地窗讓室內有著明亮光線，同時也顯出它的貴氣。使用義大利、澳洲及法國3種不同國家起司混合的蛋糕W(ダブル)是美侑代表甜點之一，香濃的起司蛋糕在口中散發出香氣，加上香脆千層酥是特別的搭配組合，也讓人讚不絕口，而水果塔(マキャージュ)也是必試的店內人氣商品，很適合逛累的遊人們來此歇腳休息。

低調但非常具有特色
的建物

patisserie
mont plus

季節限定的
栗子甜點

✉ 神戸市中央区海岸通3-1-17
📞 078-321-1048
🕐 10:00～19:00
休 週二
http www.montplus.com
MAP P.217

　　patisserie mont plus是一家走法式風格而聞名的甜點店，店長在日本累積不少糕點製作經驗之後，前往巴黎學習製作最正統的法國甜點，在歸國後將學習的技巧融合自己想法讓甜點重生，如果不是對甜點極度熱愛的人，是無法承受日夜都與甜點為伍的生活。店內提供不少種類的蛋糕、餅乾跟巧克力可挑選，無論是自己吃或送朋友都很適合，而季節限定的栗子甜點(オモニエール・ド・マロン)更要來嘗試看看，外皮柔軟的可麗餅皮包著栗子再加上漂亮的擺盤，是絕妙的搭配方式。

店內的餅乾也是熱賣商品

① ②加了大量生奶油的Essence(上)、巧克力商品L'hymne(下)是店內人氣商品

店家外觀

L'AVENUE

網路竄紅人氣甜品

$ ¥500

✉ 神戶市中央区山本通3-7-3 ユートピア・トーア

☎ 078-252-0766

🕐 星期一～六10:30～19:00，星期日、假日10:30～18:00

休 星期三、二不定休(請查閱官網)

http www.lavenue-hirai.com

MAP P.216

　　你是喜歡巧克力的旅人嗎？那來到神戶時請不要忘記到「L'AVENUE」走走，裡面的甜點種類會讓人看到目不暇給。它是這幾年竄紅的店家，在網路上有著相當高的評價，因此吸引不少喜歡甜點的人慕名而來，主廚平井先生曾獲得世界巧克力大賽優勝，頂著這個光環回到神戶開「L'AVENUE」這家店，建議可點選人氣巧克力商品L'hymne(リーム)及加了大量生奶油的Essence(エサンス)，特別提醒這家店只有外帶沒內用座位。

每種甜點都想把它帶回家享用

豪華的外觀即使位於商店街依然顯眼

Pâtisserie
GREGORY COLLET
元町本店
(パティスリー グレゴリー・コレ)

✉ 神戶市中央区元町通3-4-7
📞 078-326-7511
🕐 11:00～20:00
休 週三
http www.gregory-collet.com
MAP P.217

　雖然位在元町商店街裡，但店外並沒有明顯招牌可供識別，所以很容易與它擦身而過，店內空間其實不小且裝潢得很有氣氛。進門就能看到蛋糕展示櫃，內用區有供應甜點跟輕食，外帶區還有造型可愛的餅乾可買。在這提供的是法式風味的甜點，特別推薦人氣商品巧克力慕思(アプソリュ)，漂亮的外表、多層次的巧克力，每一口都能吃到濃濃的慕思，這樣的感覺讓人難忘。

人氣商品巧克力慕思
(アプソリュ)

同樣也是熱賣商品的布丁

カファレル

✉ 神戶市中央区山本通3-7-29
📞 078-262-7850
🕐 11:00～19:00
休 週三
http www.caffarel.co.jp
MAP P.216

每日數量限定的巧克力蛋糕

　到北野工房來參觀時，一定要將對街的カファレル北野本店列在行程裡，推薦的甜點有兩種，喜歡巧克力的絕不能錯過每日數量限定的巧克力蛋糕，不喜歡巧克力的可以點草莓提拉米蘇來吃，因為店內空間不大，扣除掉賣場部分後可使用的空間就更小，所以一次只能容納兩組客人入座，要內用才有機會看到店家用糖絲將甜點弄得像藝術品般漂亮，再加上略帶酸味的冰沙及水果搭配食用，讓人口口都充滿幸福。

讓客人選購伴手禮的外帶區

逛街購物

星巴克
Starbucks

快來收集地區限定商品

✉ 神戶市中央区北野町3-1-31
☎ 078-230-6302
🕐 08:00～22:00
🌐 www.starbucks.co.jp
🗺 P.216

創立於1971年美國西雅圖,以「白鯨記」書中的大副Starbuck而命名。目前全世界已經擁有超過9,000多家的門市,幾乎每個國家中都可以找到星巴克,並且享受統一口感的咖啡。但是創意無限的星巴克,不僅僅賣的是咖啡,除了在飲品的口味上尋求創新,還會販賣季節限量商品(櫻花杯)或甜點(馬卡龍),新鮮感十足,讓人每次旅行都對星巴克充滿期待。

星巴克出的收藏版日本城市馬克杯

依據不同的地區,星巴克也滿足所有收集愛好者的期望,推出日本的城市杯(包含隨行杯、馬克杯)及隨行卡(京都、大阪),關西地區總共推出4款:1.京都杯(耀眼奪目的金閣寺、舞妓、枯山水等古都風情)、2.大阪(鮮豔熱情的大阪城、通天閣及紅色的環狀線電車)、3.神戶(時髦夢幻的神戶塔、神戶港區、異人館及摩天輪)、4.機場門市(東京鐵塔、富士山、金閣寺著名景點),設計精緻,是絕佳的伴手禮選擇。購買隨行杯還會附贈一張免費的飲料兌換券,限在日本境內兌換並限用隨行杯。

依季節會推出的季節
限定杯(圖為櫻花杯)

架上放著京都、大阪及神戶的城市限定隨行杯

Kobe

三津森本舖

泡完湯來個碳酸甜點吧

✉ 神戶市北区有馬町809
☎ 078-904-0106
🕐 09:00~18:00
🌐 www.tansan.co.jp

精美的包裝裡有一片片的碳酸煎餅

來到有馬溫泉當然不能不來三津森本舖，畢竟使用當地碳酸泉所製作出來的碳酸煎餅(せんべい)

有馬溫泉街上的小賣店

是有馬名物，以單價而言並不便宜，外觀看似法蘭酥的煎餅吃起來薄脆，餅身上還飄散著淡淡香味，難怪成為來訪遊客必購伴手禮。一顆價格¥80的現蒸碳酸饅頭裡面包著豆沙餡，吃起來口感跟豆沙包很相似，外皮鬆軟且內餡熱熱甜甜讓人停不了口，不失為嘗鮮好選擇。如果想看師傅手工製作碳酸煎餅的完整過程可以到本舖來參觀。

Café FREUNDLIEB

來教堂享受午茶時光

✉ 神戶市中央区加納町2-9-2
☎ 078-222-1297
🕐 07:00~17:00
🌐 www.freundlieb.jp
🗺 P.216

由教堂所改建而成的烘焙坊？這似乎是件難以置信的事，不過這樣的建築物卻出現在神戶，它的店名是「Café FREUNDLIEB」，2樓咖啡店所賣的牛肉三明治(オリジナルローストビーフ)是推薦餐點，由於麵包是自家烘焙，所以口感跟品質有一定水準，因此每當下午茶時間常會客滿，如果要體驗在教堂

大家來猜猜這裡是教堂還是烘焙坊呢

裡用餐的感覺，請記得提早來排隊，1樓賣的是小餅乾、麵包跟糕點等，吃起來口感也不錯，買回來當伴手禮送人是不錯的選擇。

住宿情報

在 神戶住宿依照種類不同分成溫泉旅館及商務旅館兩大類,並做好價錢高低、交通方便度及語言溝通的註記,讓大家在安排住宿時能評估要住哪兒。

溫泉旅館

溫泉旅館價格高,價格多含當天晚餐、住宿及早餐,但往市區交通不便。

名稱	鄰近車站	官網
銀水莊 兆樂	有馬溫泉	www.choraku.com
有馬美景酒店Urara	有馬溫泉	www.arima-view.com
兵衛向陽閣	有馬溫泉	www.hyoe.co.j
欽山	有馬溫泉	www.kinzan.co.jp
中之坊 瑞苑	有馬溫泉	www.zuien.jp
有馬 Grand Hotel	有馬溫泉	www.arima-gh.jp

商務飯店

價格因飯店等級而有所不同,交通方便度高,溝通僅能使用英、日文。

名稱	鄰近車站	官網
東橫 Inn	請參閱官網	www.toyoko-inn.com
たるみ(tarumi)	垂水	hostel.fc2web.com
Kobe Kua House	三宮	kobe-kua-house.com
Super Hotel Kobe	三宮	www.superhotel.co.jp/s_hotels/kobe/kobe.html
Kobe Tokyu Hotel	三宮	www.tokyuhotels.co.jp/ja/TI/TI_KOBE
Hotel Sunroute Sopra Kobe	三宮	www.sopra-kobe.com
三宮Terminal Hotel	三宮	www.sth-hotel.co.jp/cs
Hotel de Maya	摩耶山	www.hotel-de-maya.com
Hotel Kitano Plaza Rokoso	北野異人館	www.rokkoso.com
Kobe Kitano Hotel	北野異人館	www.kobe-kitanohotel.co.jp
Oriental Hotel	舊居留地	www.orientalhotel.jp
Kobe Plaza Hotel	元町	www.kobeplaza.com
Meriken Park Oriental Hotel	神戶港	www.kobe-orientalhotel.co.jp
Kobe Porttower Hotel	神戶港	www.kobe-porttower-hotel.com
Hotel Okura Kobe	神戶港	www.kobe.hotelokura.co.jp
Hotel La Suite Kobe	Harborland	www.l-s.jp/chinese_tr
Chisun Hotel Kobe	Harborland	www.solarehotels.com/chisun/hotel-kobe
萬葉俱樂部	Harborland	www.manyo.co.jp/kobe

Kobe

スマイルホテル西明石

✉ 明石市和坂12-5
☎ 078-925-5555
➡ 從三ノ宮搭20分鐘新快速電車在西明石駅下車後，徒步2分鐘即到
🕐 Check in15:00，Check out10:00
http www.smile-nishiakashi.com

飯店門口外觀照

　神戶能旅遊的地區很多，但多數背包客都是當天往來大阪及神戶，如果旅遊區域延伸到明石跨

房間因空間不大感覺略擠

海大橋周邊，建議可以到這裡來住一晚，隔天早上養足精神後重新再出發，可以免除掉來回神戶市區所耗費的車程，雖然飯店裝潢稍舊，但價錢便宜、離車站近且生活機能方便，所以仍有不少外國背包客會選擇住在這裡，與櫃台人員溝通以日語為主。

ダイワロイネットホテル神戶三宮

✉ 神戶市中央区御幸通5丁目1-6
☎ 078-291-4055
➡ 從JR三ノ宮駅東口徒步5分鐘即到
🕐 Check in14:00，Check out11:00
http www.daiwaroynet.jp/kobesannomiya

飯店外觀，1樓就是便利商店

　「麻雀雖小卻五臟俱全」是商務旅館的特色，而全國連鎖的Daiwa Roynet Hotel距離JR三ノ宮駅徒步約5分鐘是它的優點，與櫃台人員溝通以英、日語為主，偶有中文服務人員，5種房型都能滿足有各種不同住宿需求的旅客，不定時會出現早鳥或特殊住宿專案可選擇，而生活機能也很方便，1樓大廳出來後就有便利商店可購買生活用品及零食。

奈良

城市印象

小心別讓鹿咬屁股的城市

初來奈良的首要印象就是比京都要古老的城市，事實上它的歷史的確比京都還更要古老，早在千年前的平安時代就曾是日本首都所在地，無論政治、經濟、文化及宗教信仰都有很繁榮的發展。

講到奈良，多數人的印象除了古蹟及大佛外，不外乎就是放養的鹿群，所以在行程安排上多是蜻蜓點水，並不會花太多時間在這裡，但如果想深切感受到日本傳統風情，奈良絕對是最佳的選擇。無論是嘆為觀止的世界遺產、悠閒自在的踏青野趣及齒頰留香的傳統美味，都能在奈良這個城市一網打盡，再加上有著許多歷史遺跡的奈良郊區，就算安排再多時間也不夠啊！

千萬不要被牠無辜的眼神給欺騙了

相較於京都已發展成現代化的城市，奈良仍像是個小鎮般純樸，加上官方及民間對景觀保存的重視，也讓奈良保留了古老的那一面，來到關西如果想遠離都市的塵囂，記得一定要來此一遊。

不管怎樣都得小心集體行動的鹿群

交通情報

奈良對外交通

奈良對外的交通方式以電車為主，而電車又分成JR、近鐵兩家不同公司的系統。建議安排行程時從近鐵奈良駅當做起點較佳，因為它與奈良鬧區及主要景點距離較近。如果從外地當天來回奈良，建議可先計算車資，再評估是否需要購買「奈良・斑鳩一日券」使用，該套票只能在指定地點才能購買且無法搭乘JR列車，購買時可索取「大和を歩こう」手冊，內有奈良景點及設施的優惠券可供使用。

交通資訊相關網站

- http 小氣少年：nicklee.tw
- http 阪神電車：rail.hanshin.co.jp
- http 奈良交通：www.narakotsu.co.jp
- http JR西日本：www.jr-odekake.net

奈良市區交通

公車

奈良公車分成均一及多區間兩種車資計算方式。建議第一次來的朋友直接搭乘市內循環路線即可，因為它會經過興福寺、東大寺、春日大社等奈良主要景點，搭乘一次的費用是¥200。而奈良也有公車一日券可購買，一整天不限次數只要¥500，但只能在指定地點案內所才買的到。

腳踏車

除了徒步及搭公車外，騎腳踏車也是不錯的交通方式。車站內會有腳踏車出租資訊可提供，請向站務員詢問。租用一次腳踏車不限時是¥800，而租車時店家會影印護照存檔。

騎腳踏車注意事項：

❶ 腳踏車不得雙載。
❷ 請勿亂停車，以免被警察貼單警告。
❸ 務必遵守交通規則，不要當失格的旅人。

這裡是個鹿比人還重要的城市

奈良 交通常用票券

- **$** 票券價格
- **M** 販賣地點
- **★** 推薦理由

奈良·斑鳩一日券
(正面)

奈良·斑鳩一日券
(背面)

奈良·斑鳩一日券

$
1 大阪交通局版：¥1,600
(適合於：任一大阪市營地下鐵車站)
2 京都市營地下鐵版：¥1,600
(適合於：京都車站、二條、三條京阪、東山)
3 京阪電車版：¥1,500
(適合於：京都、大阪等地京阪電車沿線)

M 上述車站均有販售。

★
1 最常使用的奈良票券，包含市區內免費公車及電車搭乘，較適合有打算前往斑鳩或生駒者購買。
2 可免費搭乘生駒纜車。
3 觀光景點有奈良市區、佐保川、平城宮跡、藥師寺、大池、郡山城跡等。

遷都君 平城京一日電車·巴士乘車

$
1 大阪版：¥1,200
2 京都版：¥1,300 (無神戶版)

M 大阪難波、京都、近鐵丹波橋等近鐵主要車站。

★
1 適合當日往返的急行旅客，使用地區大致上與「奈良·斑鳩一日券」幾乎雷同，但近鐵電車的免費區間只到西之京，無法前往斑鳩或生駒。
2 需注意本票券限制往返的地方須為同一地點，(大阪去，回程也需是大阪，不可移動其他地區)，可省下大約¥300～400，受歡迎度有逐漸增加的趨勢。
3 對於沒有攜帶大型行李，只是安排一天行程到奈良玩鹿(或被鹿咬)的人而言，是一大福音。

奈良世界遺產フリーきっぷ (使用範圍：奈良·斑鳩·吉野)

$
1 大阪難波、鶴橋出發：¥2,800
2 京都車站出發：¥3,000

M 近鐵沿線車站(有販售特急券窗口的車站)。

★
1 適合在奈良停留2～3天，想要深度旅遊的背包客，使用範圍最為廣泛，但只包含區域內的近鐵電車與公車的交通費用。
2 可沉浸在奈良境內古老文化的洗禮之中，第一天安排奈良市區、第二天平城、藥師寺、唐招提寺、法隆寺等世界遺跡，第三天則是吉野山、室生寺等地區。

近鐵奈良駅周邊的公車搭乘位置圖

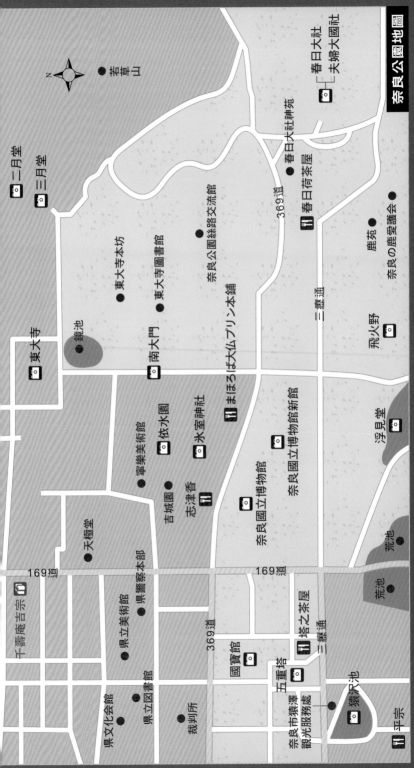

奈良公園地圖

若草山

N

二月堂

三月堂

春日大社

夫婦大國社

春日大社神苑

369道

春日荷茶屋

鹿苑

奈良の鹿愛護会

東大寺

東大寺本坊

東大寺圖書館

奈良公園絲路交流館

鏡池

南大門

まほろば大仏プリン本舗

三慶通

飛火野

寧樂美術館

依水園

水室神社

浮見堂

天極堂

吉城園

志津香

荒池

奈良國立博物館

奈良國立博物館新館

荒池

千壽庵吉宗

169道

169道

縣立美術館

縣警察本部

369道

塔之茶屋

三條通

國寶館

五重塔

縣文化館

縣立図書館

裁判所

奈良市猿澤

觀光服務處

猿沢池

三條通

平宗

259

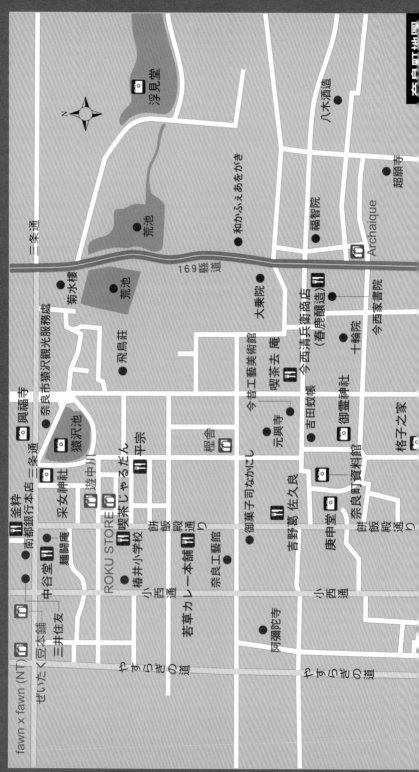

佐保川地圖

近鐵奈良周邊地圖

熱門景點

奈良公園

鹿群大本營，還可賞櫻喔

✉ 從近鉄奈良站2號出入口出來後直走3分鐘即可到達

http naradeer.com(奈良の鹿愛護会官網)

MAP P.259

很多小朋友會拿著鹿仙貝在餵鹿

奈良公園雖然占地廣大但並沒有設立柵欄或圍牆，境內有不少奈良名勝，包括春日大社、東大寺、奈良國立博物館、興福寺等景點，讓人印象最深的莫過於數量多達1,200頭的鹿，加上奈良公園是日本的賞櫻名所之一，讓這裡成為來奈良觀光必到之處，每年也因此吸引1,300萬遊客來此遊玩。

公園內有個「鹿寄せ」的特殊活動，吹起號角來召喚鹿群，而

鹿群正一邊曬太陽一邊打瞌睡

鹿群會將號角手團團圍住，時間都在早上9點，由於活動是不定期舉辦，安排行程前可到「奈良の鹿愛護会」官網確認活動日期，如果口袋夠深的可自費¥20,000跟相關單位提出申請。

公園周邊也有人力車提供付費服務，女性及年長者可選擇搭車方式進行遊園，別有一番滋味。

不少鹿群會直接在商店前面等待遊客餵食

旅行小抄

愛鹿、逗鹿者先看這裡

根據個人經驗，奈良公園裡的鹿群雖然搶食凶狠卻還算和善，根據資料每年5～7月為母鹿懷孕生產期及9～11月為公鹿發情期，在這兩個時期的鹿情緒較不穩，所以請勿逗弄鹿群，以免造成傷害。而鹿群的主食是公園裡的植物，請不要餵食鹿仙貝以外的東西，以免鹿群誤食。

Nara

東大寺

大佛殿是世界最大木造建築

✉ 奈良市雑司町406-1
📞 0742-22-5511
🕐 08:00～17:00
💲 ¥500
➡ 從近鉄奈良駅搭乘市內循環巴士在「大仏殿春日大社前」下車徒步5分鐘
🌐 www.todaiji.or.jp
MAP P.259

殿外有創寺遺物──「金銅八角燈籠」

旅行小抄

每年為大佛清拭一次

每年8月7日早上7點在東大寺有一場很特殊的活動，叫做「東大寺大佛清拭」(大仏さま お身拭い)，120名的僧侶及信徒在誦經淨身並更換白衣後，會分批爬上大佛開始進行清掃除塵的工作，這對東大寺而言是件重要的事，因此當天大佛殿會從早上7點開放，讓遊客有機會參觀這難得一見的特殊活動。

奈良給大家的印象除了鹿以外，應該就是大佛，因此大佛的所在地「東大寺」當然也成為來奈良必遊的景點之一。東大寺占地其實不小，不過通常遊客參觀的地點會集中在南大門及大佛殿這兩處。寫著「大華嚴寺」的南大門用很多巨大圓柱所搭建起來的，它是日本最大的山門，門內有兩尊高度達8公尺的仁王立像，經過南大門時會有種彷彿被注視的感覺。大佛殿是世界上最大的木造建築物，裡面安置了一尊近15公尺高的銅製大佛，它在日本宗教歷史上占有相當重要的地位。由於東大寺境內無論是建築物、雕像、藝術文物等有不少是國寶，在1998年時，已被聯合國列為世界文化遺產。

春日大社

列入世界遺產的神社

✉ 奈良市春日野町160
📞 0742-22-7788
🕐 4～9月06:00～18:00，10～3月06:30～17:00
💲 ¥500
➡ 從近鉄奈良駅搭乘市內循環巴士在「春日大社表參道」下車徒步10分鐘
🌐 www.kasugataisha.or.jp
🗺 P.259

　　來到奈良就不能不到列入世界遺產的春日大社，不過要到這裡必須先走過長達1.5公里的石子路，參道兩旁放置的石燈籠是由民間捐贈，大大小小的燈籠總計超過2,000座，每座燈籠上都有鹿的圖案。在這裡當然也可以看到不少鹿，相較於東大寺前凶狠搶食的鹿，感覺就溫和不少。

春日大社境內有一盞接著一盞的燈籠

　　朱紅色的樓門看起來非常有氣勢，而神社內上千盞的銅燈籠沿著走廊整齊排列著，替這座古老神社添加了不少神祕色彩，這裡也是全日本春日大社的總本社，其地位重要性可見一斑，而秋天更搖身一變為賞楓名所，更要來開開眼界。必買的小物也不少，嘴中咬籤詩的鹿御神籤(鹿みくじ)、小朋友專用御守(こども守)及鹿圖案的交通安全貼紙，這些東西人氣都很高，而在賣御守的地方還有一隻大號的鹿御神籤，可以跟巫女借來拍照留念。

春日大社表參道上的伏鹿手水所

旅行小抄

萬燈齊亮的特殊夜觀

每年2月節分日及8月14、15日晚間，從神社外參道的石燈籠開始到神社裡的銅燈籠，總計超過3,000盞燈籠會同時點亮，2月稱為「節分萬燈籠」、8月稱為「中元萬燈籠」，是春日大社每年重要的活動之一。

春日大社有名的鹿御神籤也有英文版可以買

在春日大社內

夫婦大國社
讓情侶、夫妻檔永遠甜蜜蜜

✉ 春日大社境內
☎ 0742-22-7788
🕐 07:00～17:00
💲 免費
➡ 從近鉄奈良駅搭乘市內循環巴士在「春日大社表參道」下車徒步10分鐘
http www.kasugataisha.or.jp
MAP P.259

堆滿的繪馬代表著許多人對另一半的希望

特殊造型的祈願繪馬，跟另一半來時記得寫一塊掛上去吧

春日大社境內有個很特殊的地方，它是日本唯一祭祀夫婦神明的神社，主要是祈求締結良緣及夫妻和睦，來到這裡的第一印象應該是神社周邊隨處可見的深粉色心形繪馬，這是夫妻大國社特有小物之一，將情侶兩個人的名字寫在上面，祈求感情能開花結果，室外一整面牆上密密麻麻掛滿大家寫上願望的繪馬還真壯觀，在這邊要提醒各位，室內是完全禁止拍照的，所以請不要違反規定，但室外拍照就沒有限制，牆上還有不少藝人或名人在上面簽名留念呢！

依水園
日式庭園的代表作

✉ 奈良市水門町74
☎ 0742-25-0781
🕐 09:30～16:00
💲 ¥650
➡ 從近鉄奈良駅徒步15分鐘可到達
http www.isuien.or.jp
MAP P.259

這裡是旅遊書上不常提及的景點，它與吉城園、竹林院群芳園、大乘院庭園都是奈良在日本庭園中的代表景點，現在也被日本列為國家名勝，境內分前、後園兩大部分，前園有江戶時期美麗庭景、提供餐飲服務的三秀亭及擺放古美術品的寧樂美術館，而後園則是採用築山式的池泉回遊式庭園，站在後園能遠眺若草山及東大寺，無論來此賞櫻、賞楓或是來這裡放空都是很不錯的選擇。

前園境內無論在哪都有很美麗的庭景

265

御靈神社

買個御守讓愛情長長久久

✉ 奈良市藥師堂町24
📞 0742-23-5609
🕐 09:00～16:00
💲 免費
➡ 從近鉄奈良駅徒步15分鐘可到達
🗺 P.260

藏身在町家巷弄中的御靈神社其實很不起眼，當初原本是為了要安撫皇族怨靈而設立的神社，但現在則是以祈求好姻緣而著名，這應該是當初始料未及的結果。在這邊能買到分別放有12種不同開運招福物品的御神籤、祈求戀愛運順利的紅色丘比特繪馬、還有分男女兩種圖案的娃娃御神籤，這些都是必買的可愛小物，也吸引不少單身男女遠道來此購買御守來祈求戀愛順利。

御靈神社一角

有著男女兩種圖案的戀愛籤

繪馬上還有可愛的邱比特圖案

奈良町資料館

曾是日劇拍攝地

- ✉ 奈良市西新屋町12
- ☎ 0742-22-5509
- ⓒ 本館僅週六、日及假日開放，別館僅週三休館；開放時間10:00～16:00
- 💲 免費
- ➡ 從近鉄奈良駅徒步15分鐘可到達
- http www.naramachi.org
- MAP P.260

由於日劇《鹿男與奈良》在此取景及奈良觀光大使堂本剛的原因，讓奈良町開始受到旅人們青睞，原本是元興寺本堂所在地，不過因為發生火災而燒毀，重建後就設為奈良町資料館，這裡只有假日才開放，門外吊掛許多「身代り猿」(見P.270)是特色之一，進入室內乍看之下會以為這是堂本剛的粉絲所開的，裡面擺了不少他的照片及親筆簽名。由於斜對面就是庚申堂，因此在行程規畫上都會將這兩個地方安排在一起。

❶在奈良町隨處可見的身代り猿
❷綁在身代り猿上的かや生地ふきん
❸奈良町資料館的建物外觀

佐保川

漫步在櫻花樹下的浪漫

➡️ 從近鉄奈良線在新大宮駅下車徒步15分鐘到達

MAP P.261上

佐保川兩岸開滿櫻花的景象

每當櫻花季節到來，多數人都只想的到去奈良吉野山賞櫻，但也有很多人並不知道離奈良只有一站之隔的「近鐵新大宮站」附近有條佐保川，沿途近2,000株櫻花同時盛開，那樣的場景令人感動，當行走在綿延不絕的櫻花樹下是件非常浪漫的事，這裡可算是奈良櫻花最多最集中的區。佐保川兩旁是一般住宅，所以更讓人羨慕著這裡的住戶能擁有這般美景，不過在此賞櫻時請記得注意交通安全，畢竟這裡是一般道路。

猿沢池

約會、賞景、拍照的好去處

➡️ 從近鉄奈良駅徒步10分鐘可到達

MAP P.259、P.260

原本它只是興福寺的放生池，因歷史久遠而衍生出不少有趣的傳說，最為人熟知的莫過於「七不思議」，這裡除了魚多，烏龜數量也非常多，當沿著池邊人行道漫步，不時能看到很多烏龜爬出水面來曬太陽。奈良八景之一

的「猿沢池の月」除了吸引不少情侶在這賞月散步，而透過池面拍攝五重塔倒影的構圖，也同樣吸引不少攝影愛好者來此補捉美麗畫面。

平靜池水像面鏡子投射池邊建物及樹木的倒影

知識充電站

什麼是奈良八景及七不思議

奈良八景是8個地點依照氣候不同所產生的景色為名，這八景分別為春日野的鹿、若草山的雪、猿沢池的月、佐保川的螢、轟橋的旅人、雲井坂的雨、東大寺的鐘、南円堂的藤，不知道有人收集完八景了嗎？

記載著猿沢池七不思議的石碑

而猿沢池七不思議分別為澄まず(不清澈)、濁らず(不混濁)、出ず入らず(水無法進出進入)、蛙はわかず(不生蛙類)、藻は生えず(不生藻類)、魚が七分に(魚占七分)、水三分(水占三分)。

春秋之際，愜意享受奈良風情

　　奈良是個無論什麼時候都適合來訪的城市，畢竟它參觀的重點在於鹿群、寺院及古蹟，不過我推薦大家可以在春天及秋天這兩個季節來看看，這樣就能把自然景觀也列入行程啦，畢竟天天看古蹟跟鹿群也是會看到膩的，偶爾也得換換口味，不是？

　　當春櫻時節，小小的冰室神社被賞櫻遊客擠得水洩不通時，帶著飯團跟飲料在佐保川旁櫻樹下愜意的野餐及拍照，悠閒享受午後陽光的洗禮，可真是慶幸沒有在京都人擠人呢！當秋楓時節，尤其在奈良公園及春日大社一帶，放眼望去就是紅通通的一片漂亮楓景，在寺院古蹟及鹿群的搭配下，美麗的畫面可完全不輸在京都欣賞到的，所以來奈良時請放慢您的腳步，盡情地消耗相機記憶卡容量吧！

冰室神社

盛開的櫻花是拍照的好據點

✉ 奈良市春日野町1-4
📞 0742-23-7297
🕐 4～10月06:00～18:00，11～3月06:30～17:30
💲 免費
➡ 從近鉄奈良駅搭乘市內循環巴士在「冰室神社・国立博物館前」下車
http www.himurojinja.jp
MAP P.259

冰室神社的鳥居及參道兩旁都種滿櫻樹

神社旁種著一棵足以吸引所有人目光的櫻花樹

每當賞櫻時節，冰室神社境內就會充滿盛開的櫻花

　　祭拜製冰販售業及冷藏冷凍業守護神的冰室神社是個特別的地方，每個月最少有一天在這裡會舉辦「冰献灯」的活動，從日落開始參道兩旁會擺放由冰作成的燈籠，不但美麗且具有特色。而這裡也是春天賞櫻的名所，神社境內的櫻花滿值得來欣賞，總是吸引不少人慕名前來，尤其是鏡池旁的枝垂櫻更是遊客必定拍照留念的地方。

興福寺

五重塔為奈良地標

- ✉ 奈良市登大路町48
- ☎ 0742-22-7755
- 🕐 09:00～17:00
- 💲 ¥600，國寶館、東金堂連帶共通券¥800
- ➡ 從近鉄奈良駅東改札口徒步10分鐘
- http www.kohfukuji.com
- MAP P.260

名列世界文化遺產中的興福寺是來奈良必遊景點，因為它除了位於奈良公園內，旁邊的五重塔及國寶館內那尊擁有1300年歷史的阿修羅像也吸引不少人前來造訪。五重塔雖然沒有對外開放，但遊客仍能站在塔旁拍照，近距離去感受到五重塔的壯觀，京都

有著超過千年歷史的東金堂是日本國寶

跟奈良的建築物都有限制高度，而奈良建物限制高度就是以高50公尺的五重塔為標準嚴格執行。

庚申堂

常見的「身代り猿」發源地

- ✉ 奈良市西新屋町14
- ☎ 0742-22-3900
- 🕐 24小時(只能從外參觀)
- 💲 免費
- ➡ 從近鉄奈良駅徒步15分鐘可到達
- MAP P.260

良町信仰的中心。格子門內則祭祀著彩色木造青面金剛像。

庚申堂無論何處都能見到三猿的蹤影

屋簷下吊著好幾串由此發源的身代り猿

在奈良町隨處可見屋簷下掛著一串串紅白相間的吊飾，那就是「身代り猿」，而小小的庚申堂屋頂及門前線香爐下，都能見到「勿聽、勿言、勿視」三猿的存在，這個不起眼的建築物卻是奈

知識充電站

什麼是「身代り猿」

「身代り猿」源自於奈良庚申堂，所以能在奈良町的住家屋簷下，看到它吊掛在那，背部印有咒語，主要是用來承受災難及除魔解厄。

因著日劇，發現她的美與善

玩家交流

　　對長期在都市生活的三小a而言，奈良應該可以算是鄉下地方，所以即使來了關西地區好幾次也提不起興趣到這裡來，不過在看完玉木宏主演的《鹿男與奈良》這部日劇後，漸漸對這個城市感到好奇，也將這裡排入關西之旅的行程裡。

　　到奈良後才漸漸發現它迷人的地方，不僅僅是隨處可見的鹿群及許多古蹟國寶，騎著腳踏車穿梭在各寺院及充滿古早味的町家街道裡，是一種有別於大阪與京都的感受，而在奈良遊玩時所接觸到的人都滿和善，如果真的有機會，我希望可以多安排幾天待在奈良，好好地去感受這個城市。

格子之家
（格子の家）

走入日式老房的時光隧道

✉ 奈良市元興寺町44
☎ 0742-23-4820
🕘 09:00～16:30，每週一休息，如遇假日照常營業，則隔日休
💲 免費
➡ 從近鉄奈良駅搭乘市內循環巴士在「田中町」下車徒步5分鐘
MAP P.260

　　在奈良町一帶還保有不少古町家格子屋，目前只有這裡是開放參觀，所以想一窺老房子的真面目就只能到這來，對建築或設計

廚房一景(喀紫里／攝)

房與房之間的天井(喀紫里／攝)

有興趣的人絕不能錯過。乍看之下，外觀跟一般町家無異，但進入後才能發現它的特殊，木造細長格局的建築、樓梯下可收納的空間、屋內的天井及庭院、特殊的採光效果，真是隨處可見當初設計的巧思，加上室內擺放了不少充滿古早味的物品，彷彿讓人進入了時光隧道般。

興福寺、庚申堂、格子の家

來到鹿天堂，請遵守「鹿規則」

請餵食鹿仙貝，手上勿拿紙類

看到這麼多可愛的鹿，大家一定會開始興奮起來，不過可別高興得太早，這些鹿外表雖然可愛，但牠們也有著「極凶狠」的一面，尤其是在搶食的時候。根據觀察，東大寺南大門前的鹿群比其他地區的鹿群還要「緊迫盯人」，只要看到遊客手上有拿東西就會靠過來聞，所以到奈良公園時，請將手上的地圖及其他紙類放到包包裡收好，否則鹿群可是會在紙上留下齒痕跟口水。

想餵鹿嗎？在奈良公園有不少鹿仙貝(鹿せんべい)的銷售點，奈良鹿保護會為了讓協會運作而製作了餵鹿的食物，內容物是由穀類、米糠、麵粉所混製，

想到「奈良」時，腦海裡會最先聯想到什麼？應該是在奈良隨處可見的鹿(しか)吧？傳說春日大社主祭神是騎著白鹿來到奈良，所以自古以來鹿都被視為神明的使者，後來不僅成為奈良的住民，在這裡自由的放養著，也被大家視為是另一種特殊的「文化遺產」，成為這個城市的象徵。大家一定知道北海道著名的「熊出沒注意」標誌，而在奈良則是隨處可見寫著「鹿出沒注意」(鹿の飛び出しに注意)的交通標誌，如果你是開車來到奈良公園附近時，請務必得放慢車速，以免撞到喜歡四處奔竄的鹿群。當天氣好時，也可以看到鹿群們正在享受日光浴。

在馬路邊都會有提醒駕駛人的交通標誌

鹿仙貝置於古色古香的木桌裡

餵食鹿群的注意事項

當你跟販賣鹿仙貝(鹿せんべい)的歐巴桑接觸那一刻起，就已經成為鹿群眼中的目標，所以請注意以下事項：

1.如果買鹿仙貝，請不要藏在包包或口袋裡，鹿群們的好鼻子可是會把鹿仙貝給找出來，到時會沾染不少仙貝屑跟鹿的口水，那味道可真不好聞啊！

2.餵食時手上除了鹿仙貝外，請盡量不要有其他物品(如：觀光導覽地圖)，以免被鹿群啃食。

3.請一片一片進行餵食，如果不敢近距離餵食，可以保持距離以拋擲方式進行餵食，但進行餵食動作時仍會吸引其他鹿群靠近搶食。

4.被鹿群圍起來、甚至被鹿輕輕觸碰時，那只是想引起你的注意，並不是在攻擊你，但在東大寺前較可能會被鹿啃咬，此時請勿慌張並出現明顯抗拒動作，避免鹿群受到驚嚇造成人身危險。

5.餵食完畢後，請對著鹿群做出雙手攤開的動作，根據經驗，多數的鹿看到這樣的動作就會識相離開，但仍會有少數的鹿會聞你身上是否還藏有鹿仙貝。

小鹿對賣鹿仙貝的攤子蠢蠢欲動

奈良公園周邊設有日、英、中、韓4國語言的注意告示牌

為的是不讓鹿亂吃東西或遊客任意餵食而危害到鹿的健康。而鹿仙貝聞起來味道很濃，所以鹿群們對鹿仙貝很感興趣，如果你想嘗嘗鹿仙貝的味道，我只能說吃起來只有淡淡的穀味。有人一定會感到疑惑，為什麼鹿群不會直接去騷擾在販賣鹿仙貝的歐巴桑呢？原因很簡單，因為鹿群們雖然很「凶狠」，但賣鹿仙貝的歐巴桑比牠們還要「凶狠」啊！

鹿最喜歡的鹿仙貝

特色餐飲

GATEAU DES BOIS

━━━ ❦ ━━━

三小 a 推薦的奈良洋菓子甜點店

- 💲 ¥1,000
- ✉ 奈良市西大寺南町1-19-101
- 📞 0742-48-4545
- 🕘 09:00～19:00
- 休 每月第一、三個星期四
- ➡ 從近鐵大和西大寺駅徒步2分即到達
- http www.gateau-des-bois.com

店面外觀

奈良出身的主廚林 雅彥，曾在歐洲數個洋菓子世界大會中分別得到優勝、味覺審查第一名及特別獎的榮耀，在拒絕日本各地不少飯店及店家的邀約後，回到出身地奈良經營這家店，吸引不少喜愛甜點的人前來朝聖；「アンブロワジー」是招牌必點，外表包覆著濃厚巧克力慕斯，裡面則有帶酸味的莓類，酸甜口感讓它成為看板甜點，另外以卡士達跟鮮奶油當內餡的「カルボンヌ」也很有人氣。

❶❷相當有人氣的「アンブロワジー」(右)及「カルボンヌ」(左)

中谷堂

━━━ ❦ ━━━

搶手杵餅由艾草與十勝紅豆製成

- 💲 ¥130／個
- ✉ 奈良市橋本町29
- 📞 0742-23-0141
- 🕘 10:00～19:00
- 休 不定休
- http www.nakatanidou.jp
- MAP P.260

一天可以賣3,000個杵餅的中谷堂在奈良算超人氣店家，杵餅就是紅豆麻糬，因為外皮裡面加了艾草，經過揉搓及槌打後就會變成綠色，並帶有淡淡香氣，由於

杵餅是現做，裝盒後還能感受到它微微的熱度，無論是趁熱或放涼後食用味道都很不錯。現場製作的Q軟外皮加上北海道甜而不膩的十勝紅豆，搭配起來真是讓人滿意，難怪它是去奈良必吃的甜點之一，現場還會有師傅當場表演杵餅製作過程。

杵餅裡滿滿紅豆餡看起來很誘人

當店家將釜飯端上桌時會附上一個空碗，請使用飯匙將中間較軟的飯舀出放在空碗裡，並將食材也夾出放在碗上後將蓋子蓋上，由於一鍋釜飯裡有兩碗飯的量，因此舀飯的動作會做兩次，請記得一定要蓋好鍋蓋，讓已略焦的飯再悶一下才會有好吃的鍋粑，將碗裡的飯吃完後再把蓋子打開，使用飯匙將釜邊的鍋粑舀出來享用，味道可是很不錯的。

志津香

一鍋釜飯吃出日本對食材的堅持

- 💲 ¥1,200
- ✉ 奈良市登大路町59-11
- ☎ 0742-27-8030
- 🕐 11:00～20:00
- 休 週二
- http www.kamameshi-shizuka.jp
- MAP P.259

「志津香」雖然在奈良創業只有50年，但在旅遊美食節目及旅遊書上曝光率不低，因此常常看到門口大排長龍。由於店家仍保留創業時的傳統，等客人點餐後才開始製作，所以從點完餐到東西上桌的等候時間大概需要20分鐘。

如果不知道要點什麼，那「奈良七種釜飯」(めし)是最好的選擇，因為小小一鍋釜飯裡滿滿都是精華，有蟹肉、海鰻、蝦子等7種食材。釜飯聞起來很香，但吃起來很清淡，所以請記得搭配食材及醃漬物。店內並沒有中文菜單及說明，目前只有英、日文而已。

❶志津香的釜飯套餐，有飯、醬菜跟湯
❷打開木蓋不僅能聞到香味，也能看到鋪在飯上的食材
❸還沒開門營業的時間就已經有客人在排隊等候入店

塔之茶屋
塔の茶屋

日式老房中品味道地茶粥

💲 ¥3,150
✉ 奈良市登大路町47
📞 0742-22-4348
🕐 11:30～19:00
休 週二
http www14.ocn.ne.jp/~tyagayu
MAP P.259

即使是茶粥便當，內容物看起來也不簡單啊

位於奈良公園裡的塔之茶屋是奈良第一家販賣茶粥的店家，有著200年歷史的建築物外觀及內部裝潢，都能感受到歲月痕跡及懷舊氣氛，而開放式庭園偶爾還會有鹿進來散步，一邊享用美食一邊受到鹿群「騷擾」也是種難得的體驗。

推薦菜色當然是每天只供應到下午4點的茶粥便當(茶粥弁当)，店家將奈良大和茶葉加入粥裡高溫烹煮，食用時口感溫和清爽，口中瀰漫著一股淡淡茶香，黑色圓形便當盒中裝有蝦子、柿葉壽司、胡麻豆腐、奈良漬等家常配菜，種類雖多，但分量都是一口一個，因此就連女性顧客也能輕鬆享用完畢，最後再將沾滿黃豆粉的葛餅當甜點做為完美結束。吃完一份茶粥便當有如品嘗了奈良所有特色飲食，雖然價格不是那麼「平易近人」，但如果預算許可不妨來此一試，或許會有不一樣的感覺。

春日荷茶屋

依時節變換食材的万葉粥

- **$** ¥1,050
- **✉** 奈良市春日野町160
- **☎** 0742-22-7788
- **🕐** 10:00～16:00
- **休** 週一
- **http** www.kasugataisha.or.jp
- **MAP** P.259

春日荷茶屋外觀

會隨著月分變換食材的「万葉粥」

在春日大社裡逛累了嗎？神苑旁有家春日荷茶屋可以讓旅人歇腳，而且還能品嘗到著名的「万葉粥」，原則上粥是用昆布及白味噌為底去烹煮，再依時節加入相應的食材，所以一年會有12種不同種類的万葉粥。粥吃起來的口感清淡不軟爛，所以配菜部分使用不少醃漬物，而春、秋兩季限定的艾草糰子(よもぎ団子)雖然黏牙仍推薦點食。

釜粋

Q彈可口、令人讚賞的烏龍麵

- **$** ¥1,000
- **✉** 奈良市東向南町1 AMI21
- **☎** 0742-22-0051
- **🕐** 星期二～四11:00～15:00，星期五～日、假日11:00～20:00(最後點餐19:45)
- **休** 星期一
- **http** www.kamaiki.com
- **MAP** P.260

頂著曾在全日本烏龍麵大賽中得到第二名的頭銜，想必這家烏龍麵一定有它過人的地方。釜粋的麵條使用嚴選

招牌餐點「釜粋つけ麺」(沾麵)

小麥，無論溫度或濕度都有一定程度的管理，製作時用腳去踩踏麵糰，增加麵條Q彈的口感，並且麵條都是當天製作及銷售，所以賣完之後就打烊；招牌餐點沾麵「釜粋つけ麺」的沾醬，加入大量芝麻及薑末，讓烏龍麵吃起來更加清爽。

277

平宗

來奈良必品嘗的柿葉壽司

$ ¥1,000
✉ 奈良市今御門町30-1
☎ 0742-22-0866
🕐 10:00～21:00
休 週一
http www.kakinoha.co.jp
MAP P.259、260

柿葉壽司不僅是奈良名物，也是奈良傳統的鄉土料理，而150年前創業的平宗則是最早生產柿葉壽司的店家之一。奈良離海很遠較無法吃到新鮮魚類，因此當時有人將魚肉鹽漬過後放在飯上，而奈良吉野地區盛產柿子，所以再用具防腐及能去腥味的柿葉將壽司包起來，成為了柿葉壽司。

平宗店家外觀

一盒有6個壽司，裡面還附上清潔手的紙巾及醃菜

柿葉壽司的外帶包裝盒

柿葉壽司裡的壽司飯略硬且帶酸味，而原本腥味較重的鯖魚吃起來有點鹹，不過腥味的確降低不少，鮭魚吃起來像燻鮭魚，整體而言味道還不錯且帶點淡淡柿葉味，不喜歡魚腥味的倒是可以來試試看。至於搭不搭柿葉一起吃下肚則依個人喜好，由於現在平宗的柿葉都有再處理過，所以吃起來會有點老，因此已經沒什麼人連同柿葉一起下肚。平宗在關西雖然有好幾家分店及櫃點，但仍集中在奈良周邊，如果想一嘗美味的建議親自來一趟奈良。

鯖魚(左)跟鮭魚(右)是最基本的兩種壽司種類。鯖魚的腥味較重，而鮭魚的味道有如煙燻過

吉野葛 佐久良

午茶時光，來份葛切吧

- 💲 ¥1,000
- ✉ 奈良市高御門2
- 📞 0742-26-3888
- 🕐 10:00～17:00
- 休 週四，如遇假日則隔日休
- http www.nizuka.com/yoshinokuzu.htm
- MAP P.260

打著吉野葛為名號的佐久良是一家百年老店，位於老街區很容易讓人經過而不自知，進入店內會不自覺的放慢步調，就座點餐後可以享用店家事先準備的梅茶

沾了黑糖蜜的冰涼葛切(葛きり)，很適合當下午茶甜點

及花糖，特別推薦點份葛切(葛きり)來吃，切成條狀的冰葛切非常Q彈爽口，沾些黑糖蜜後再入口更是美味，也難怪這樣的老店能歷久不衰。仔細觀察後才發現，屋內裝潢才是讓人放慢步調的主因，有別於西式下午茶的感覺，能這樣度過午間悠閒也不賴。

充滿古早味的裝潢，讓人不禁放慢腳步

喫茶じゃるだん

濃濃在地風味的定食喫茶屋

- 💲 ¥800
- ✉ 奈良市餅飯殿町35
- 📞 0742-26-6898
- 🕐 09:00～20:30(最後點餐20:00)
- 休 星期四
- MAP P.260

位於商店街的「喫茶じゃるだん」，外表看起來相當不顯眼，店門口是一間帽子專賣店，如果不注意看的話，還真是會錯過這家店，如果要選擇日式定食類的餐點，不妨可以來這裡試試

看，或許它並不是極度美味的食堂，但在店內卻會感受到滿滿的在地風味，來訪的也都是附近的民眾，餐點方面無論是白身魚定食、天婦羅(天ぷら)定食或可樂餅(コロッケ)定食等通通有喔！

簡單的家庭料理其實也是不錯的午餐選擇

若草カレー本舗

來份四色咖哩挑逗一下舌尖吧

- 💲 ¥1,200
- ✉ 奈良市餅飯殿町38-1
- ☎ 0742-24-8022
- 🕐 11:30～15:00、17:00～21:00
- 休 星期三晚上、星期四
- http www.wakakusacurry.jp
- MAP P.260

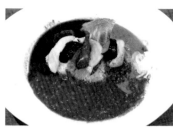

四色咖哩飯可以同時吃到四種不同口味

店家外觀

你喜歡吃咖哩嗎?「若草カレー本」使用野菜跟香料燉煮的咖哩醬汁,濃厚的味道讓人印象深刻,在門口立牌上用中、英、日文寫著菜單,而在立牌下方還註明咖哩的辣度及飯量多寡,因此選擇還真不少;前三大人氣餐點是蔬菜咖哩(若草カレー)、焗烤咖哩(焼きカレー)和蛋包飯咖哩(オム若草カレー),如果想同時嘗試不同口味,則推薦點四色咖哩飯(スペシャルあいがけカレー),不過這個帶有辣味,不嗜辣的人可得小心。

WAKAKUSA

營造無國界氣氛,必點可麗餅

- 💲 ¥600
- ✉ 奈良市東向北町22
- ☎ 0742-95-4554
- 🕐 09:00～22:00
- 休 無
- http www.cafewakakusa.com
- MAP P.261下

「WAKAKUSA是個充滿歡笑也沒有語言隔閡的地方」,這是店長中西先生想營造出來的氣氛,在這裡可以遇見來自很多國家的背包客,因此可以聽到很多不同種類的語言,無論從哪裡來,中西先生總在店裡四處串門子,即使彼此語言不同也能感受到他的熱情及友善,推薦餐點:可麗餅(Crepe)也很有趣,食材及醬料像是水彩般恣意揮灑在餅皮上,吃起來跟窯燒批薩一樣又薄又脆,價格便宜且口味選擇也不少。

特別口感的可麗餅相當受到大家歡迎

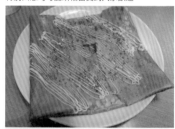

簡潔裝潢及輕快音樂讓人感受不到壓力

喫茶去 庵

品茶、蕎麥麵、甜點一次滿足

$ ¥1,000
奈良市公納堂町6
0742-81-7407
10:00～18:00
休 週三
http www.kissakoan-nara1.shop-site.jp/11.html
MAP P.260

「要瞭解日本文化，首先從茶道開始。」但往往外國觀光客想體驗茶道卻不得其門而入，而位於元興寺附近的喫茶去庵應該是個不錯的選擇。簡樸的町家外觀及室內裝潢十分平易近人，而庵主平野重夫先生是裏千家的茶道老師，所以除了餐點方面都與茶有關，平野先生也不吝於將自己收藏的茶碗跟來客分享使用，如果選擇甜點套餐，還會讓客人挑選自己喜歡的茶碗。如果想一睹平野先生現場示範，不妨多加些許費用就能完成心願。而這裡也提供茶道體驗的服務，不過是採預約制，體驗費用為¥1,000。

推薦餐點是抹茶蕎麥麵套餐(抹茶そばセット)，帶著抹茶香的蕎麥麵與沾麵醬汁，爽口好吃，分量更剛好，飯後甜點則是畫下完美句點。湯圓霜淇淋套餐(アイスクリーム白玉ぜんざいセット)，香草冰淇淋淋上濃郁的抹茶醬，粒粒分明的紅豆配上Q度十足的抹茶湯圓，讓人一口接一口欲罷不能。茶品更不用說，沒有苦澀味而是溫潤爽口的茶香，與甜品的組合真是天衣無縫。

❶店家的蕎麥沾麵吃起來充滿淡淡抹茶香
❷香草冰淇淋的味道真是不錯
❸喫茶去庵的店家外觀

今西清兵衛商店
（春鹿釀造）

品酒送季節限定酒杯喔

- **S** ¥400
- **✉** 奈良市福智院町24-1
- **☎** 0742-23-2255
- **◷** 08:15～17:15
- **休** 中元節，年底及年初
- **http** www.harushika.com
- **MAP** P.260

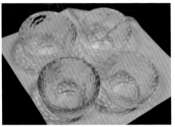

春鹿的試飲杯有4種顏色，杯底還有可愛的小鹿圖案

奈良是日本酒的發源地，而今西清兵衛商店在奈良算是釀酒世家，代代都替春日大社釀造神酒，而「春鹿」就是神酒名，所以這家店又以「春鹿釀造」這個名字聞名於日本國內及海外，在台灣也有機會買到它的產品呢！會喝酒的可以花¥400拿到一個杯底有鹿圖案的漂亮小酒杯，而酒

以鹿為標誌的春鹿釀造

杯依四季不同而分成4種顏色，拿著酒杯在現場能試飲店家準備的5款美酒，不過一種只能喝一杯，懂日文的可以一邊聽服務人員的解說一邊淺酌，不懂日文的就請好好享受微醺感。試飲後酒杯是可以讓客人帶走作紀念，如果不喝酒也可以嘗嘗店家所製作的奈良漬，一樣讓人印象深刻。

春鹿試飲內容就跟贈送的酒杯顏色一樣會依季節而改變，不同的是酒杯顏色可自選，但酒就得按店家規定來安排，基本上會從酒精濃度最低的試飲，最初的「超辛口」及最後的「大吟釀」是必定會存在於酒單上，可想見它們對店家的重要程度。

只要花¥400就能試飲目前熱賣的酒品，一種限一杯

まほろば大仏プリン本舗

香濃布丁是必帶的伴手禮

✉ 奈良市東向中町29 近鉄奈良駅B1(在東改札口旁)

🕐 10:00～21:00

http www.daibutsu-purin.com

MAP P.259

大佛布丁有好幾種口味可選擇

　瓶蓋上那個可愛的大佛笑臉及旁邊「I wish you are always smiling」字樣就是大佛布丁(大仏プリン)的招牌LOGO。看著大佛的笑臉，也會讓自己不禁微笑起來，它也是不少遊客來奈良遊玩時必買的伴手禮之一。

　吃起來的口感跟台灣的布丁差異性不小，因為店家使用大量鮮奶油及其他原料製作而成，除了濃郁的香氣，布丁吃起來綿密且柔滑，底部是帶點苦味的焦糖漿，的確是個不錯的甜點。

　原本只是一家單純賣布丁的店，近年來開始兼賣大佛笑臉的周邊商品，除了T恤、胸章、購物袋、文件夾、貼紙等等，也開始賣特大號大佛布丁，其容量比店內其他架上布丁大上3倍，且只要¥800就可以入手，不過買之前請斟酌自己熱愛甜食的決心，以免短時間內不敢再看到布丁。

　建議要離開奈良時再去購買，因為布丁罐是玻璃製，重量不輕、易碎且需保冷，並盡量別晃動到布丁罐，以免布丁因晃動而影響口感。

❶特大號布丁看起來分量十足
❷裝潢也使用大佛圖案跟布丁罐當噱頭

逛 街 購 物

奈良小鹿

嗜甜食、買伴手禮的最佳之處

- ✉ 奈良市東向中町10-3
- ☎ 0742-25-5188
- 🕐 09:00～22:00
- http www.chidoriya.jp
- MAP P.261下

奈良地區相關商品也是不可少的

店名既然是奈良小鹿，鹿的小飾品是一定要賣的

這是有著300年歷史老店「千鳥屋」在奈良的分店，由於店名就叫奈良小鹿，所以店內放眼望去的產品都跟鹿脫離不了關係，從菓子、布包、手機吊飾到小擺飾無一例外。而「小鹿の里」更是來此的必買商品，吃起來有著香脆口感的煎餅，共有柚子、草莓跟抹茶3種口味，不管是自己吃或是買來送人都很適合，個人推薦柚子口味最棒。另外還有千鳥屋三百多年來遵循傳統製法的「千鳥饅頭」，也是不能錯過的經典伴手禮。

千壽庵吉宗

蕨餅、銅鑼燒讓你甜蜜滿分

- Ⓢ ¥550
- ✉ 奈良市押上町39-1
- ☎ 0742-23-3003
- 🕐 08:00～20:00
- 休 元旦
- http www.senjyuan.co.jp
- MAP P.259

千壽庵吉宗的建物外觀看起來相當有歷史性(喀紫里／攝)

蕨餅(わらび餅)是店內熱賣商品第一名(喀紫里／攝)

位於奈良縣廳附近的千壽庵吉宗是一家主打蕨餅(わらび餅)的老店，以古法製造的方式吸引不少觀光客前來選購，店內有人氣第一吃起來軟Q的蕨餅，可惜它的保存期限只有3天；另外還有推薦的三笠，它是尺寸比臉還要大的銅鑼燒，紅豆內餡口感綿密且飽足感滿點，加上保存期限長達14天，相較於保存期限短的蕨餅，更適合買來送人。

遊 中川

精美生活小物讓你賴著不走

✉ 奈良市元林院町31-1
☎ 0742-22-1322
🕐 11:00～18:30
http www.yu-nakagawa.co.jp/yu
MAP P.260

如果想購買設計精美的小物及雜貨，奈良知名品牌「遊 中川」絕對是首選，當初以生產高級織品「奈良晒」起家，無論是文具、手巾、布包、拖鞋等雜貨都能見到奈良的影子，舉凡大佛、鹿、五重塔等奈良代表物都會融入在產品裡，喜歡購買特色小物

的絕不能錯過這裡。除了必入手的花巾(花ふきん)外，無論是鹿主題的小布包、送禮自用都很棒的繪形香、小巧可愛的不倒翁等都是讓人愛不釋手及推薦的商品。本店裡有一家「中川政七茶房」販賣飲料及冰品，讓客人可以在此休息一下再出發。

❶由麻布所製成的包包及袋子非常受到女性喜愛
❷因顏色不同而有不同祈願效果的不倒翁
❸店內除了麻製品外，可愛雜貨小物同樣熱賣

知 識 充 電 站

什麼是「奈良晒」

「奈良晒」是幕府時代武士衣著的布料材質，由於精美及細膩的手工，後來也成為了德川家的御用品，由於它將好幾層的麻布織在一起，所以擁有更強的快乾及吸水力特性，近年來店家轉為製作茶杯墊及花巾(花ふきん)，這項產品得到了2008年日本經濟產業大臣金牌獎，所以開始聲名大噪起來，不少人會買回去當抹布或擦手巾來使用，是用來清潔的好幫手。

Archaique

讓你愛不釋手的特色店鋪

✉ 奈良市福智院町44-1
☎ 0742-24-7007
🕐 12:00～17:00
http www.archaique.co.jp
MAP P.260

這是鎮店之寶—
小鹿杯子蛋糕

看起來不起眼的甜點店為何會吸引不少遊客前來光顧？才開幕兩年的Archaique將鹿跟甜點結合起來，將鹿、星星、小花、愛心等可愛圖案加在杯子蛋糕及餅乾上，一整個超可愛吸睛，鎮店之寶

小鹿杯子蛋糕跟小鹿餅乾是必買商品，但是買了大概也不忍把它吃掉吧！另外還有店家自製的布丁，味道也滿不錯。還有店內所販賣的茶葉、茶具、飾品及雜貨也相當有歐式古典風格，東西都非常可愛，提醒自制力不足的朋友要忍住別敗家。

寫著奈良及小鹿圖案的餅乾讓人愛不釋手

ROKU STORE

可愛奈良鹿專賣店

✉ 奈良市南市町2-3
☎ 0742-94-5318
🕐 11:00～19:00，不定休
http www.rokuchan.jp
MAP P.260

這裡是ROKU家族周邊商品專賣店，主角是一隻名叫鹿醬(鹿ちゃん)的可愛奈良鹿，喜歡花的雌鹿小花(hana)、住在猿沢池的龜吉(kamekichi)、來自廣島的白鹿ケンジ(kenji)跟和善的大佛老

很可愛的ROKU娃娃(喀紫里／攝)

店內販賣的商品都與ROKU有關

師(daibutsu)等都是ROKU家族的成員，在這裡不管是文具、文件夾、玩偶、胸章及雜貨，所有圖案都是由店家自己設計的，另外還有專屬ROKU的圖畫故事書，真的是太可愛了。而ROKU家族也有專屬的粉絲團，快點加入粉絲行列吧！

個性商店讓我流連忘返

　　對於在這個小城市裡營業的店家而言，鹿跟大佛是奈良最明顯的代表物，因此ROKU STORE跟NT這兩家特色小店就在取締役井下泰憲先生的催生下這麼出現了，偶然在網路上看到一件很可愛的鹿帽T，就決定造訪奈良時要把它們放進行程裡。但第一次造訪時沒有先查清楚公休時間，因此又另外安排了第二次造訪，在這邊給大家建議，安排行程時請記得要確認店家營業時間，以免像我一樣白跑一趟。

　　位於三条通的fawn x fawn (NT) 或小巷內的ROKU STORE雖然不是超人氣店家，但它們卻可以讓我在此駐足許久，對我而言不管去哪個國家或城市，充滿特色主題的小店，是可以決定我是否造訪這個地方的重點，因為它們對我的吸引力遠比景點大，不知道有人有相同的看法嗎？

fawn x fawn (NT)

奈良鹿的潮T專賣店

✉ 奈良市上三条町29
☎ 0742-23-8713
🕐 11:00～19:00
http www.nara-t.com
MAP P.260

　　這裡是賣ROKU家族系列商品的另外一家店，但經營者刻意將這裡與ROKU STORE做一個區隔，使它成為一家有特色的「奈良T恤專賣店」(NARA-T，簡稱NT)。原本它只是一家網路商店，因深獲喜愛所以決定在奈良人潮聚集的商店街上設立實體商店，藝人堂本剛擔任奈良觀光大使時還曾經到這家店消費，吸引不少粉絲追隨他的腳步來此朝聖。除了熱門的鹿T值得推薦外，有著鹿角及尾巴的鹿外套也是深受女性喜愛的熱門商品，喜歡有鹿圖案衣物及周邊小物的朋友，不妨撥空來此逛逛，或許會有意想不到的收穫。

這件鹿帽T是非常歡迎的商品，帽子上還有兩支鹿角

ぜいたく豆本鋪

日式傳統零食應有盡有

- ✉ 奈良市角振町24
- ☎ 0742-22-6061
- ⏰ 平日10:00～20:00，假日10:00～20:00
- MAP P.260

「ぜいたく」的漢字就是贅澤，中文是「奢侈」的意思。「ぜいたく豆本鋪」在奈良是間有名的菓子屋，招牌上大大的「奈良名物」4個字讓人產生錯覺，它並不是以賣和菓子出名，而是日本傳統零食的專賣店，裡面零食種類不下數百種，讓人看得眼花撩亂，無論豆菓子、糖果、蠶豆等都充滿古早味，而價格也很平易近人，所以吸引不少觀光客來此採購。「豆將軍」系列是推薦購買商品，不僅便宜，吃起來也很順口。

架上販賣很多充滿古早味的糖果餅乾

樫舍

在老店中尋找自己最愛的甜品

- ✉ 奈良市中院町22-3
- ☎ 0742-22-8899
- ⏰ 09:00～18:00
- http www.kasiya.jp
- MAP P.260

簡單的店內裝潢如同老闆對於和菓子有著自己堅持與見解，那就是用最簡單的材料做出具有特色的成品，隨著季節轉變也會用不同的食材作出和菓子。1樓小小的空間是賣場跟櫃台，走上樓梯

樫舍的建物是百年歷史格子屋

到2樓就是用餐區，在店員介紹下才發現原來這裡也是有百年歷史的格子屋，樓梯也有好幾個物品收納櫃。推薦嘗試用吉野葛跟丹波紅豆製成的「葛燒き」。購買「小種」當特產也是不錯的選擇。

「小種」是來奈良遊玩後的伴手好選擇

住宿情報

雖然奈良有不少住宿地點，但晚上較無夜生活，因此通常會安排住在大阪或京都，如想體驗不一樣的奈良，建議可在奈良居住一晚，依照種類不同分成商務飯店、民宿、青年旅館等3大類，並做好價錢高低、交通方便度及語言溝通的註記，讓大家在安排住宿時能評估要住在哪。

商務飯店

價錢落差大，交通方便度高，能使用英、日文溝通。

名稱	鄰近車站	官網
Hotel Fujita Nara	近鉄奈良	www.fujita-nara.com
Green Hotel 馬醉木	近鉄奈良	www.ashibi-nara.com
Washington Hotel Plaza	近鉄奈良	nara.washington.jp/guestrooms
日航奈良	JR奈良	www.nikkonara.jp
Hotel Asyl Nara	JR奈良	www.worldheritage.co.jp/asyl
Hotel Sunroute-Nara	猿沢池	www.sunroute-nara.co.jp
Super Hotel	請參閱官網	www.superhotel.co.jp
東横 Inn	請參閱官網	www.toyoko-inn.com

民宿

價錢便宜，交通方便度中等，但多數使用日文溝通。

名稱	鄰近車站	官網
民宿 野田屋	元興寺	www.minshuku-nodaya.jp
KKR 奈良みかさ莊	奈良公園	www.kkrnara.com
奈良倶樂部	東大寺	www.naraclub.com
松前	近鉄奈良	www.matsumae.co.jp
奈良白鹿莊	近鉄奈良	www.hakushikaso.co.jp
飛鳥莊	猿沢池	www.asukasou.com
大佛館	猿沢池	www.daibutu.com

青年旅館

價錢便宜，交通方便度高，能使用英、日文溝通。

名稱	鄰近車站	官網
奈良青年旅館	近鉄奈良	www.jyh.gr.jp/nara
奈良縣青少年會館	近鉄奈良	www6.ocn.ne.jp/~naseikan
Guest House 奈良小町	JR奈良	travel.rakuten.co.jp/HOTEL/106083
遊山 Guest House	JR奈良	yuzanguesthouse.com
Ugaya Guest House	近鉄奈良	www.ugaya.net
Guest House 奈良 Backpackers	奈良公園	www.nara-backpackers.com
Machiya Guesthouse Naramachi	奈良町	nara-naramachi.com

京阪神奈旅遊黃頁簿

Travelling in Kyoto・Osaka・Kobe・Nara

前往與抵達 DEPARTURE & ARRIVAL

簽證

　　由於從台灣去日本旅遊的人數相當多，因此日本從2005年愛知博覽會後，就已經同意持台灣護照的旅客，可享有免簽證就能進入日本的權利，每次最長可停留90日，但僅限於以觀光、商務、探親等目的的旅客，所以這兩年在年輕朋友間相當流行的度假打工(World Wide Opportunities on Organic Farms)則不符合這個標準，必須依規定向日本交流協會申請期限為1年的打工度假簽證。

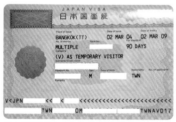

數年前要去日本還得送簽並付簽證費

航空公司

　　現在總共有中華航空、長榮航空、日本航空、國泰航空、復興航空、台灣虎航、捷星航空、樂桃航空、威航等9家航空公司可以從台灣直飛到大阪關西空港，相信不久的未來也會有其他航空公司加入這條航線，因此交通方便度極佳。

　　目前除了台灣虎航、捷星航空、樂桃航空、威航等廉價航空(LCC)只能直接從航空公司官網上訂票及刷卡付款外，其餘傳統航空公司均可以透過各旅行社及官網訂票，相當便利。

停機坪上是日本航空的班機

中華航空(CI)
📞 +886-2-2715-1212(台灣);
　+81-6-6459-5783 (日本)
🕐 08:00〜20:00
🌐 www.china-airlines.com

長榮航空(BR)
📞 0800-098-666(限台灣地區撥打);
　+886-2-25011999(台灣);
　+81-6-6377-2355(日本)
🌐 www.evaair.com

日本航空(JL)
📞 +886-2-8177-7006(台灣)
🕐 08:00〜18:00
📞 +81-570-025-031(日本)
🕐 08:00〜19:00
🌐 www.tw.jal.com

捷星航空(3K)
📞 0800-161-1467(限台灣地區撥打);
　+61-3-9347-0091
🕐 24小時
🌐 www.jetstar.com

國泰航空(CX)
📞 +886-2-2715-2333(台灣)
🕐 週一〜五08:30〜18:30,假日09:00〜13:00,
14:00〜17:00
📞 +81-3-6746-1000(日本)
🕐 週一〜六09:00〜17:30
🌐 www.cathaypacific.com

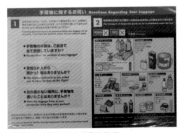
以圖示方式告知禁止攜帶的物品

復興航空(GE)
📞 +886-2-4498123 (台灣)
🕐 週一〜五08:00〜19:00,假日08:00〜17:00
🌐 www.tna.com.tw

樂桃航空(MM)
🌐 www.flypeach.com

台灣虎航(IT)
📞 +886-2-5599-2555(台灣)
🕐 09:00〜21:00
🌐 www.tigerair.com/tw/zh/

威航(ZV)
📞 +886-2-449-8677(台灣)
🕐 星期一〜五08:00〜19:00,星期六、日、假日
08:00〜17:00
🌐 www.flyvair.com/zh/

海關

　　從2007年起,日本針對入境的外國旅客在入境審查過程中實施顏面攝影及指紋採集的手續,這是辦理入境時絕對要配合的動作,如遇審查官詢問問題時請勿使用不熟悉的語言,以免造成不必要的困擾,目前在大阪關西機場設有中文即時口譯服務,避免因為語言不通溝通困難而造成雙方不悅。

　　在飛機上記得跟空姐領取日本入境通關時會用到的兩張表單,一張是入境卡、一張是攜帶品申告書,入境卡是一個人一張,申告書一個家族使用一張,所以如果你是跟朋友一起並非家人同行,仍建議一個人使用一張,避免產生爭議,而現在入境卡及攜帶品申告書已經

關西機場內無論出關或轉機都得搭乘單軌電車

有中文版可索取，在填寫上較不易發生問題。但為減少讀者在通關時填寫入境卡及攜帶品申請書耗費許多時間，因此針對入境卡及攜帶品申請書進行填寫說明，請參閱。

入境安檢完成後，會在護照內貼一張「上陸許可」的貼紙

一、入境卡正面 (外國人離境記錄)

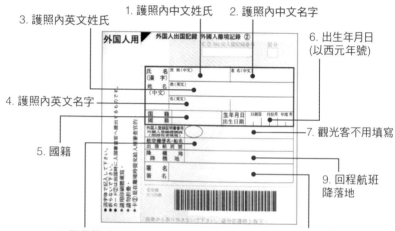

1. 護照內中文姓氏
2. 護照內中文名字
3. 護照內英文姓氏
4. 護照內英文名字
5. 國籍
6. 出生年月日 (以西元年號)
7. 觀光客不用填寫
8. 回程搭乘航班
9. 回程航班降落地
10. 確認填寫無誤後簽名

二、入境卡正面(外國人入境記錄)

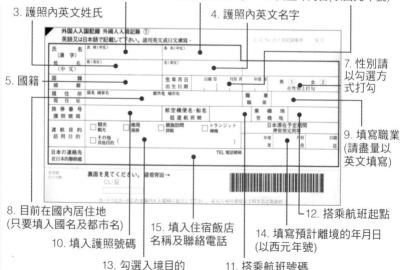

1. 護照內中文姓氏
2. 護照內中文名字
3. 護照內英文姓氏
4. 護照內英文名字
5. 國籍
6. 出生年月日(以西元年號)
7. 性別請以勾選方式打勾
8. 目前在國內居住地 (只要填入國名及都市名)
9. 填寫職業 (請盡量以英文填寫)
10. 填入護照號碼
11. 搭乘航班號碼
12. 搭乘航班起點
13. 勾選入境目的
14. 填寫預計離境的年月日 (以西元年號)
15. 填入住宿飯店名稱及聯絡電話

Travel Information

292

三、入境卡背面

雖然現在入境卡已經有中文版本可取用，但仍針對背面項目進行簡單解說。

1. 是否曾被驅逐出境或被拒絕入境，如果沒有，請在右邊方格打勾。

2. 是否曾在日本境內或其他國家觸犯刑法並判刑，如果沒有，請在右邊方格打勾。

3. 是否攜帶限制藥品及武器準備入境日本，如果沒有，請在右邊方格打勾。

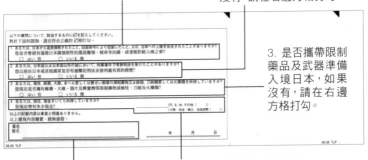

5. 確認填寫無誤後請簽名。　　4. 請填寫目前攜帶的現金金額。

入境免申報額度

入境時身上所攜帶的現金、旅行支票總值在100萬日幣以上者須辦理申報手續，如未達則免申報；而免稅品部分則是酒3瓶(每瓶760ml)、香菸400支、香水2盎司(約56cc)，市價合計在20萬日幣以內的物品，而菸酒免稅部分僅提供給滿20歲的成人，請務必注意。

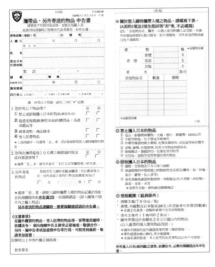

政府單位

為因應國人在日本各地區進行觀光、就學、工作等碰到急難狀況需要幫助，外交部特別設置「旅外國人急難救助服務專線」，與外交部緊急危難中心尋求協助，可直接使用當地公共電話進行撥打，且發話人不需負擔任何費用，如非急難救助請勿任意撥打該專線，以免影響緊急事件聯繫。

旅外國人急難救助服務專線：

001-010-800-0885-0885
0033-010-800-0885-0885

如為一般業務查詢聯繫，可於上班時間再向台北駐日經濟文化代表處及台北駐大阪經濟文化辦事處，進行聯絡事宜，聯絡方式如下：

台北駐日經濟文化代表處

東京都港区白金台5-20-2
03-3280-7811

台北駐大阪經濟文化辦事處

大阪市西区土佐堀1-4-8(日栄ビル4階)
06-6443-8481

平安保險辦理

無論是跟團旅遊或自助旅行，每個人都有可能發生重大傷病事件，但日本醫療費用高，強烈建議出國前先投保意外險及醫療險可無後顧之憂，如碰到急難狀況需尋求救助，請與外交部全球免付費專線聯絡。

☎ 001-010-800-0885-0885
　 0033-010-800-0885-0885

消費購物
SHOPPING

貨幣

日本貨幣計算單位為「円」，表現符號為「¥」，分為硬幣跟紙鈔兩大類，硬幣有1円、5円、10円、50円、100円、500円等6種，而紙鈔分為1,000円、2,000円、5,000円、10,000円等4種，與台幣的匯率目前平均為1：0.27（1台幣約為3.7日幣）。

小費

在日本，無論是餐廳用餐、搭乘交通工具、飯店住房都不需要另外給予小費，因為這些服務費用已經都包含在標價裡，所以請不要習慣性的在床頭及書桌上留下小費。

退稅規定

日本的消費稅是8%，架牌上的金額均已包含消費稅在內，目前僅有百貨公司及大型電器賣場，在消費滿1萬日幣後可直接憑護照和機票辦理退稅，至於藥妝店及其他商店不是都能比照辦理，所以在購物消費之前請先跟店家確認相關規定。

折扣季

每年最超值的莫過於跨年各百貨公司及商家所推出的福袋，而日本境內最大的折扣季是在每年的1月及7月，有不少觀光客在此時前來日本，就是為了能趁折扣季大肆血拼。

信用卡

使用度最高的是VISA、MASTER及JCB，而AE卡並非每個地方都可以使用，建議可挑選跨國手續費低及回饋金較高的卡片，可免除無謂的支出。除了上餐廳、買藥妝、買土產品可使用信用卡結帳外，身上仍要帶足夠的現金供花用。

觀光服務台
TRAVEL INFORMATION

在機場及重要城市均設有旅遊服務中心，提供地圖索取、旅遊指南、交通方式及住宿介紹等諸多服務，加上從台灣、中國及香港訪日的人數越來越多，因此在這裡也有中文的工作人員，請多加利用。

關西觀光情報中心
☎ 0724-56-6025
✉ 關西國際機場旅客到達航站1樓

TIC京都服務處
☎ 075-371-5649
✉ 京都市下京區烏丸通七條下(京都塔大樓1樓)

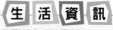

生活資訊
BEING THERE

電話使用

雖然台灣跟日本的行動電話系統不同，不過只要向電信業者申請3G SIM卡及插入有3G功能的手機就能在日本使用，不過使用前請記

得開啟3G信號才會有訊號產生，否則仍然無法使用。不過國際漫遊費可不便宜，如果你是拿台灣手機國際漫遊打回台灣，就算打不通或無人接聽還是會計費，因此如果要撥回台灣，建議購買網路電話卡較划得來。

如何撥打電話到台灣

用手機撥打

只要加個+，加上國碼、區碼(去0)以及電話號碼，就可以打回台灣。

例：+886-2-28360755

用公共電話撥打

在日本街頭上通常可見兩種顏色的公共電話，如果是綠色機體的，這是屬於日本國內專用。因此請記得要找灰色機體的才有可能撥打國際電話，撥打方式要先按001-010加上國碼、區碼(去0)及電話號碼就可以了。

例：001-010-886-2-28360755

上網

現在到日本旅遊如果沒有打卡及上傳炫耀照似乎不是現代人？而且如果在日本沒有辦法上網的話，手機裡所下載的APP馬上就無用武之地，也無法利用網路定位確認自己身在何處，所以三小a整理了一下幾家通訊業者可在日本上網的資費提出簡單的比較，有興趣的朋友可以依照自己的需求再決定要使用哪一家業者及方案。

中華電信

中華電信針對不同使用量提供好幾種資費，目前是與SoftBank簽訂優惠合約，如需使用數據漫遊必須向客服提出申請，因為是以日計費，建議出發當天早上再提出申請即可，而計費方式就是看當天使用多少量來算，無法設定其使用量。

記得一定要將電信業者手動設定在Softbank，以免產生高額電信費用。

中華電信上網用量計算表

用量	每日收費
小於5M (含)	49元
5～10M (含)	89元
10～40M (含)	199元
大於40M (含)	199元+(實際用量-40MB)*0.01元/KB 每日最高收費399元

資料來源：www.emome.net/international_roaming_plan/daily

遠傳電信

與中華電信一樣採不同使用量提供不同收費，用以日計費的方式，如要使用數據漫遊必須要向客服提出申請，因為是CONEXUS行動通訊聯盟，所以走DOCOMO線路，但較少聽說有遊客使用遠傳漫遊，因此收訊狀況無法評論，計費方式就是看當天使用多少量來計費。

記得一定要將電信業者手動設定在DOCOMO，以免產生高額電信費用。

遠傳電信上網用量計算表

用量	每日收費
小於5M (含)	49元
5～24M (含)	49+(實際用量-5MB)*0.01元/KB
24～50M (含)	249元
大於50M (含)	249元+(實際用量-50MB)*0.01元/KB 每日最高收費399元

資料來源：promotion.fetnet.net/pmt/roaming

台灣大哥大

台哥大的資費計算方式有別於中華電信及遠傳電信以流量多寡來計算費用，直接採用以日計費吃到飽的服務，並直接依照出國天數長短設定了1日、3日、5日等不同的方案，另外在時間計算方式是採開通後滿24小時為1日，而非像其他業者是以採日曆天方式計費。

記得一定要將電信業者手動設定在Softbank，以免產生高額電信費用。

台灣大哥大電信上網用量計算表

方案名稱	漫遊上網一日型	漫遊上網三日型	漫遊上網五日型
費用	800元／日	2,200元／3日	3,600元／5日
計算方式	以開通時間起計算連續24小時	以開通時間起計算連續72小時	以開通時間起計算連續120小時
促銷費用	399元	1,099元 (平均366元／日)	1,799元 (平均360元／日)

資料來源：www.taiwanmobile.com/events/roam_day

b-mobile

這是目前去日本旅行最常使用的上網方式之一，選擇性多也是它的特色，現僅針對使用方便不需開通，專給外國觀光客使用的「Visitor版」進行說明，畢竟麻煩的開通手續對觀光客而言也是一種困擾，不過由於該公司政策上改變，因此原有的U300 Visitor版已經從2012年7月底停止販賣，重新對國外觀光客推出兩種新方案。

兩種方案費用都相同，都是¥3,980(折合台幣約1,600元)，一種是有較快傳輸速度可順利使用skype的1G傳輸量方案，另一種就是傳輸速度較慢，但是採吃到飽的方案，可依個人需求來挑選購買，新方案跟舊方案一樣仍然無法使用手機通話功能、需寄發到住宿地點、最多只能用14天(從寄發日起算)，但由於b-mobile是跟NTT docomo簽約，因此在信號上較Softbank穩定。

資料來源：www.bmobile.ne.jp/english/index.html

Wi-Ho

有一種名為「Wi-Ho」的WIFI分享器，優點在於傳輸速度快、可同時多人使用、無論手機或筆電只要開機隨時都能上網，相當適合一群人出國旅遊，雖然看起來費用比國際漫遊及b-mobile高(每日最高399元)，但是如果幾個朋友一起來share的話，算起來相當值得，不過一律採預約制，取件時要支付8,000元的押金(可刷卡)，出發前三天要預約，可以直接在機場取件及歸還，方便度高。

資料來源：www.telecomsquare.co.jp/tw

這是b-mobile的外包裝 (以U300為例)

日本旅遊推薦的APP

這是三小a手機裡安裝的日本旅遊APP

　　現在到日本旅遊並不一定要做很詳細的功課，只要有基本概念再使用智慧型手機上網查資料，就能無往不利，以下推薦幾個好用的APP給大家參考，不過由於三小a使用iPhone，所以只能嘉惠同是蘋果家族的朋友：

1. 食べログ

特點：免費，但需連線

有做功課的朋友應該都知道「食べログ」這個能尋找日本各地美食的網站，使用這個APP隨時都能查詢附近是否有美食店家及店家評價，除了有地圖方便尋找店家資料，還有外觀及料理照片可供參考，以免踩到雷店。

食べログ的操作畫面

2. 乗換案内

特點：免費，但需連線

查詢兩地間的交通方式及費用，無論是電車、飛機、巴士等交通方式通通OK，還可以查詢最即時的交通狀況，能在第一時間避開事故及塞車，就算不懂日文也可以輕鬆使用，不僅在關西地區可以使用，它的使用範圍包含了整個日本。

只要設好地點跟時間，就會出現搭乘車次及費用

3. じゃらん

特點：免費，但需連線

許多旅人會使用的訂房網站「じゃらん」也有APP版，一樣可以使用地區及預算設定來尋找適合的飯店，只要你原本就是「じゃらん」的會員，就可以用手機直接進行訂房的動作，相當方便。

じゃらん的操作畫面

4. 観光ガイド

特點：免費，但需連線

可愛的貓臉是明顯的APP圖案，裡面可按照地區及所在地搜尋附近的觀光景點、餐廳及店家，點進去還有基本介紹與評分，不懂日文就看幾顆星星評價，懂日文的就看大家評價也不錯。

5. 日本旅遊會話一指搞定

特點：免費，但需連線

APP裡加入了不少旅遊會使用到的基本會話，無論是機場、觀光、交通、飯店、購物及緊急狀況都有，最主要採用中文介面及真人發音，因此在使用上很方便，雖然沒有太複雜的會話，不過正常範圍內使

分類詳細，基本會話都能使用發音功能

用就綽綽有餘，如果擔心這樣還不夠，就建議可選購「Travel Talk：日本旅遊一指通」來用。

6. Travel Talk：日本旅遊一指通

特點：不需連線

這個APP有兩種版本，一種是免費的LITE版、一種是需要2.99美金的付費版，三小a建議購買付費版的軟體，使用起來比「日本旅遊會話」更方便，除了基本會話外，還有提供手寫板、情境對話及圖片可使用，另外實用資訊中也有衣服及鞋子尺寸對照及單位換算可參考，真的很方便。

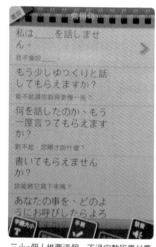

三小a個人推薦這個，不過完整版需付費

　　以上提供的都是常態性可下載的APP，另外還有一些季節限定的APP也非常好用，屬於非常態性不定時下載，因此請各位在出發前在App Store上使用相關的關鍵字來搜尋，或至三小a的部落格看看是否有新資訊可供參考。

電壓

日本插座電壓為100V 50HZ，極多數與台灣一樣為雙平腳插頭，少數會使用220V的三腳插頭。

氣候

台灣跟日本的氣候比較起來溫差不小，最大的差別在於濕度，台灣的冷是濕冷、日本的冷是乾冷，即使在同樣的溫度下，總會讓人有種台灣比較冷的錯覺，因此在衣物的準備上不需要多傷腦筋，帶件保暖的羽絨衣即可，在日本只要天氣一冷，店家就會開啟暖氣，穿太厚只是造成自己無謂的困擾，愛漂亮的女孩們請絕對不要忘記保濕用品，隨身帶罐臉部噴霧讓臉部保持濕潤，也是很重要的一件事。

時差

日本與台灣有1小時的時差，日本時間比台灣時間快1個小時，因此台灣時間早上8點時，日本時間是早上9點。

治安狀況

日本在治安方面算是很不錯，因此有不少自助旅行者會將日本設為第一個自助旅行的國家，但無論在哪個城市或地區、無論治安有多好，仍需注意旅人自身安全，勿深夜獨自在外逗留，發生問題時請盡快向周邊店家或派出所(交番)求救，如遇到自稱警察要求檢查隨身攜帶物品或旅行證件時，請務必提高警覺，勿輕易將旅行證件交給對方，以免發生危險。

日本常態性的國定假日

元日	1月1日	每年的第一天，不管在哪個國家都是放假
成人の日	1月第二個星期一(2013年為1月14日)	各地會為滿20歲男女舉辦成人式
建國紀念日	2月11日	日本建國紀念日
春分の日	3月20日	歌頌自然，憐愛生物
昭和の日	4月29日	昭和天皇的誕辰
憲法紀念日	5月3日	日本實施憲法之日
みどりの日	5月4日	綠化節，感謝大自然，很多公園都免費進場
こどもの日	5月5日	兒童節，隨處能看到風中飄揚的鯉魚旗
海の日	7月第三個星期一	由於日本以海立國，因此向海祈求順利
敬老の日	9月第三個星期一	敬老節
秋分の日	每年都不固定	為緬懷祖先，為天皇秋季祭祖的日子
体育の日	10月第二個星期一	體育節，鼓勵人們去追求健康身心
文化の日	11月3日	紀念對文化有貢獻的人，所以有很多文化設施這一天是免費參觀的
勤労感謝日	11月12日	感謝廣大的勞工辛勤工作，全國放假一天
天皇誕生日	12月23日	現今天皇，明仁陛下誕生日

※ 每年5月第一週，日本會放為期一週的連假，所有日本人都會利用這段時間出去玩耍，因此請盡量避開這段時間，可降低訂不到機位及住宿的可能性，而這段連假就是「黃金週」。

幣值換算

日幣	1	10	50	100	500	1,000	5,000	10,000
台幣	0.37	3.7	18.5	37	185	370	1,850	3,700

城市平均氣溫表

城市		1月	2月	3月	4月	5月	6月	7月	8月	9月	10月	11月	12月
台北	高	19.6	19.6	22.1	25.7	29.2	32.0	34.3	33.8	31.1	27.5	24.2	20.7
	低	13.9	14.2	15.8	19.0	22.3	24.6	26.3	26.1	24.8	22.3	19.3	15.6
京都	高	8.9	9.7	13.4	19.9	24.6	27.8	31.5	33.3	28.8	22.9	17.0	11.6
	低	1.2	1.4	4.0	9.0	14.0	18.8	23.2	24.3	20.3	13.6	7.8	3.2
大阪	高	9.5	10.2	13.7	19.9	24.5	27.8	31.6	33.4	29.3	23.3	17.6	12.3
	低	2.8	2.9	5.6	10.7	15.6	20.0	24.3	25.4	21.7	15.5	9.9	5.1
神戶	高	9.0	9.6	12.8	18.7	23.2	26.6	30.0	31.8	28.5	22.7	17.3	11.9
	低	2.7	3.0	6.0	11.3	16.2	20.4	24.4	25.8	22.5	16.1	10.6	5.4
奈良	高	8.7	9.6	13.4	19.8	24.1	27.2	30.8	32.6	28.2	22.2	16.5	11.4
	低	-0.2	-0.1	2.3	7.4	12.5	17.5	21.8	22.6	18.8	12.1	6.4	1.9

資料來源：中央氣象局、日本國土交通省氣象廳

尺碼對照表

女裝

	XS	S	S	M	M	L	L	XL	XXL
歐洲	32	34	36	38	40	42	44	46	48
美國	5	7	9	11	13	15	17	19	21
英國	4	6	8	10	12	14	16	18	20
日本	2	4	6	8	10	12	14	16	18

男裝

	XS	S	S	M	M	L	L	XL	XXL
歐洲	42	44	46	48	50	52	54	56	58
美國	32	34	36	38	40	42	44	46	48
英國	32	34	36	38	40	42	44	46	48
日本	S	S	M	M	L	L	LL	LL	LL

女鞋

	21.5	22	22.5	23	23.5	24	24.5	25	25.5	26	26.5	27	27.5	28	28.5
歐洲	35	36	37	37	38	38	39	40	40	41	42	42	43	43	44
美國	5	5.5	6	6.5	7	7.5	8	8.5	9	9.5	10	10.5	11	11.5	12
英國	3	3.5	4	4.5	5	5.5	6	6.5	7	7.5	8	8.5	9	9.5	10
日本	22	22.5	23	23.5	24	24.5	25	25.5	26	26.5	27	27.5	28	28.5	29

男鞋

	23.5	24	24.5	25	25.5	26	26.5	27	27.5	28	28.5	29	29.5	30	31
歐洲	38	39	40	41	41	42	43	43	44	44	45	46	47	48	49
美國	6	6.5	7	7.5	8	8.5	9	9.5	10	10.5	11	11.5	12	13	14
英國	5.5	6	6.5	7	7.5	8	8.5	9	9.5	10	10.5	11	11.5	12.5	13.5
日本	24	24.5	25	25.5	26	26.5	27	27.5	28	28.5	29	29.5	30	31	32

Travel Information

京都地鐵圖

烏丸線

東西線

K01 国際会館
K02 松ヶ崎
K03 北山
K04 北大路
K05 鞍馬口
K06 今出川
K07 丸太町
K08 烏丸御池
K09 四条
K10 五条
K11 京都
K12 九条
K13 十条
K14 くいな橋
K15 竹田

T17 太秦天神川
T16 西大路御池
T15 二条
T14 二条城前
T13 京都市役所前
T12 三条京阪
T11 東山
T10 蹴上
T09
T08 御陵
T07 山科
T06 東野
T05 椥辻
T04 小野
T03 醍醐
T02 石田
T01 六地蔵

個人旅行 *105*

京都・大阪・神戶・奈良

作　　者	三小a

總 編 輯	張芳玲
書系企劃	taiya旅遊研究室
書系管理	張焙宜
主責編輯	張焙宜
新版主編	李辰翰
修訂編輯	陳妤甄
封面設計	許志忠
美術設計	王佩于
地圖繪製	王佩于、曾傳賀

太雅出版社
TEL：(02)2882-0755　FAX：(02)2882-1500
E-mail：taiya@morningstar.com.tw
郵政信箱：台北市郵政53-1291號信箱
太雅網址：http://www.taiya.morningstar.com.tw
購書網址：http://www.morningstar.com.tw
讀者專線：(04)2359-5819 分機230

出 版 者	太雅出版有限公司
	台北市11167劍潭路13號2樓
	行政院新聞局局版台業字第五○○四號
法律顧問	陳思成律師
印　　刷	上好印刷股份有限公司　TEL:(04)2315-0280
裝　　訂	東宏製本有限公司　TEL:(04)2452-2977

三　　版	西元2016年04月10日
定　　價	420元

(本書如有破損或缺頁，退換書請寄至：台中市工業30路1號　太雅出版倉儲部收)

ISBN 978-986-336-113-8
Published by TAIYA Publishing Co.,Ltd.
Printed in Taiwan

國家圖書館出版品預行編目(CIP)資料

京都.大阪.神戶.奈良 / 三小a文字.攝影. -- 三版.
-- 臺北市：太雅, 2016.04
面；公分. -- (個人旅行；105)

ISBN 978-986-336-113-8(平裝)
1.自助旅行 2.日本關西

731.7509　　　　　　　　　　　105001316